**2023 版**

# 税务干部业务能力测试

## 税务稽查

# 必学必练

本书编写组　编

中国言实出版社

## 图书在版编目（CIP）数据

税务干部业务能力测试. 税务稽查必学必练 / 本书编写组编. -- 北京：中国言实出版社，2023.9
ISBN 978-7-5171-4586-8

Ⅰ. ①税… Ⅱ. ①本… Ⅲ. ①税务稽查—中国—干部培训—习题集 Ⅳ. ①F812.423-44

中国国家版本馆 CIP 数据核字（2023）第 178704 号

## 税务干部业务能力测试税务稽查必学必练

责任编辑：李　岩
责任校对：薛　磊

出版发行：中国言实出版社
　　　　地　址：北京市朝阳区北苑路 180 号加利大厦 5 号楼 105 室
　　　　邮　编：100101
　　　　编辑部：北京市海淀区花园路 6 号院 B 座 6 层
　　　　邮　编：100088
　　　　电　话：010-64924853（总编室）　010-64924716（发行部）
　　　　网　址：www.zgyscbs.cn　电子邮箱：zgyscbs@263.net

经　　销：新华书店
印　　刷：河北赛文印刷有限公司
版　　次：2023 年 10 月第 1 版　　2023 年 10 月第 1 次印刷
规　　格：710 毫米 ×1000 毫米　　1/16　　16 印张
字　　数：253 千字

定　　价：88.00 元
书　　号：ISBN 978-7-5171-4586-8

本书属于税务干部"两测"必学必练丛书之一，根据 2023 版全国税务系统数字人事"两测""税务稽查类"的最新大纲进行了新编。

税务干部数字人事"两测"包括"业务能力升级测试"和"领导胜任力测试"，对税务干部促进自我提升、塑造向上向善品格具有重要作用。

业务能力升级，是指依据统一的专业分类、能力分级及达标要求，引导税务干部以自学为主、助学为辅的方式，在工作实践中不断提升业务能力，通过日常学习考核、业务能力集中测试或者评定方式，获得相应级档认定，并与干部职务职级晋升挂钩的管理制度。

业务能力专业类别，分为综合管理、纳税服务、征收管理、税务稽查和信息技术等 5 类。

（一）综合管理类，是指从事税务机关党务、政务、事务等综合管理相关工作的岗位。

（二）纳税服务类，是指税收工作"前台"对由纳税人依法发起的有关工作进行管理的相关岗位。

（三）征收管理类，是指税收工作"后台"对由税务机关依法发起（不含税务稽查）的工作进行管理，对由纳税人依法发起和税务机关依法发起的工作进行监督，以及其他需要开展的工作进行管理的相关岗位。

（四）税务稽查类，是指税务稽查选案、检查、审理和执行等相关岗位。

（五）信息技术类，是指从事税收信息化建设及保障等相关工作的岗位。

领导胜任力则是评估税务系统各级领导干部拟晋升上一级领导职务应当具备的基本理论素养和领导能力，适用于所有领导职务的评估测试。

税务稽查类测试内容分为政治素养、通用知识和专业知识与技能三部分。其中政治素养、通用知识是各类岗位测试必考的基础内容，本套丛书中专门有一本是该部分内容，因此本书主要内容是税务稽查类专业知识与技能，主要包括：税务稽查总述、税务稽查相关法律适用、税务稽查案件办理程序、货物和劳务税税务稽查、所得税税务稽查、其他税种稽查方法、涉税违法行为的检查与定性、税务稽查管理制度等。税务稽查类测试通过测试税务干部从事税务稽查工作必须具备的基本素质，引导税务稽查类干部有针对性地开展学习，提高业务能力，是"两测"中"业务能力升级测试"的重要组成部分。

本书在编写过程中充分考虑到考生快速高效备考的需求，在多方面都做了优化，具体来说有以下三个优点：

一是结构合理。对于测试内容，分为四个部分：大纲内容、复习要点、核心知识点、测试题。有提纲有细节、有重点有练习，可以满足考生对备考材料的基本需求。

二是内容突出。对于繁多的考试内容，只提炼其中的核心知识点，并且设置有针对性的练习题，确保考生在考前快速掌握考点。

三是表达简练。对于一目了然的知识点，用最直接简练的表达，没有过多地解释，以免分散考生精力。知识点的来源以及文件依据，不属于测试内容，考生其实不需要在备考前花精力去了解，即使要深入了解，也不需要通过查书的方式进行。因此不在书中进行阐释。

以上三个优点可以让考生在最短的时间内，花费最少的精力，精准掌握最核心、最高频的考点，从而快速通过测试；而非面面俱到、花费大量的时间背诵大量的知识，给自己的记忆力和精力带来巨大的考验。

由于时间及能力有限，书中疏漏在所难免，如有不妥之处，恳请读者不吝指正。

# 目录

# 第一章 税务稽查总述

必 知 考 试 大 纲

| | 初级 | 中级 | 高级 |
|---|---|---|---|
| 第一节<br>税务稽查<br>基本任务<br>与原则 | 1. 了解税务稽查的基本任务和主要职责<br>2. 了解税务稽查原则<br>3. 了解加强和改进稽查工作的基本任务 | 1. 熟悉税务稽查的基本任务和主要职责<br>2. 熟悉税务稽查原则<br>3. 熟悉加强和改进稽查工作的具体任务与要求 | 1. 掌握税务稽查的基本任务和主要职责<br>2. 掌握加强和改进稽查工作的任务与要求<br>3. 掌握加强税收监管和税务稽查的总体要求 |
| 第二节<br>税务稽查<br>信息化 | 1. 了解稽查信息化工作基本要求<br>2. 了解税务稽查指挥管理应用系统主要功能<br>3. 熟悉金税系统稽查模块主要功能 | 1. 熟悉稽查信息化具体工作要求<br>2. 熟悉税务稽查指挥管理应用系统总体架构及使用操作功能<br>3. 掌握金税系统稽查模块相关功能操作 | 1. 掌握稽查信息化总体要求<br>2. 掌握税务稽查指挥管理应用系统总体架构及综合运用 |
| 第三节<br>税务稽查<br>工作要求 | 1. 熟悉税务稽查工作纪律<br>2. 了解稽查执法责任与风险内部控制基本规定 | 1. 掌握税务稽查工作纪律<br>2. 熟悉稽查执法责任与风险内部控制工作主要内容 | 1. 掌握税务稽查工作纪律<br>2. 掌握稽查执法责任与风险内部控制总体要求 |

**必懂复习策略**

　　本章主要内容包括税务稽查基本任务与原则、税务稽查信息化、税务稽查工作要求。其中税务稽查工作要求比较重要，应重点学习。税务稽查工作要求主要包括税务稽查工作纪律、税务稽查回避要求，是从事税务稽查工作必须遵守的纪律和要求。

　　本章主要是框架性内容，初级考生以了解熟悉为主，主要熟悉税务稽查原则、金税系统稽查模块、税务稽查工作纪律、税务稽查回避要求；中级考生和高级考生应重点掌握税务稽查的基本任务和主要职责、税务稽查原则、稽查信息化工作目标任务、税务稽查指挥管理应用系统总体架构及使用功能、税务稽查工作纪律等。

**必 会 核 心 知 识**

■ 税务稽查由稽查局依法实施。稽查局的主要职责是依法对纳税人、扣缴义务人和其他涉税当事人履行纳税义务、扣缴义务情况及涉税事项进行检查处理，以及围绕检查处理开展的其他相关工作。稽查局的具体职责由国家税务总局依照税收征管法、税收征管法实施细则和国家有关规定确定。

■ 办理税务稽查案件应当以事实为根据，以法律为准绳，坚持公平、公正、公开、效率的原则；稽查局办理税务稽查案件时，实行选案、检查、审理、执行分工制约原则。

■ 稽查信息化工作目标任务：加强稽查信息化应用，建设基于金税三期工程、贯通上下三级、联结执法场所和设备的税务稽查指挥管理应用系统。

■ 税务稽查指挥管理应用系统总体架构及使用功能：稽查视频指挥系统已建成总局、省局、市局、跨区局四级"即联即通"的新型办案方式，由部署会商、询问指挥、检举指挥、查账指挥、单兵指挥等组成，其中部署会商、询问指挥、检举指挥、查账指挥基于税务内网，单兵指挥系统基于互联网 VPN 专用网络，内外网物理隔离。

■ 稽查信息化整体框架（1941）：一个应用系统（税务稽查指挥管理应用系统），九大业务板块（指挥调度、质效分析、案源管理、联合惩戒、任务管理、综合管理、检查实施、监控管理、风险防控），四个执法场所（指挥会商室、稽查询问室、案件查账室、检举接待室）和一个办案工具包（基础包—单兵包、基础包—团队包、扩展工具包）。

■ 税警协作平台：依托金税三期、云平台等税务系统搭建的以集中税收大数据和公安信息于一体的信息化应用平台。平台分为税务端和公安端，设有数据交换、线索移交、案件移送、联合办案、统计查询、成果应用等功能模块。平台将税务及公安的分析手段相融合，提供可视化工具，研发涉税违法犯罪类罪分析模型，方便一线办案人员开展分析研判，提升实战的能力。

■ 金税系统稽查模块包括：税务稽查计划管理、案源管理、检查管理、审理管理、执行管理、检查证管理等。

■ 税务稽查人员应当遵守工作纪律，恪守职业道德，不得有下列行为：（1）违反法定程序、超越权限行使职权；（2）利用职权为自己或者他人牟取利益；（3）玩忽职守，不履行法定义务；（4）泄露国家秘密、工作秘密，向被查对象通风报信、泄露案情；（5）弄虚作假，故意夸大或者隐瞒案情；（6）接受被查对象的请客送礼等影响公正执行公务的行为；（7）其他违法违纪行为。

■ 税务稽查人员在执法办案中滥用职权、玩忽职守、徇私舞弊的，依照有关规定严肃处理；涉嫌犯罪的，依法移送司法机关处理。

■ 税务稽查人员对实施税务稽查过程中知悉的国家秘密、商业秘密或者个人隐私、个人信息，应当依法予以保密。

■ 查账权：税务机关有权检查纳税人的账簿、记账凭证、报表和有关资料，检查扣缴义务人代扣代缴、代收代缴税款账簿、记账凭证和有关资料。

■ 场地检查权：税务机关有权到纳税人的生产、经营场所和货物存放地检查纳税人应纳税的商品、货物或者其他财产，检查扣缴义务人与代扣代缴、代收代缴税款有关的经营情况。

■ 责成提供资料权：税务机关有权责成纳税人、扣缴义务人提供与纳税或者代扣代缴、代收代缴税款有关的文件、证明材料和有关资料。

■ 询问权：税务机关有权进行询问纳税人、扣缴义务人与纳税或者代扣代缴、代收代缴税款有关的问题和情况。

■ 查证权：税务机关有权到车站、码头、机场、邮政企业及其分支机构检查纳税人托运、邮寄应纳税商品、货物或者其他财产的有关单据、凭证和有关资料。

■ 检查存款账户权：经县以上税务局（分局）局长批准，凭全国统一格式的检查存款账户许可证明，查询从事生产、经营的纳税人、扣缴义务人在银行或者其他金融机构的存款账户。税务机关在调查税收违法案件时，经设区的市、自治州以上税务局（分局）局长批准，可以查询案件涉嫌人员的储蓄存款。税务机关查询所获得的资料，不得用于税收以外的用途。

■ 被查对象依法享有的权利：（1）稽查人员进行税务检查时，应当出示税务检查证和税务检查通知书；未出示税务检查证和税务检查通知书的，有权拒绝检查；（2）有权向税务机关了解国家税收法律、行政法规的规定以及与纳税程序有关的情况；（3）认为稽查人员与案件有利害关系的，有权向税务机关要求回避；（4）有权要求稽查人员为自己的商业秘密及个人隐私保密；（5）依法享有陈述权、申辩权，申请听证、行政复议、提起行政诉讼、请求国家赔偿等权利；（6）有权控告和检举税务机关、税务人员的违法违纪行为；（7）国家法律、行政法规规定的其他权利。

■　被查对象应当履行的义务：（1）接受税务机关依法进行的税务检查，如实反映情况，提供有关资料，不得拒绝、隐瞒；（2）在税务机关调查税务违法案件时，不得拒绝或者阻止税务机关记录、录音、录像、照相和复制与案件有关的情况和资料；（3）接受稽查人员就与纳税或者代扣代缴、代收代缴税款有关的问题和情况依法进行的询问；（4）在检查期间，不得转移、隐匿、销毁有关资料；（5）履行税务机关依法作出的处理、处罚决定；（6）国家法律、行政法规规定的其他义务。

■　稽查局应当在所属税务局的征收管理范围内实施税务稽查。跨区域设置的稽查局应当在所属税务局向社会公告的范围内实施税务稽查。上级税务机关可以根据案件办理的需要指定管辖。税收法律、行政法规和国家税务总局规章对税务稽查管辖另有规定的，从其规定。

■　税务稽查管辖有争议的，由争议各方本着有利于案件办理的原则逐级协商解决；不能协商一致的，报请共同的上级税务机关决定。

■　税务稽查案件办理应当通过文字、音像等形式，对案件办理的启动、调查取证、审核、决定、送达、执行等进行全过程记录。

■　税务稽查人员与纳税人、扣缴义务人或者其法定代表人、直接责任人有下列关系之一的，应当回避：（1）夫妻关系；（2）直系血亲关系；（3）三代以内旁系血亲关系；（4）近姻亲关系；（5）可能影响公正执法的其他利害关系。

■　被检查对象可以书面或者口头提出稽查人员回避要求，口头提出的，稽查人员应当及时记录。

■　被查对象申请税务稽查人员回避或者税务稽查人员自行申请回避的，由稽查局局长依法决定是否回避。稽查局局长发现税务稽查人员具有规定回避情形的，应当要求其回避。稽查局局长的回避，由稽查局所属税务局局长或者稽查局所属税务局分管领导依法审查决定。

**必考点检测训练**

## 一、单选

1. 稽查信息化整体框架中四个执法场所不包括：（　　）。

   A. 指挥会商室 　　　　　　　　B. 稽查询问室

   C. 稽查约谈室 　　　　　　　　D. 案件查账室

   E. 检举接待室

   参考答案：C

2. 下列关于税警协作平台的表述有误的是：（　　）。

   A. 稽查信息化整体框架中一个应用系统是指税警协作平台

   B. 税警协作平台是依托金税三期、云平台等税务系统搭建的以集中税收大数据和公安信息于一体的信息化应用平台

   C. 平台分为税务端和公安端，设有数据交换、线索移交、案件移送、联合办案、统计查询、成果应用等功能模块

   D. 平台将税务及公安的分析手段相融合，提供可视化工具，研发涉税违法犯罪类罪分析模型，方便一线办案人员开展分析研判，提升实战的能力

   参考答案：A

3. 下列表述有误的是：（　　）。

   A. 被查对象申请税务稽查人员回避或者税务稽查人员自行申请回避的，由稽查局局长依法决定是否回避

   B. 稽查局局长发现税务稽查人员具有规定回避情形的，应当要求其回避

   C. 稽查局局长的回避，由稽查局所属税务局局长或者稽查局所属税务局分管领导依法审查决定

   D. 被检查对象应当书面提出稽查人员回避要求

   参考答案：D

## 二、多选

1. 下列关于税务稽查的表述正确的有：（　　）。

A. 税务稽查由稽查局依法实施

B. 稽查局主要职责是依法对纳税人、扣缴义务人和其他涉税当事人履行纳税义务、扣缴义务情况及涉税事项进行检查处理，以及围绕检查处理开展的其他相关工作

C. 稽查局具体职责由国家税务总局依照税收征管法、税收征管法实施细则和国家有关规定确定

D. 国家税务总局应当明确划分税务局和稽查局的职责，避免职责交叉

参考答案：ABCD

2. 下列关于税务稽查的表述正确的有：（　　）。

A. 办理税务稽查案件应当以事实为根据

B. 办理税务稽查案件应当以法律为准绳

C. 办理税务稽查案件应当坚持公平、公正、公开、效率的原则

D. 稽查局办理税务稽查案件时，实行选案、检查、审理、执行分工制约原则

参考答案：ABCD

3. 下列关于税务稽查指挥管理应用系统总体架构及使用功能的表述有误的是：（　　）。

A. 稽查视频指挥系统已建成总局、省局、市局、跨区局四级"即联即通"的新型办案方式

B. 由部署会商、询问指挥、检举指挥、查账指挥、单兵指挥等组成

C. 部署会商、询问指挥、检举指挥基于税务内网

D. 查账指挥、单兵指挥系统基于互联网 VPN 专用网络，内外网物理隔离

参考答案：CD

4. 稽查信息化整体框架具体包括：（　　）。

　　A. 一个应用系统（税务稽查指挥管理应用系统）

　　B. 九大业务板块（指挥调度、质效分析、案源管理、联合惩戒、任务管理、综合管理、检查实施、监控管理、风险防控）

　　C. 四个执法场所（指挥会商室、稽查询问室、案件查账室、检举接待室）

　　D. 一个办案工具包（基础包—单兵包、基础包—团队包、扩展工具包）

参考答案：ABCD

5. 下列关于税务稽查人员工作纪律的表述正确的有：（　　）。

　　A. 税务稽查人员不得违反法定程序、超越权限行使职权

　　B. 税务稽查人员不得利用职权为自己或者他人牟取利益

　　C. 税务稽查人员不得玩忽职守，不履行法定义务

　　D. 税务稽查人员不得泄露国家秘密、工作秘密，向被查对象通风报信、泄露案情

参考答案：ABCD

6. 下列关于税务稽查人员工作纪律的表述正确的有：（　　）。

　　A. 税务稽查人员不得弄虚作假，故意夸大或者隐瞒案情

　　B. 税务稽查人员不得接受被查对象的请客送礼等影响公正执行公务的行为

　　C. 税务稽查人员在执法办案中滥用职权、玩忽职守、徇私舞弊的，依照有关规定严肃处理

　　D. 税务稽查人员在执法办案中涉嫌犯罪的，依法移送司法机关处理

　　E. 税务稽查人员对实施税务稽查过程中知悉的国家秘密、商业秘密或者个人隐私、个人信息，应当依法予以保密

参考答案：ABCDE

7. 下列关于税务稽查的表述正确的有：（　　）。

　　A. 税务机关有权检查纳税人的账簿、记账凭证、报表和有关资料，检查扣缴义务人代扣代缴、代收代缴税款账簿、记账凭证和有关资料

B. 税务机关有权到纳税人的生产、经营场所和货物存放地检查纳税人应纳税的商品、货物或者其他财产，检查扣缴义务人与代扣代缴、代收代缴税款有关的经营情况

C. 税务机关有权责成纳税人、扣缴义务人提供与纳税或者代扣代缴、代收代缴税款有关的文件、证明材料和有关资料

D. 税务机关有权进行询问纳税人、扣缴义务人与纳税或者代扣代缴、代收代缴税款有关的问题和情况

E. 税务机关有权到车站、码头、机场、邮政企业及其分支机构检查纳税人托运、邮寄应纳税商品、货物或者其他财产的有关单据、凭证和有关资料

参考答案：ABCDE

8. 下列表述正确的有：（ ）。

A. 经县以上稽查局长批准，凭全国统一格式的检查存款账户许可证明，可查询从事生产、经营的纳税人、扣缴义务人在银行或者其他金融机构的存款账户

B. 经县以上税务局（分局）局长批准，凭全国统一格式的检查存款账户许可证明，可查询从事生产、经营的纳税人、扣缴义务人在银行或者其他金融机构的存款账户

C. 税务机关在调查税收违法案件时，经县以上税务局（分局）局长批准，可以查询案件涉嫌人员的储蓄存款

D. 税务机关在调查税收违法案件时，经设区的市、自治州以上税务局（分局）局长批准，可以查询案件涉嫌人员的储蓄存款

E. 税务机关查询所获得的资料，不得用于税收以外的用途

参考答案：BDE

9. 下列属于被查对象依法享有的权利的有：（ ）。

A. 稽查人员进行税务检查时，应当出示税务检查证和税务检查通知书；未出示税务检查证和税务检查通知书的，有权拒绝检查

B. 有权向税务机关了解国家税收法律、行政法规的规定以及与纳税程序有关的情况

C. 认为稽查人员与案件有利害关系的，有权向税务机关要求回避

D. 有权要求稽查人员为自己的商业秘密及个人隐私保密

E. 依法享有陈述权、申辩权，申请听证、行政复议、提起行政诉讼、请求国家赔偿等权利；有权控告和检举税务机关、税务人员的违法违纪行为

参考答案：ABCDE

10. 被查对象应当履行的义务有：（    ）。

A. 接受税务机关依法进行的税务检查，如实反映情况，提供有关资料，不得拒绝、隐瞒

B. 在税务机关调查税务违法案件时，不得拒绝或者阻止税务机关记录、录音、录像、照相和复制与案件有关的情况和资料

C. 接受稽查人员就与纳税或者代扣代缴、代收代缴税款有关的问题和情况依法进行的询问

D. 在检查期间，不得转移、隐匿、销毁有关资料

E. 履行税务机关依法作出的处理、处罚决定

参考答案：ABCDE

11. 下列表述正确的有：（    ）。

A. 稽查局应当在税务局向社会公告的范围内实施税务稽查

B. 上级税务机关可以根据案件办理的需要指定管辖

C. 税收法律、行政法规和国家税务总局规章对税务稽查管辖另有规定的，从其规定

D. 税务稽查管辖有争议的，由争议各方本着有利于案件办理的原则逐级协商解决；不能协商一致的，报请共同的上级税务机关决定

参考答案：ABCD

12. 税务稽查人员与纳税人、扣缴义务人或其法定代表人、直接责任人有下列哪些关系之一的，应当回避：（    ）。

A. 夫妻关系                          B. 直系血亲关系

C. 三代以内旁系血亲关系              D. 近姻亲关系

E. 可能影响公正执法的其他利害关系

参考答案：ABCDE

### 三、判断

1. 金税系统稽查模块包括：税务稽查计划管理、案源管理、检查管理、审理管理、执行管理、检查证管理等。　　　　　　　　　　（　）

参考答案：√

2. 稽查信息化工作目标任务是加强稽查信息化应用，建设基于金税三期工程、贯通上下三级、联结执法场所和设备的税务稽查指挥管理应用系统。　　　　　　　　　　（　）

参考答案：√

3. 税务稽查案件办理应当通过文字、音像等形式，对案件办理的启动、调查取证、审核、决定、送达、执行等进行全过程记录。　　　（　）

参考答案：√

# 第二章　税务稽查相关法律适用

| | 初级 | 中级 | 高级 |
|---|---|---|---|
| 第一节 税务稽查 法律关系 | 1.了解税务稽查法律关系的基本概念<br>2.了解税务稽查行政主体的权力与责任<br>3.熟悉税务稽查行政相对人的权利与义务 | 1.熟悉税务稽查法律关系的概念<br>2.熟悉税务稽查行政主体的权力与责任<br>3.掌握税务稽查行政相对人的权利与义务 | 1.掌握税务稽查法律关系的特点<br>2.掌握税务稽查行政主体和行政相对人的权责关系 |
| 第二节 相关行政 法律在税务 稽查中的 适用 | 1.了解行政处罚法中涉及税务稽查的主要内容<br>2.了解行政强制法中涉及税务稽查的主要内容<br>3.了解行政复议法行政诉讼法中涉及税务稽查的主要内容 | 1.熟悉行政处罚法在税务稽查中的适用<br>2.熟悉行政强制法在税务稽查中的适用<br>3.熟悉行政复议法、行政诉讼法在税务稽查中的适用 | 掌握行政处罚法、行政强制法、行政复议法、行政诉讼法等行政法律法规在税务稽查中的综合运用 |
| 第三节 其他相关法 律在税务稽 查中的运用 | 1.了解刑法中涉及税务稽查的主要内容<br>2.了解民商法中涉及税务稽查的主要内容<br>3.了解其他有关法律、行政法规中涉及税务稽查的主要内容 | 1.熟悉刑法在税务稽查中的运用<br>2.熟悉民商中涉及税务稽查的主要内容<br>3.了解其他相关法律、行政法规在税务稽查中的运用 | 掌握刑法、民商法等有关法律、行政法规在税务稽查中的综合运用 |

**必懂复习策略**

　　本章主要内容包括税务稽查法律关系、相关行政法律在税务稽查中的适用、其他相关法律在税务稽查中的运用。其中税务稽查法律关系、相关行政法律在税务稽查中的适用比较重要，应重点掌握。

　　税务稽查法律关系，主要学习熟悉税务稽查行政主体的权力与责任和税务稽查行政相对人的权利与义务。相关行政法律在税务稽查中的适用包括《行政处罚法》、《行政强制法》、《行政复议法》、《行政诉讼法》等，在稽查工作中涉及较多，应重点学习。

　　初级考生以了解熟悉为主，主要熟悉税务稽查法律关系的概念、税务稽查行政主体的权力与责任、税务稽查行政相对人的权利与义务、《行政处罚法》在税务稽查中的适用；中级考生应掌握上述初级考生需要熟悉的内容；高级考生应全面掌握税务稽查法律关系、相关行政法律在税务稽查中的适用、其他相关法律在税务稽查中的运用。

**必会核心知识**

■ 税务稽查法律关系作为税收法律关系的组成部分，同样是由税收法律规范确认和调整的，国家和纳税人之间发生的具有权利和义务内容的社会关系，它具有税收法律关系的基本特征，但同时又具有其特殊性，包括税务稽查法律关系的主体、税务稽查法律关系的客体与税务稽查法律关系的内容。

■ 税务稽查法律关系的主体，是指在税务稽查法律关系中享有权利和承担义务的当事人，主要包括：（1）税务稽查行政主体，是税务局稽查局；（2）税务稽查行政相对人，是纳税人、扣缴义务人和其他涉税当事人。

■ 稽查局的权力主要表现为：税款追征权、税务检查权、行政处罚权、税收保全权、强制执行权。

■ 稽查局的责任主要表现为：依法定程序和权限开展税务稽查、出示《税务检查证》和送达《税务检查通知书》、依法履行告知义务、告知被查对象陈述权和申辩权、不得超越职权和利用职权、不得侵害被查对象的合法权益。

■ 税务稽查人员对实施税务稽查过程中知悉的国家秘密、商业秘密或者个人隐私、个人信息，应当依法予以保密。纳税人、扣缴义务人的税收违法行为不属于保密范围。

■ 在税务稽查法律关系中被查对象的权利主要表现为：要求保密权、要求回避权、陈述权、申辩权、对未出示税务检查证和税务检查通知书的拒绝检查权、要求听证权、申请行政复议权、提起行政诉讼权、请求国家赔偿权。

■ 在税务稽查法律关系中被查对象的义务主要表现为：配合检查的义务，接受稽查局依法进行的税务检查，如实反映情况，提供有关资料，接受询问，不得拒绝、隐瞒或提供虚假资料、做伪证，以及对稽查发现的问题及时补缴税款、纠正错误等。

■ 补缴和追征税款、滞纳金的期限，自纳税人、扣缴义务人应缴未缴或者少缴税款之日起计算，因税务机关的责任，致使纳税人、扣缴义务人未缴或者少缴税款的，税务机关在三年内可以要求纳税人、扣缴义务人补缴税款，但是不得加收滞纳金。

■ 因纳税人、扣缴义务人计算错误等失误，未缴或者少缴税款的，税务机关在三年内可以追征税款、滞纳金；有特殊情况的，追征期可以延长到五年。纳税人不进行纳税申报造成不缴或者少缴应纳税款的，其追征期一般为三年，特殊情况可以延长至五年。

■ 对偷税、抗税、骗税的，税务机关追征其未缴或者少缴的税、滞纳金或者所骗取的税款，不受规定期限的限制，可以无限期追征。

■ 对当事人首次发生《税务行政处罚"首违不罚"事项清单》中所列事项且危害后果轻微，在税务机关发现前主动改正或者在税务机关责令限期改正的期限内改正的，不予行政处罚。

■ 对当事人的同一个税收违法行为，不得给予两次以上罚款的行政处罚。同一个违法行为违反多个法律规范应当给予罚款处罚的，按照罚款数额高的规定处罚。

■ 当事人有下列情形之一的，不予行政处罚：（1）违法行为轻微并及时改正，没有造成危害后果的；（2）初次违法且危害后果轻微并及时改正的，可以不予行政处罚；（3）当事人有证据足以证明没有主观过错的，不予行政处罚。法律、行政法规另有规定的，从其规定。

■ 当事人有下列情形之一，应当从轻或者减轻行政处罚：（1）主动消除或者减轻违法行为危害后果的；（2）受他人胁迫或者诱骗实施违法行为的；（3）主动供述行政机关尚未掌握的违法行为的；（4）配合行政机关查处违法行为有立功表现的；（5）法律、法规、规章规定其他应当从轻或者减轻行政处罚的。

■ 不满十四周岁的未成年人有违法行为的，不予行政处罚，责令监护人加以管教；已满十四周岁不满十八周岁的未成年人有违法行为的，应当从轻或者减轻行政处罚。

■ 精神病人、智力残疾人在不能辨认或者不能控制自己行为时有违法行为的，不予行政处罚，但应当责令其监护人严加看管和治疗。间歇性精神病人在精神正常时有违法行为的，应当给予行政处罚。尚未完全丧失辨认或者控制自己行为能力的精神病人、智力残疾人有违法行为的，可以从轻或者减轻行政处罚。

■ 违反税收法律、行政法规应当给予行政处罚的行为，在五年内未被发现的不再给予行政处罚。

■ 被查对象或者其他涉税当事人有权提出陈述、申辩意见。税务机关应当充分听取当事人的意见，对其提出的事实、理由或者证据进行复核，陈述申辩事由成立的，税务机关应当采纳；不采纳的，应予说明理由。税务机关不得因当事人的申辩而加重处罚。

■ 税务机关有根据认为从事生产、经营的纳税人有逃避纳税义务行为，可以在规定的纳税期之前，责令限期缴纳应纳税款；在限期内发现纳税人有明显的转移、隐匿其应纳税的商品、货物以及其他财产或者应纳税收入迹象的，可以责成纳税人提供纳税担保。如果纳税人不能提供纳税担保，经县以上税务局局长批准，可以依法采取税收强制措施。

■ 税收强制的类型包括税收保全和其他税收强制措施。税务机关可以采取下列税收保全措施：冻结存款；扣押、查封纳税人的价值相当于应纳税款的商品、货物或者其他财产。

■ 税务机关可以采取下列强制执行措施：书面通知其开户银行或者其他金融机构从其存款中扣缴税款；扣押、查封、依法拍卖或者变卖其价值相当于应纳税款的商品、货物或者其他财产，以拍卖或者变卖所得抵缴税款。

■ 稽查局采取税收强制措施时，应当向纳税人、扣缴义务人、纳税担保人交付税收强制措施决定书，告知其采取税收强制措施的内容、理由、依据以及依法享有的权利、救济途径，并履行法律、法规规定的其他程序。

■ 冻结纳税人在开户银行或者其他金融机构的存款时，应当向纳税人开户银行或者其他金融机构交付冻结存款通知书，冻结其相当于应纳税款的存款，并于作出冻结决定之日起3个工作日内，向纳税人交付冻结决定书。采取查封、扣押商品、货物或者其他财产措施时，应当向纳税人、扣缴义务人、纳税担保人当场交付查封、扣押决定书，填写查封商品、货物或者其他财产清单或者出具扣押商品、货物或者其他财产专用收据，由当事人核对后签章。查封清单、扣押收据一式两份，由当事人和稽查局分别保存。

■ 查封、扣押有产权证件的动产或者不动产时，应当依法向有关单位送达税务协助执行通知书，通知其在查封、扣押期间不再办理该动产或者不动产的过户手续。

■ 税务机关采取强制执行措施时，对纳税人、扣缴义务人、纳税担保人未缴纳的滞纳金同时强制执行。个人及其所扶养家属维持生活必需的住房和用品，不在强制执行范围内。

■ 有下列情形之一的，应当依法及时解除税收强制措施：（1）纳税人已按履行期限缴纳税款、扣缴义务人已按履行期限解缴税款、纳税担保人已按履行期限缴纳所担保税款的；（2）税收强制措施被复议机关决定撤销的；（3）税收强制措施被人民法院判决撤销的；（4）其他法定应当解除税收强制措施的。

■ 检查从事生产、经营的纳税人以前纳税期的纳税情况时，发现纳税人有逃避纳税义务行为，并有明显的转移、隐匿其应纳税的商品、货物以及其他财产或者应纳税收入迹象的，经县以上税务局局长批准，可以依法采取税收强制措施。采取查封、扣押措施的，期限一般不得超过6个月；重大案件有下列情形之一，需要延长期限的，应当报国家税务总局批准：（1）案情复杂，在查封、扣押期限内确实难以查明案件事实的；（2）被查对象转移、隐匿、销毁账簿、记账凭证或者其他证据材料的；（3）被查对象拒不提供相关情况或者以其他方式拒绝、阻挠检查的；（4）解除查封、扣押措施可能使纳税人转移、隐匿、损毁或者违法处置财产，从而导致税款无法追缴的。

■ 除上述情形外采取查封、扣押、冻结措施的，期限不得超过30日；情况复杂的，经县以上税务局局长批准，可以延长，但是延长期限不得超过30日。

■ 纳税人、扣缴义务人、纳税担保人同税务机关在纳税上发生争议时，必须先依照税务机关的纳税决定，缴纳或者解缴税款及滞纳金，或者提供相应的担保，然后可以依法申请行政复议；对行政复议决定不服的，可以依法向人民法院起诉。

■ 当事人对税务机关的处罚决定、强制执行措施或者税收保全措施不服的，可以依法申请行政复议，也可以依法向人民法院起诉。

■ 申请人对税务机关作出逾期不缴纳罚款加处罚款的决定不服的，应当先缴纳罚款和加处罚款，再申请行政复议。

■ 申请人可以在知道税务机关作出具体行政行为之日起 60 日内提出行政复议申请。因不可抗力或被申请人设置障碍等原因耽误法定申请期限的，申请期限的计算应当扣除被耽误时间。

■ 行政复议机关应当自受理申请之日起 60 日内作出行政复议决定。情况复杂，不能在规定期限内作出行政复议决定的，经行政复议机关负责人批准，可以适当延期，并告知申请人和被申请人，但是延期不得超过 30 日。

■ 行政复议机关责令被申请人重新作出具体行政行为的，被申请人应当在 60 日内重新作出具体行政行为；情况复杂，不能在规定期限内重新作出具体行政行为的，经行政复议机关批准，可以适当延期，但是延期不得超过 30 日。

■ 对各级税务局的具体行政行为不服的，向其上一级税务局申请行政复议。

■ 对计划单列市税务局的具体行政行为不服的，向国家税务总局申请行政复议。

■ 对税务所（分局）、各级税务局稽查局的具体行政行为不服的，向其所属税务局申请行政复议。

■ 对国家税务总局的具体行政行为不服的，向国家税务总局申请行政复议。对行政复议决定不服，申请人可以向人民法院提起行政诉讼，也可以向国务院申请裁决。国务院的裁决为最终裁决。

■ 跨区域稽查局的重点案件，由跨区域稽查局负责行政复议答复及处理、行政诉讼应诉及处理；税务局稽查局集中审理的跨区域稽查局案件，由跨区域稽查局负责行政复议答复及处理、行政诉讼应诉及处理，税务局稽查局配合。

■ 在行政复议过程中，被申请人不得自行向申请人和其他有关组织或个人收集证据。

■ 税务行政诉讼案件与税务行政复议的受案范围基本一致，包括：（1）税务机关作出的征税行为：一是征收税款、加收滞纳金；二是扣缴义务人、受税务机关委托的单位作出代扣代缴、代收代缴行为及代征行为。（2）税务机关作出的责令纳税人提交纳税保证金或者纳税担保行为。（3）税务机关作出的行政处罚行为：一是罚款；二是没收违法所得；三是停止出口退税权；四是收缴发票和暂停供应发票。（4）税务机关作出的通知出境管理机关阻止出境行为。（5）税务机关作出的税收保全措施：一是书面通知银行或者其他金融机构冻结存款；二是扣押、查封商品、货物或者其他财产。（6）税务机关作出的税收强制执行措施：一是书面通知银行或者其他金融机构扣缴税款；二是拍卖所扣押、查封的商品、货物或者其他财产抵缴税款。（7）认为符合法定条件申请税务机关颁发税务登记证和发售发票，税务机关拒绝颁发、发售或者不予答复的行为。（8）税务机关的复议行为：一是复议机关改变了原具体行政行为；二是期限届满，税务机关不予答复。

■ 公民、法人或者其他组织不服复议决定的，可以在收到复议决定书之日起15日内向人民法院提起诉讼。复议机关逾期不作决定的，申请人可以在复议期满之日起15日内向人民法院提起诉讼。法律另有规定的除外。诉讼期间税务机关认为需停止执行行政行为的，应当向人民法院说明，由人民法院裁定。

■ 公民、法人或者其他组织直接向人民法院提起诉讼的，作出行政行为的行政机关是被告。

■ 经复议的案件，复议机关决定维持原行政行为的，作出原行政行为的行政机关和复议机关是共同被告；复议机关改变原行政行为的，复议机关是被告。

■ 复议机关在法定期限内未作出复议决定，公民、法人或者其他组织起诉原行政行为的，作出原行政行为的行政机关是被告；起诉复议机关不作为的，复议机关是被告。

■ 直接提起行政诉讼的，应当自知道或者应当知道作出行政行为之日起6个月内提出。

■ 稽查局应当对原告的起诉进行审查，认为案件管辖不符合法律、法规和司法解释规定的，应当在收到《应诉通知书》和起诉状副本之日起15日内以书面形式向人民法院提出管辖异议。

■ 审理部门负责答辩材料的整理，撰写答辩状、证据清单、法律依据以及授权委托书，在收到起诉状副本之日起15日内向人民法院提交作出行政行为的证据和所依据的规范性文件，并提交答辩状。稽查局按规定申请延期提供证据的，应当在收到起诉状副本之日起15日内以书面形式向人民法院提出。

■ 税务机关应当自收到应诉通知书和起诉状副本之日起 15 日内，将据以作出被诉行政行为的全部证据和所依据的规范性文件，连同答辩状、证据清单、法律依据、授权委托书、法定代表人身份证明及其他诉讼材料一并递交人民法院。

■ 人民法院要求提供或者补充证据的，税务机关应当按要求提交证据；税务机关发现证据可能灭失或者以后难以取得的，可以向人民法院申请保全证据。

■ 税务机关的出庭应诉人员包括负责人和委托代理人。负责人不能出庭应诉的，应当委托本机关相应的工作人员出庭。

■ 各级税务机关的主要负责人是本机关行政应诉工作的第一责任人，应当积极出庭应诉。主要负责人不能出庭的，由分管被诉行政行为承办机构的负责人出庭应诉。分管被诉行政行为承办机构的负责人也不能出庭的，主要负责人指定其他负责人出庭应诉。

■ 稽查局不服人民法院第一审判决的，有权在判决书送达之日起 15 日内向上一级人民法院提起上诉；不服人民法院第一审裁定的，有权在裁定书送达之日起 10 日内向上一级人民法院提起上诉。

■ 税务机关决定上诉的，应当在收到人民法院判决书之日起 15 日内或者收到裁定书之日起 10 日内向上一级人民法院提起上诉。

■ 税务机关对人民法院作出的回避决定、停止执行裁定以及先予执行的裁定不服的，可以向作出决定或者裁定的人民法院申请复议一次。

■ 税务机关应当充分行使诉讼权利、履行诉讼义务，尊重公民、法人或者其他组织的诉讼权利，自觉接受司法监督，不得干预、阻碍人民法院受理和审理税务行政诉讼案件。

**必考点检测训练**

## 一、单选

1. 下列表述有误的是：（　　）。
   A. 对当事人的同一个税收违法行为，不得给予两次以上罚款的行政处罚
   B. 同一个违法行为违反多个法律规范应当给予罚款处罚的，按照罚款数额合计数处罚
   C. 被查对象或者其他涉税当事人有权提出陈述、申辩意见
   D. 税务机关不得因当事人的申辩而加重处罚

   参考答案：B

2. 违反税收法律、行政法规应当给予行政处罚的行为，在（　　）年内未被发现的不再给予行政处罚。
   A. 三　　　　　　　　　　　　B. 五
   C. 十　　　　　　　　　　　　D. 二十

   参考答案：B

3. 检查从事生产、经营的纳税人以前纳税期的纳税情况时，发现纳税人有逃避纳税义务行为，并有明显的转移、隐匿其应纳税的商品、货物以及其他财产或者应纳税收入迹象的，经县以上税务局局长批准，可以依法采取税收强制措施，采取查封、扣押措施的，期限一般不得超过：（　　）。
   A. 1个月　　　　　　　　　　B. 3个月
   C. 6个月　　　　　　　　　　D. 1年

   参考答案：C

4. 除特殊情形外采取查封、扣押、冻结措施的，期限不得超过（　　）日；情况复杂的，经县以上税务局局长批准可以延长，但是延长期限不得超过（　　）日。
   A. 30；30　　　　　　　　　　B. 30；60

C. 60；60                D. 90；90

参考答案：A

5. 申请人可以在知道税务机关作出具体行政行为之日起（ ）日内提出行政复议申请。因不可抗力或被申请人设置障碍等原因耽误法定申请期限的，申请期限的计算应当扣除被耽误时间。

    A. 15                   B. 30

    C. 60                   D. 90

参考答案：C

6. 行政复议机关应当自受理申请之日起（ ）日内作出行政复议决定。情况复杂，不能在规定期限内作出行政复议决定的，经行政复议机关负责人批准，可以适当延期，并告知申请人和被申请人，但是延期不得超过（ ）日。

    A. 30；30              B. 30；60

    C. 60；30              D. 60；60

参考答案：C

7. 行政复议机关责令被申请人重新作出具体行政行为的，被申请人应当在（ ）日内重新作出具体行政行为；情况复杂，不能在规定期限内重新作出具体行政行为的，经行政复议机关批准，可以适当延期，但是延期不得超过（ ）日。

    A. 30；30              B. 30；60

    C. 60；30              D. 60；60

参考答案：C

8. 公民、法人或者其他组织不服复议决定的，可以在收到复议决定书之日起（ ）日内向人民法院提起诉讼。复议机关逾期不作决定的，申请人可以在复议期满之日起（ ）日内向人民法院提起诉讼。

    A. 15；15              B. 15；30

    C. 30；15              D. 30；30

参考答案：A

9. 直接提起行政诉讼的，应当自知道或者应当知道作出行政行为之日起（ ）内提出。

  A．1个月         B．3个月

  C．6个月         D．9个月

参考答案：C

  10．稽查局应当对原告的起诉进行审查，认为案件管辖不符合法律、法规和司法解释规定的，应当在收到《应诉通知书》和起诉状副本之日起（  ）日内以书面形式向人民法院提出管辖异议。

  A．7           B．10

  C．15          D．30

参考答案：C

  11．审理部门负责答辩材料的整理，撰写答辩状、证据清单、法律依据以及授权委托书，在收到起诉状副本之日起（  ）日内向人民法院提交作出行政行为的证据和所依据的规范性文件，并提交答辩状。稽查局按规定申请延期提供证据的，应当在收到起诉状副本之日起（  ）日内以书面形式向人民法院提出。

  A．15；15        B．15；30

  C．30；15        D．30；30

参考答案：A

  12．稽查局不服人民法院第一审判决的，有权在判决书送达之日起（  ）日内向上一级人民法院提起上诉；不服人民法院第一审裁定的，有权在裁定书送达之日起（  ）日内向上一级人民法院提起上诉。

  A．15；10        B．15；15

  C．30；15        D．30；30

参考答案：A

## 二、多选

  1．下列关于税务稽查法律关系的表述正确的有：（  ）。

  A．税务稽查法律关系包括税务稽查法律关系的主体、税务稽查法律关系的客体与税务稽查法律关系的内容

  B．税务稽查法律关系的主体，是指在税务稽查法律关系中享有权利

　　和承担义务的当事人

　　C. 税务稽查行政主体，是税务局稽查局

　　D. 税务稽查行政相对人，是纳税人、扣缴义务人和其他涉税当事人

参考答案：ABCD

2. 稽查局的权力主要表现为：（　　）。

　　A. 税款追征权　　　　　　　　B. 税务检查权

　　C. 行政处罚权　　　　　　　　D. 税收保全权

　　E. 强制执行权

参考答案：ABCDE

3. 稽查局的责任主要表现为：（　　）。

　　A. 依法定程序和权限开展税务稽查

　　B. 出示《税务检查证》和送达《税务检查通知书》

　　C. 依法履行告知义务；告知被查对象陈述权和申辩权

　　D. 不得超越职权和利用职权

　　E. 不得侵害被查对象的合法权益

参考答案：ABCDE

4. 在税务稽查法律关系中被查对象的权利主要表现为：（　　）。

　　A. 要求保密权、要求回避权

　　B. 陈述权、申辩权

　　C. 对未出示税务检查证和税务检查通知书的拒绝检查权

　　D. 要求听证权

　　E. 申请行政复议权、提起行政诉讼权、请求国家赔偿权

参考答案：ABCDE

5. 在税务稽查法律关系中被查对象的义务主要表现为：（　　）。

　　A. 配合检查的义务

　　B. 接受稽查局依法进行的税务检查

　　C. 如实反映情况，提供有关资料

　　D. 不得拒绝、隐瞒或提供虚假资料、做伪证

　　E. 对稽查发现的问题及时补缴税款、纠正错误

参考答案：ABCDE

6. 下列表述正确的有：（　　）。

A. 补缴和追征税款、滞纳金的期限，自纳税人、扣缴义务人应缴未缴或者少缴税款之日起计算

B. 因税务机关的责任，致使纳税人、扣缴义务人未缴或者少缴税款的，税务机关在三年内可以要求纳税人、扣缴义务人补缴税款，但是不得加收滞纳金

C. 因纳税人、扣缴义务人计算错误等失误，未缴或者少缴税款的，税务机关在三年内可以追征税款、滞纳金；有特殊情况的，追征期可以延长到五年

D. 纳税人不进行纳税申报造成不缴或者少缴应纳税款的，其追征期一般为三年，特殊情况可以延长至五年

E. 对偷税、抗税、骗税的，税务机关追征其未缴或者少缴的税款、滞纳金或者所骗取的税款，不受规定期限的限制，可以无限期追征

参考答案：ABCDE

7. 当事人有下列情形之一的，不予行政处罚：（　　）。

A. 违法行为轻微并及时改正，没有造成危害后果的，不予行政处罚

B. 初次违法且危害后果轻微并及时改正的，可以不予行政处罚

C. 当事人有证据足以证明没有主观过错的，不予行政处罚

D. 不满十四周岁的未成年人有违法行为的，不予行政处罚

参考答案：ABCD

8. 当事人有下列情形之一的，应当从轻或者减轻行政处罚：（　　）。

A. 主动消除或者减轻违法行为危害后果的

B. 受他人胁迫或者诱骗实施违法行为的

C. 主动供述行政机关尚未掌握的违法行为的

D. 配合行政机关查处违法行为有立功表现的

E. 法律、法规、规章规定其他应当从轻或者减轻行政处罚的

参考答案：ABCDE

9. 下列表述正确的有：（　　）。

A. 不满十四周岁的未成年人有违法行为的，不予行政处罚，责令监

护人加以管教

B. 已满十四周岁不满十八周岁的未成年人有违法行为的，应当从轻或者减轻行政处罚

C. 精神病人、智力残疾人在不能辨认或者不能控制自己行为时有违法行为的，不予行政处罚，但应当责令其监护人严加看管和治疗

D. 间歇性精神病人在精神正常时有违法行为的，应当给予行政处罚

E. 尚未完全丧失辨认或者控制自己行为能力的精神病人、智力残疾人有违法行为的，可以从轻或者减轻行政处罚

参考答案：ABCDE

10. 下列表述正确的有：（　　）。

A. 税务机关有根据认为从事生产、经营的纳税人有逃避纳税义务行为，可以在规定的纳税期之前，责令限期缴纳应纳税款

B. 在限期内发现纳税人有明显的转移、隐匿其应纳税的商品、货物以及其他财产或者应纳税收入迹象的，可以责成纳税人提供纳税担保

C. 如果纳税人不能提供纳税担保，经县以上税务局局长批准，可以依法采取税收强制措施

D. 税收强制的类型包括税收保全和其他税收强制措施

参考答案：ABCD

11. 下列属于税收保全措施的有：（　　）。

A. 冻结存款

B. 扣押、查封纳税人的价值相当于应纳税款的商品、货物或者其他财产

C. 书面通知其开户银行或者其他金融机构从其存款中扣缴税款

D. 扣押、查封、依法拍卖或者变卖其价值相当于应纳税款的商品、货物或者其他财产，以拍卖或者变卖所得抵缴税款

参考答案：AB

12. 下列属于强制执行措施的有：（　　）。

A. 冻结存款

B. 扣押、查封纳税人的价值相当于应纳税款的商品、货物或者其他

　　　　财产

　　C．书面通知其开户银行或者其他金融机构从其存款中扣缴税款

　　D．扣押、查封、依法拍卖或者变卖其价值相当于应纳税款的商品、货物或者其他财产，以拍卖或者变卖所得抵缴税款

参考答案：CD

13．下列表述正确的有：（　　）。

　　A．稽查局采取税收强制措施时，应当向纳税人、扣缴义务人、纳税担保人交付税收强制措施决定书，告知其采取税收强制措施的内容、理由、依据以及依法享有的权利、救济途径，并履行法律、法规规定的其他程序

　　B．查封、扣押有产权证件的动产或者不动产时，应当依法向有关单位送达税务协助执行通知书，通知其在查封、扣押期间不再办理该动产或者不动产的过户手续

　　C．税务机关采取强制执行措施时，对纳税人、扣缴义务人、纳税担保人未缴纳的滞纳金同时强制执行

　　D．个人及其所扶养家属维持生活必需的住房和用品，不在强制执行范围内

参考答案：ABCD

14．下列表述正确的有：（　　）。

　　A．冻结纳税人在开户银行或者其他金融机构的存款时，应当向纳税人开户银行或者其他金融机构交付冻结存款通知书，冻结其相当于应纳税款的存款

　　B．冻结纳税人在开户银行或者其他金融机构的存款，应当于作出冻结决定之日起3个工作日内向纳税人交付冻结决定书

　　C．采取查封、扣押商品、货物或者其他财产措施时，应当向纳税人、扣缴义务人、纳税担保人当场交付查封、扣押决定书，填写查封商品、货物或者其他财产清单或者出具扣押商品、货物或者其他财产专用收据，由当事人核对后签章

　　D．查封清单、扣押收据一式两份，由当事人和稽查局分别保存

参考答案：ABCD

15. 有下列哪些情形之一的，应当依法及时解除税收强制措施：（　　）。

A. 纳税人已按履行期限缴纳税款、扣缴义务人已按履行期限解缴税款、纳税担保人已按履行期限缴纳所担保税款的

B. 税收强制措施被复议机关决定撤销的

C. 税收强制措施被人民法院判决撤销的

D. 其他法定应当解除税收强制措施的

参考答案：ABCD

16. 检查从事生产、经营的纳税人以前纳税期的纳税情况时，发现纳税人有逃避纳税义务行为，并有明显的转移、隐匿其应纳税的商品、货物以及其他财产或者应纳税收入迹象的，经县以上税务局局长批准，可以依法采取税收强制措施。采取查封、扣押措施的，期限一般不得超过6个月；重大案件有下列哪些情形之一，需要延长期限的，应当报国家税务总局批准：（　　）。

A. 案情复杂，在查封、扣押期限内确实难以查明案件事实的

B. 被查对象转移、隐匿、销毁账簿、记账凭证或者其他证据材料的

C. 被查对象拒不提供相关情况或者以其他方式拒绝、阻挠检查的

D. 解除查封、扣押措施可能使纳税人转移、隐匿、损毁或者违法处置财产，从而导致税款无法追缴的

参考答案：ABCD

17. 下列表述正确的有：（　　）。

A. 纳税人、扣缴义务人、纳税担保人同税务机关在纳税上发生争议时，必须先依照税务机关的纳税决定，缴纳或者解缴税款及滞纳金，或者提供相应的担保，然后可以依法申请行政复议

B. 对行政复议决定不服的，可以依法向人民法院起诉

C. 当事人对税务机关的处罚决定、强制执行措施或者税收保全措施不服的，可以依法申请行政复议，也可以依法向人民法院起诉

D. 申请人对税务机关作出逾期不缴纳罚款加处罚款的决定不服的，应当先缴纳罚款和加处罚款，再申请行政复议

参考答案：ABCD

18. 下列表述正确的有：（　　）。

A. 对各级税务局的具体行政行为不服的，向其上一级税务局申请行政复议

B. 对计划单列市税务局的具体行政行为不服的，向国家税务总局申请行政复议

C. 对税务所（分局）、各级税务局稽查局的具体行政行为不服的，向其所属税务局申请行政复议

D. 对国家税务总局的具体行政行为不服的，向国家税务总局申请行政复议

参考答案：ABCD

19. 下列属于税务行政诉讼案件受案范围的有：（　　）。

A. 税务机关作出的征税行为

B. 税务机关作出的责令纳税人提交纳税保证金或者纳税担保行为

C. 税务机关作出的行政处罚行为

D. 税务机关作出的通知出境管理机关阻止出境行为

E. 税务机关作出的税收保全措施、税收强制执行措施

参考答案：ABCDE

20. 下列表述正确的有：（　　）。

A. 公民、法人或者其他组织直接向人民法院提起诉讼的，作出行政行为的行政机关是被告

B. 经复议的案件，复议机关决定维持原行政行为的，作出原行政行为的行政机关和复议机关是共同被告

C. 经复议的案件，复议机关改变原行政行为的，复议机关是被告

D. 复议机关在法定期限内未作出复议决定，公民、法人或者其他组织起诉原行政行为的，作出原行政行为的行政机关是被告

E. 起诉复议机关不作为的，复议机关是被告

参考答案：ABCDE

21. 下列表述正确的有：（　　）。

A. 人民法院要求提供或者补充证据的，税务机关应当按要求提交证据；税务机关发现证据可能灭失或者以后难以取得的，可以向人

民法院申请保全证据

    B. 税务机关的出庭应诉人员包括负责人和委托代理人。负责人不能出庭应诉的，应当委托本机关相应的工作人员出庭

    C. 各级税务机关的主要负责人是本机关行政应诉工作的第一责任人，应当积极出庭应诉

    D. 主要负责人不能出庭的，由分管被诉行政行为承办机构的负责人出庭应诉

    E. 分管被诉行政行为承办机构的负责人也不能出庭的，主要负责人指定其他负责人出庭应诉

参考答案：ABCDE

## 三、判断

1. 税务稽查人员对实施税务稽查过程中知悉的国家秘密、商业秘密或者个人隐私、个人信息及纳税人、扣缴义务人的税收违法行为，应当依法予以保密。   （   ）

参考答案：×

【税务稽查人员对实施税务稽查过程中知悉的国家秘密、商业秘密或者个人隐私、个人信息，应当依法予以保密。纳税人、扣缴义务人的税收违法行为不属于保密范围。】

2. 对当事人首次发生《税务行政处罚"首违不罚"事项清单》中所列事项且危害后果轻微，在税务机关发现前主动改正或者在税务机关责令限期改正的期限内改正的，不予行政处罚。   （   ）

参考答案：√

3. 在行政复议过程中，被申请人不得自行向申请人和其他有关组织或个人收集证据。   （   ）

参考答案：√

4. 税务机关对人民法院作出的回避决定、停止执行裁定以及先予执行的裁定不服的，不能向作出决定或者裁定的人民法院申请复议，应向上一级人民法院提起上诉。   （   ）

参考答案：×

【税务机关对人民法院作出的回避决定、停止执行裁定以及先予执行的裁定不服的，可以向作出决定或者裁定的人民法院申请复议一次。】

5．税务机关应当充分行使诉讼权利、履行诉讼义务，尊重公民、法人或者其他组织的诉讼权利，自觉接受司法监督，不得干预、阻碍人民法院受理和审理税务行政诉讼案件。　　　　　　　　　　　　　　　　（　）

参考答案：√

# 第三章　税务稽查案件办理程序

| | 初级 | 中级 | 高级 |
|---|---|---|---|
| 第一节<br>选案 | 1. 了解稽查案源管理的基本要求<br>2. 了解案源基本类型、立案检查的案源标准和立案前检查的基本要求<br>3. 了解案源处理结果使用及跟踪管理 | 1. 掌握稽查案源管理的流程和具体要求<br>2. 掌握案源基本类型、立案检查的案源标准和立案前检查的具体要求<br>3. 熟悉案源处理结果使用及跟踪管理 | 1. 掌握稽查案源管理总体要求<br>2. 掌握稽查案源处理的综合运用<br>3. 掌握统筹安排检查工作的要求 |
| 第二节<br>检查 | 1. 了解检查一般流程基本内容<br>2. 了解检查权限基本内容<br>3. 了解税务稽查取证原则<br>4. 了解税收强制措施、中止检查、终结检查等情形的基本适用条件 | 1. 掌握检查流程操作要求，包括查前告知的权利和义务、检查时限、检查实施等<br>2. 掌握检查权限具体要求，包括检查的要求、适用情形和审批流程<br>3. 熟悉掌握税务稽查取证原则及具体要求<br>4. 掌握税收强制措施、中止检查、终结检查等情形的适用条件和程序要求 | 1. 掌握案件检查的总体要求和审批流程<br>2. 掌握税务稽查取证原则和总体要求<br>3. 掌握税收强制措施、中止检查、终结检查等情形的综合运用 |
| 第三节<br>审理 | 1. 了解税务稽查审理的一般流程 | 1. 熟悉税务稽查审理的流程、主要内容和要求 | 1. 掌握税务稽查审理的总体要求和流程 |

续表

|  | 初级 | 中级 | 高级 |
|---|---|---|---|
| 第三节 审理 | 2. 了解税务稽查行政处罚听证程序 3. 了解重大税收执法事项集体审议要求<br>4. 了解决定性文书的使用情形<br>5. 了解涉嫌犯罪案件移送标准 | 2. 熟悉税务稽查行政处罚听证程序<br>3. 熟悉重大税收执法事项集体审议要求<br>4. 熟悉决定性文书的规范使用<br>5. 熟悉涉嫌犯罪案件移送标准及程序 | 2. 掌握税务稽查行政处罚听证、重大税收执法事项集体审议、涉税犯罪案件移送等综合运用<br>3. 掌握决定性文书的总体要求 |
| 第四节 执行 | 1. 了解决定性税务文书送达基本要求<br>2. 了解税收强制执行程序<br>3. 了解中止执行、终结执行、延期分期缴纳罚款的适用条件<br>4. 了解重新作出决定性文书的情形 | 1. 掌握决定性税务文书送达的主要要求<br>2. 熟悉税收强制执行程序和主要要求<br>3. 熟悉中止执行、终结执行、延期分期缴纳罚款的适用条件和主要要求<br>4. 熟悉重新作出决定性文书的情形与程序 | 1. 掌握税收强制执行、中止执行、终结执行、延期分期缴纳罚款的适用条件和总体要求<br>2. 掌握重新作出决定性文书的总体要求 |

**必懂复习策略**

　　本章主要内容是税务稽查案件办理的程序，包括选案、检查、审理和执行。本章是贯穿税收违法案件稽查工作全过程的具体要求，在实际工作中考生可根据自身工作岗位重点学习所涉及的内容，在考试中应重点掌握检查和审理过程中的工作要求。

　　检查是税务稽查的重要过程，应重点掌握检查流程、取证要求和方法、税收强制措施、中止检查和终结检查的条件和程序等。审理应重点掌握重大税收执法事项集体审议范围、税务稽查案件审理的具体内容和要求以及涉嫌犯罪案件移送的内容。

　　初级考生以了解熟悉为主，主要熟悉检查流程，包括查前告知的权利和义务、检查实施及其检查阶段的文书制作、案件办理的时限要求、决定性文书制作要求和送达的要求；中级考生应掌握上述初级考生需要熟悉的内容；高级考生应全面掌握税务稽查案件办理的程序，包括选案、检查、审理和执行，其中检查和审理过程中的工作要求为重点。

## 必会核心知识

■ 稽查局应当加强稽查案源管理，全面收集整理案源信息，合理、准确地选择待查对象。稽查局应当统筹安排检查工作，严格控制对纳税人、扣缴义务人的检查次数。选案部门负责稽查对象的选取，并对税收违法案件查处情况进行跟踪管理。

■ 案源管理的具体流程主要包括：案源信息的收集、案源的分类处理、案源的立案分配和处理结果的使用。

■ 根据案源信息的来源不同，将案源分为九种类型：（1）推送案源；（2）督办案源；（3）交办案源；（4）安排案源；（5）自选案源；（6）检举案源；（7）协查案源；（8）转办案源；（9）其他案源。督办案源、交办案源、转办案源、检举案源和协查案源统称为特殊案源。

■ 税务局稽查局负责对辖区内的案源进行统筹管理。省、市税务局稽查局负责统筹稽查案源管理，积极运用税收大数据分析选取涉嫌偷逃骗抗税和虚开发票等严重涉税违法行为的稽查案源，开展"双随机"选案，受理风险推送、涉税检举、上级交（督）办、外部单位转办、受托协查等案源。

■ 省、市税务局稽查局统筹推送各类案源，跨区域稽查局原则上不开展选案工作。

■ 省、市税务局稽查局向本级跨区域稽查局统筹推送各类案源信息时，应当填制《案源信息传递单》；跨区域稽查局向本级税务局稽查局传递案源时，也应当填制《案源信息传递单》。

■ 因税务稽查管辖发生争议且协商未果，报告共同上级税务局，由上级税务局指定管辖。上级税务局指定管辖的案源，作为交办案源进行处理。

■ 线索清楚，涉嫌偷税、逃避追缴欠税、骗税、虚开发票、制售假发票或者其他严重税收违法行为的，由选案部门列入案源信息；检举内容不详，无明确线索或者内容重复的，暂存待办。

■ 案源处理是指案源部门对收集的案源信息进行识别和判断，根据案源类型、纳税人状态、线索清晰程度、税收风险等级等因素，进行退回或者补正、移交税务局相关部门、暂存待查、调查核实（包括协查）、立案检查等分类处理的过程。

■ 符合下列情形之一的，作暂存待查处理：（1）纳税人状态为非正常或者注销的督办、交办案源信息，经督办、交办部门同意可以作暂存待查处理；（2）纳税人状态为非正常、注销或者税收违法线索不清晰的检举案源信息可以作暂存待查处理；（3）纳税人走逃而无法开展检查的可以作暂存待查处理；（4）其他不宜开展检查又无法退回的情形。

■ 下列案源可并案处理：推送、督办、交办、检举、协查案源信息涉及的纳税人、扣缴义务人已被立案检查且案件未审结，作并案处理。并案处理应当及时制作《税务稽查案源审批表》，提出拟处理意见，按规定程序报经审核、审批后，及时将案源信息传递到相应检查部门一并处理。

■ 案源信息符合下列情形之一的，作退回（补正）处理：（1）纳税人不属于管辖范围，纳税人状态为非正常或者注销的，可以作退回处理；（2）案源信息数据有误、未提供必要数据资料或者其他导致无法进一步处理的情形，可以作退回处理或者要求补充资料；（3）税收违法线索不清晰或者资料不完整，要求补充资料不能补充资料的，可以作退回处理；（4）其他需要退回信息来源部门或者要求补充资料的情形。

■ 案源信息完整、有效且信息内容能够较为明确地印证纳税人、扣缴义务人涉嫌税收违法的，作立案查处。符合下列情形之一的案源，确认为需要立案检查的案源：（1）督办、交办事项明确要求立案检查的；（2）案源部门接收并确认的高风险纳税人风险信息案源，以及按稽查任务和计划要求安排和自选的；（3）举报受理部门受理的检举内容详细、线索清楚的；（4）协查部门接收的协查案源信息涉及的纳税人状态正常，且委托方已开具《已证实虚开通知单》并提供相关证据的或委托方提供的证据资料能够证明协查对象存在税收违法嫌疑的或协查证实协查对象存在税收违法行为的；（5）转办案源涉及的纳税人状态正常，且税收违法线索清晰的；（6）经过调查核实（含协查）发现纳税人存在税收违法行为的案源；（7）其他经过识别判断后应当立案的；（8）上级稽查局要求立案检查的。

■ 案源部门应及时制作《税务稽查案源审批表》，提出拟处理意见，明确本局立案查处、本级跨区域稽查局立案查处或者下级稽查局立案查处，报案源部门领导岗审核。

■　需要本局立案检查的案源，应当根据确定的待查对象制作《税务稽查立案审批表》，连同《税务稽查项目书》一并报送审核和审批。同一批次立案户数较多的，可以附《税务稽查案源清册》。

■　稽查局案源管理集体审议会议，负责重点稽查对象和批量案源立案的审批。对达到集体审议标准的稽查案源，应当制作《案源管理集体审议提请表》，经批准后，进行集体审议。

■　立案处理优先原则：（1）督办案源优先于其他案源；（2）重要或者紧急的案源，优先于一般案源；（3）实名检举案源优先于匿名检举案源。

■　税务局稽查局应当建立案源信息库，由案源信息档案组成：（1）案源信息档案根据税务稽查对象的纳税人识别号或者统一社会信用代码建立，实行一户一档案；（2）税务稽查对象没有进行税务登记的，根据税务稽查对象的唯一身份识别号码或者名称建立案源信息档案；（3）根据稽查需要，分级建立企业集团案源信息档案。

■　案源信息库应当分级建立：国家税务总局稽查局、省级、市级税务局稽查局分级建立案源信息库，跨区域稽查局原则上不建立案源信息库，但具有选案职能的跨区域稽查局可以建立案源信息库。

■　一般案件跟踪管理：案源立案后，应当建立税务稽查案件台账，对查处情况进行跟踪。相关部门应当及时将案源处理结果填写《案源处理结果反馈单》，归集到案源部门。

■　待查对象确定后，经稽查局局长批准实施立案检查。必要时，依照法律法规的规定，稽查局可以在立案前进行检查。

■　立案前检查处理，是指对待查对象经初步分析，认为案情复杂、疑难、重大，有必要进行立案前检查的，提请立案前检查审批、移交检查部门实施立案前检查，并根据检查结果进行处理的过程。立案前检查应当经过稽查局案源管理集体审议会议审议。只有《税务稽查案源审批表》中处理意见为"立案检查"的案源，才能在必要时发起立案前检查；案源部门提请立案前检查审批后，如果集体会议审议不通过的，则直接进行立案处理。

■　立案前检查阶段不能发起委托协查，如需委托协查则要先立案；立案前检查应谨慎使用税收强制措施和强制执行等，防范执法风险。立案前检查取得的证据资料可以作为后续检查的证据资料使用。

■ 查前准备，是指检查人员在实施税务检查前，对被查对象进行案头分析，进行检查实施前准备工作的业务处理过程。

■ 检查人员实施检查前，应当从以下四个方面进行查前分析，做好检查前准备：（1）被查对象基本信息。结合案源部门提供的《税务稽查项目书》及相关资料，可以参考以下方面了解被查对象的基本情况：被查对象状态，成立时间，经营范围，注册资本，被查对象申报纳税信息，发票领用信息，税收优惠及特定事项办理信息，以前年度税收违法违章信息，以及财务核算方法、会计核算软件等。（2）被查对象所属行业特点。可以参考以下方面：上下游业务链条，业务流转环节，收入实现形式，主要成本费用项目，一定时期本地区该行业毛利率水平和利润水平等，并了解可能获取相关涉税信息的第三方信息来源。（3）被查对象生产经营情况。可以参考以下方面：被查对象生产经营规模，收入的主要形式、来源，销售（服务）对象，主要进货渠道，各类资产情况等。（4）相关财务、税收政策。针对被查对象所属行业，有目的地学习、熟悉有关财务制度及税收政策等。

■ 对被查对象的财务资料、申报信息、第三方获取信息等进行对比、分析，形成待核实疑点，并以此为重点制订检查方案。

■ 检查方案的主要内容一般包括：（1）税务检查实施的目的和要求；（2）税务检查实施的范围和重点；（3）税务检查的所属期间；（4）税务检查实施的具体方法和步骤；（5）检查人员的分工；（6）检查实施时间的安排；（7）检查实施过程中预计出现的问题和应急措施。

■ 属于上级督办的重大税收违法案件，在接到督办机关《重大税收违法案件督办函》后，应当在10个工作日内制订《税收违法案件查处方案》，并做好检查前准备。

■ 检查前，稽查局应当告知被查对象检查时间、需要准备的资料等，但预先通知有碍检查的除外。有下列情况之一，可能会妨碍检查的，可以不必预先通知：（1）被查对象被检举涉嫌存在税收违法行为的；（2）有根据认为被查对象有税收违法行为的；（3）预先通知有碍于税务稽查实施工作开展的。

■ 检查应当由两名以上具有执法资格的检查人员共同实施，并向被查对象出示税务检查证件、出示或者送达税务检查通知书，告知其权利和义务。

■ 检查应当依照法定权限和程序，采取实地检查、调取账簿资料、询问、查询存款账户或者储蓄存款、异地协查等方法。

■ 检查人员异地调查取证的，当地税务机关应当予以协助；发函委托相关稽查局调查取证的，必要时可以派人参与受托地稽查局的调查取证，受托地稽查局应当根据协查请求，依照法定权限和程序调查。需要取得境外资料的，稽查局可以提请国际税收管理部门依照有关规定程序获取。

■ 委托协查类型分为调查取证类和确定虚开类。重大案件或者有特殊要求的案件，委托方可派人参与受托方的调查取证。

■ 协查对象不属受托方管辖的，应在收到《税收违法案件协查函》之日起 5 个工作日内，将《税收违法案件协查函》退回委托方或交由本级或者上级税务局稽查局重新分拣；属于受托方管辖的，收到《税收违法案件协查函》后，及时登记《受托协查台账》，按以下情形分别处理：（1）立案检查；（2）调查核实；（3）转办处理。区域稽查局案源部门可依本局协查部门接收的受托协查事项，直接进行协查案源处理。

■ 实地检查时，可以制作视听资料、《现场笔录》、《勘验笔录》，对实地检查情况予以记录或者说明。

■ 询问应当由两名以上的检查人员实施，出示税务检查证，税务检查证的出示应当在笔录中确认。除在被查对象生产、经营、办公场所询问外，应当向被询问人送达询问通知书。

■ 询问时应当告知被询问人有关权利义务。《询问（调查）笔录》应当使用能够长期保持字迹的书写工具书写，也可以使用计算机记录并打印，并保证字迹清楚。

■ 询问笔录应当交被询问人核对或者向其宣读；询问笔录有修改的，应当由被询问人在改动处捺指印；核对无误后，由被询问人在尾页结束处写明"以上笔录我看过（或者向我宣读过），与我说的相符"，并逐页签章、捺指印。被询问人拒绝在询问笔录上签章、捺指印的，检查人员应当在笔录上注明。同时可以通过制作《现场笔录》、音像记录等适当方式记录现场情况。

■ 询问（调查）人、记录人要逐页签署日期并签名（不得相互代签）；

检查人员可以同时担任询问（调查）人和记录人，但应当分别签名；询问（调查）人与记录人不得相互代签名；询问（调查）人签字处应当由两名以上检查人员签名；询问（调查）工作一般应当在工作时间内进行；若确实无法在工作时间内完成的，在征得被询问人同意后，可以继续进行，但应当在笔录中予以确认。

■ 调取账簿、记账凭证、报表和其他有关资料时，应当向被查对象出具调取账簿资料通知书，并填写调取账簿资料清单交其核对后签章确认。

■ 调取纳税人、扣缴义务人以前会计年度的账簿、记账凭证、报表和其他有关资料的，应当经所属县以上税务局局长批准，并在3个月内完整退还。调取当年的账簿、记账凭证、报表和其他有关资料的，应当经所属设区的市、自治州以上税务局局长批准，并在30日内退还。

■ 退还账簿资料时，应当由被查对象核对调取账簿资料清单，并签章确认。

■ 检查人员应当根据职权使用《调验空白发票收据》调取辖区内被查验对象的空白发票。

■ 检查人员应当根据职权使用《发票换票证》调取辖区内被查验对象的发票。《发票换票证》与所调换的原发票具有同等法律效力。

■ 检查人员在调查取证过程中，需要查询案件涉嫌人员的储蓄存款，应由稽查局局长审核后，报设区的市、自治州以上税务局（分局）局长审批。

■ 检查人员依法进行税务检查时，可以向有关第三方调查与被查对象履行纳税义务、扣缴义务及其他涉税义务情况相关的各种信息或者向其他第三方获取相关涉税参照信息。

■ 检查人员向与被查对象有关的单位和个人调查取证时，应当出示《税务协助检查通知书》和税务检查证，获取与被查对象履行纳税义务、扣缴义务及其他涉税义务相关的证据材料。

■ 稽查局通知被查对象缴纳税款、滞纳金，要求当事人提供有关资料，办理有关涉税事项，以及向被查对象通知其他有关税务事项的，除另有规定外，应当使用《税务事项通知书》。

■ 检查过程中，需要变更检查人员和检查所属期间等事项的，应当进行案件变更事项处理。检查人员发生变更的，应当向被查对象送达《税务事项通知书》，告知其变更情况。稽查所属期间发生变更的，可以向被查对象送达《税务事项通知书》，书面通知其变更情况。

■ 检查过程中，检查人员发现税务机关在税收政策、管理制度和措施方面存在缺陷或者薄弱环节，或者发现涉及其他单位或者个人的涉嫌税收违法行为的，应当在税务稽查报告中提出稽查建议。

■ 检查应当依照法定权限和程序收集证据材料。收集的证据必须经查证属实，并与证明事项相关联。

■ 收集证据不得以下列方式收集、获取证据材料：（1）严重违反法定程序收集；（2）以违反法律强制性规定的手段获取且侵害他人合法权益；（3）以利诱、欺诈、胁迫、暴力等手段获取。

■ 调查取证所取得的证据应当注明来源、提取时间和地点，并有证据提供人、提取人的签名；当事人拒绝签章的，可以邀请基层组织人员或者其他第三方见证人到场，制作《现场笔录》。

■ 需要提取证据材料原件的，应当向当事人出具提取证据专用收据，由当事人核对后签章确认。对需要退还的证据材料原件，检查结束后应当及时退还，并履行相关签收手续。需要将已开具的纸质发票调出查验时，应当向被查验的单位或者个人开具发票换票证；需要将空白纸质发票调出查验时，应当向被查验的单位或者个人开具调验空白发票收据。经查无问题的，应当及时退还，并履行相关签收手续。

■ 提取证据材料复制件的，应当由当事人或者原件保存单位（个人）在复制件上注明"与原件核对无误"及原件存放地点，并签章。原件保存单位（个人）拒绝签章的，可以邀请基层组织人员或者其他第三方见证人到场，制作《现场笔录》，在《现场笔录》上记明拒签事由和日期，并由检查人员、见证人签章，也可以通过音像记录设备进行记录。

■ 物证的提取，应当取得原物。取得原物确有困难的，可以取得与原物核对无误的复制件或者证明该物证的照片、录像等其他证据；原物为数量较多的种类物的，可以提取其中具有代表性的一部分，并辅以《现场笔录》、音像记录资料等加以佐证。原物无法长期保存的，可以采取照相、录像、模型复制等方法加以固定，并依法妥善处理原物。

■ 提取原物时，应当通知被查对象当事人或者当事人具有民事行为能力的成年亲属到场，并开具《提取证据专用收据》，由当事人或者其成年亲属签章确认。拒绝到场的，可以邀请有关基层组织人员或者其他第三方见证人到场，制作《现场笔录》，在《现场笔录》上记明拒签事由和日期，并由检查人员、见证人签章，也可以通过音像记录设备进行记录。

■ 提取物证或者以照片、录像方式提取物证复制件时，应当同时制作《现场笔录》，记载提取物证的机关、人员、提取时间和地点、提取方法、过程、物证所有人（持有人）及物证基本情况，当事人或者其成年亲属拒绝到场的，也应当记录在《现场笔录》中。

■ 以下情形应当制作视听资料：（1）被查对象逃避或者拒绝检查的过程；（2）在查处大额偷逃税、严重的虚开发票、骗税，以及有明显线索表明涉嫌犯罪的案件时，对以下过程应当制作视听资料：①收集、固定用于证明案件事实的主要证据材料的过程；②就主要违法事实，或者违法事实涉及的主要当事人进行询问的过程。

■ 制作录音、录像等视听资料的，应当注明制作方法、时间、制作人和证明对象等内容。可以利用执法记录仪等设备制作视听资料，且不得侵犯当事人的合法权益；制作视听资料时，一般应当口头明确告知当事人，口头告知过程应当记录在视听资料里；视听资料可以采用离线或者在线存储，优先采用离线存储。

■ 调取视听资料时，应当调取有关资料的原始载体；难以调取原始载体的，可以调取复制件，但应当说明复制方法、人员、时间和原件存放处等事项。对声音资料，应当附有该声音内容的文字记录；对图像资料，应当附有必要的文字说明。

■ 以电子数据的内容证明案件事实的，检查人员可以要求当事人将电子数据打印成纸质资料，注明数据出处、打印场所、打印或提供时间，注明"与电子数据核对无误"，并由当事人签章。需要以有形载体形式固定电子数据的，检查人员应当与提供电子数据的个人、单位的法定代表人或者财务负责人或者经单位授权的其他人员一起将电子数据复制到存储介质上并封存，同时在封存包装物上注明制作方法、时间、制作人、文件格式及大小等，注明"与原始载体记载的电子数据核对无误"，并由电子数据提供人签章。

■ 收集、提取电子数据，检查人员应当制作现场笔录，注明电子数据的来源、事由、证明目的或对象，提取时间、地点、方法、过程，原始存储介质的存放地点以及对电子数据存储介质的签封情况等。进行数据压缩的，应当在笔录中注明压缩方法和完整性校验值。

■ 证人可以采取书面或者口头方式提供证言。自然人代表单位或者法人提供证言的，属于证人证言；以单位或者法人名义出具证明文件的，属于书证。

■ 当事人的陈述，是指税务稽查案件当事人就其所了解的税务稽查案件的事实情况向税务机关作出说明。当事人可以多次以书面或者口头形式进行陈述。当事人多次口头陈述的，每次口头陈述均应当记录；当事人多次书面陈述的，检查人员接收当事人书面陈述，不退回以前书面陈述。

■ 当事人、证人可以采取书面或者口头方式陈述或者提供证言。采用口头陈述或者提供证言的，检查人员应当以笔录、录音、录像等形式进行记录。笔录可以手写或者使用计算机记录并打印，由当事人或者证人逐页签章、捺指印；提出变更口头陈述或者证言的，检查人员应当就变更部分重新制作笔录，注明原因，由当事人或者证人逐页签章、捺指印。当事人、证人变更书面陈述或者证言的，变更前的笔录不予退回。

■ 鉴定意见：税务机关有根据认为取得的证据存在重大疑点需要通过鉴定予以辨别，或其他确实需要借助专门知识才能对事实作出判断或者证明的，可委托具有司法鉴定资格的鉴定机构和鉴定人进行鉴定。

■ 鉴定意见内容欠缺或者鉴定意见不明确的，税务机关应当要求鉴定部门予以说明、补充鉴定或者重新鉴定。

■ 检查人员实地调查取证时，可以制作现场笔录、勘验笔录，对实地调查取证情况予以记录。制作现场笔录、勘验笔录，应当载明时间、地点和事件等内容，并由检查人员签名和当事人签章。当事人经通知不到场或者拒绝在现场笔录、勘验笔录上签章的，检查人员应当在笔录上注明原因；如有其他人员在场，可以由其签章证明。稽查人员依法实施查封（扣押）财产或者实施冻结存款等行政强制措施时，应当制作《现场笔录》，对现场执法情况进行记录；稽查人员依法就其他实地调查现场执法情况、违法事实等事项进行客观记录时，可以制作《现场笔录》。

■ 《现场笔录》应当在现场检查时由执法的稽查人员当场制作，不能事后补充制作。

■ 《勘验笔录》应当按照纪实、叙述的写作要求，客观、真实、全面地反映现场的勘验情况，并避免对有关情况、内容进行评判、推断。

■ 调查取证时，因特殊情况难以取得书证、物证等实物性证据或者取得实物性证据有困难的，可以取得言词证据，但应当有二人以上言词证据相互印证。

■ 税务机关有根据认为从事生产、经营的纳税人有逃避纳税义务行为，可以在规定的纳税期之前，责令限期缴纳应纳税款；在限期内发现纳税人有明显的转移、隐匿其应纳税的商品、货物以及其他财产或者应纳税收入迹象的，可以责成纳税人提供纳税担保。如果纳税人不能提供纳税担保，经县以上税务局局长批准，可以依法采取税收强制措施。

■ 检查从事生产、经营的纳税人以前纳税期的纳税情况时，发现纳税人有逃避纳税义务行为，并有明显的转移、隐匿其应纳税的商品、货物以及其他财产或者应纳税收入迹象的，经县以上税务局局长批准，可以依法采取税收强制措施。

■ 有下列情形之一，致使检查暂时无法进行的，经稽查局局长批准后，中止检查：（1）当事人被有关机关依法限制人身自由的；（2）账簿、记账凭证及有关资料被其他国家机关依法调取且尚未归还的；（3）与税收违法行为直接相关的事实需要人民法院或者其他国家机关确认的；（4）法律、行政法规或者国家税务总局规定的其他可以中止检查的。中止检查的情形消失，经稽查局局长批准后，恢复检查。

■ 有下列情形之一，致使检查确实无法进行的，经稽查局局长批准后，终结检查：（1）被查对象死亡或者被依法宣告死亡或者依法注销，且有证据表明无财产可抵缴税款或者无法定税收义务承担主体的；（2）被查对象税收违法行为均已超过法定追究期限的；（3）法律、行政法规或者国家税务总局规定的其他可以终结检查的。

■ 检查结束前，检查人员可以将发现的税收违法事实和依据告知被查对象。被查对象对违法事实和依据有异议的，应当在限期内提供说明及证据材料。被查对象口头说明的，检查人员应当制作笔录，由当事人签章。

■ 检查人员在检查过程中制作《税务稽查工作底稿（一）》，用于记录从被查对象的账簿凭证资料中摘录的内容；《税务稽查工作底稿（二）》，用于记录案件具体事实。

■ 检查结束时，检查人员应当根据《税务稽查工作底稿》及有关资料，制作《税务稽查报告》，由检查部门负责人审核；《税务稽查报告》应当由两名以上检查人员签名，且应当与《税务检查通知书》或者《税务事项通知书》所列检查人员一致，并注明日期。

■ 检查完毕后，检查实施岗人员填写《税务稽查案卷文件材料交接清单》，连同《税务稽查报告》《税务稽查工作底稿（一）》《税务稽查工作底稿（二）》《税务稽查项目书》及相关文件材料在5个工作日内移交审理部门。

■ 检查结束后，稽查局应当对案件进行审理。符合重大税务案件标准的，稽查局审理后提请税务局重大税务案件审理委员会审理。

■ 按照分级审理的要求，达到重大税务案件标准的案件，应当按照规定程序提请所属税务局重大税务案件审理委员会审理；未达到重大税务案件标准的，重大、复杂、疑难的案件由稽查局集体审理；跨区域稽查局查办的重点案件，应当提请税务局稽查局进行重点案件集体审理；其他案件由稽查局审理部门审理。

■ 稽查局应当在内部审理程序终结后5个工作日内，将重大税务案件提请重大税务案件审理委员会审理；需要补充调查的，补充调查一般不应超过30日，有特殊情况的，经稽查局局长批准可以适当延长，但延长期限最多不超过30日。

■ 稽查局集体审理范围：（1）本局查处的重大、复杂、疑难案件；（2）拟从重处罚的税收违法案件；（3）拟减轻或不予处罚的税收违法案件；（4）拟变更或撤销已送达生效决定性文书的案件；（5）拟提请重大税务案件审理委员会审理的案件；（6）其他。

■ 重点案件集体审理的情形：（1）跨区域稽查局依集体审理要求完成了补正或补充调查的；（2）经重大税务案件审理委员会退回的案件，补正或补充调查后，拟改变原集体审理意见的；（3）经过重点案件集体审理的案件，审理部门对当事人的陈述申辩意见进行复核后拟调整原处罚意见的；

（4）其他需重新提请税务局稽查局进行重点案件集体审理的。

■ 重大案件审委会审理：稽查局对达到所属税务局重大税务案件标准的税收违法案件，在规定期限内提请所属税务局重大税务案件审理委员会进行审理，并按照重大税务案件审理委员会作出的审理意见书进行相应案件处理。

■ 跨区域稽查局查办的重点案件，应当提交税务局稽查局进行重点案件集体审理。税务局稽查局成立重点案件集体审理委员会，负责跨区域稽查局重点案件的集体审理。集体审理采取书面审理和会议审理相结合的方式。

■ 法制审核包括执法决定法制审核和其他执法决定法制审核，未经法制审核或者法制审核未通过的，不得作出决定。

■ 执法决定法制审核，是指稽查局作出执法决定前，对决定的合法性进行审核的活动。税务稽查案件审理、重大税务案件审理属于法制审核，其审核范围、内容、程序等分别适用《税务稽查工作规程》《重大税务案件审理办法》的有关规定。

■ 执法决定法制审核的范围一般包括：税收保全、强制执行、阻止出境、暂缓或者分期缴纳罚款等，以及法律、法规、规章等规定应当进行法制审核的执法决定。

■ 其他执法决定法制审核，是指除税务稽查案件审理、重大税务案件审理之外，稽查局作出与案件相关的税收保全、强制执行、阻止出境、暂缓或者分期缴纳罚款等执法决定前，审理部门对决定的合法性进行审核的业务处理过程。

■ 案件审理应当着重审核以下内容：（1）执法主体是否正确；（2）被查对象是否准确；（3）税收违法事实是否清楚，证据是否充分，数据是否准确，资料是否齐全；（4）适用法律、行政法规、规章及其他规范性文件是否适当，定性是否正确；（5）是否符合法定程序；（6）是否超越或者滥用职权；（7）税务处理、处罚建议是否适当；（8）其他应当审核确认的事项或者问题。

■ 审理部门对检查过程中取得的证据进行合法性、真实性、关联性审查，从而判断所收集的证据能否用作认定案件事实的根据并认定其证明效力。

■ 证据的合法性审查：（1）提取证据的主体是否符合法定要求；（2）提

取证据的人员权限是否符合法定要求；（3）证据形式是否符合法定要求；（4）取证程序是否符合法定要求；（5）取证手段是否符合法定要求；（6）取证期限是否符合法定要求。

■ 证据的真实性审查：（1）证据形成的原因；（2）发现证据时的客观环境；（3）证据是否为原件、原物，复制件、复制品与原件、原物是否相符；（4）提供证据的人或者证人与当事人是否具有亲属关系、利害关系或者其他密切关系；（5）影响证据真实性的其他因素。

■ 证据的关联性审查：（1）证据与案件事实之间有无客观联系；（2）证据与案件事实之间联系的形式和性质；（3）证据与案件事实之间联系的确定性程度。

■ 以下证据不能作为定案证据：（1）严重违反法定程序收集的证据材料；（2）以违反法律强制性规定的手段获取且侵害他人合法；（3）以利诱、欺诈、胁迫、暴力等不正当手段获取的证据材料；（4）在中华人民共和国领域以外或者在中华人民共和国香港特别行政区、澳门特别行政区和台湾地区形成的未办理法定证明手续的证明材料；（5）被当事人或者他人进行技术处理而无法辨明真伪的证据材料；（6）未经原件、原物保存单位和个人签章认可，又无其他证据印证的复制件或者复制品；（7）不能正确表达意志的证人提供的证言；（8）不具备合法性和真实性的其他证据材料。

■ 下列证据不能单独作为定案证据：（1）未成年人所做的与其年龄和智力状况不相适应的证言；（2）与当事人有亲属关系或其他密切关系的证人所做的对该当事人有利的证言，或者与当事人有不利关系的证人所作的对该当事人不利的证言；（3）难以识别是否经过修改的视听资料；（4）无法与原件、原物核对的复制件或者复制品；（5）经改动但当事人不予认可的证据资料；（6）其他不能单独作为定案依据的证据材料。

■ 鉴定意见应当以书面形式出具；有下列情形之一的，不能作为定案依据：（1）鉴定人不具备鉴定资格；（2）鉴定程序严重违法；（3）鉴定意见错误、不明确或者内容不完整。

■ 证明同一事实的数个证据，其效力认定为：（1）国家机关以及其他职能部门依职权制作的公文文书优于其他书证；（2）鉴定意见、现场笔录、勘验笔录、档案材料及经过公证或者登记的书证优于其他书证、视听资料和证人证言；（3）原件、原物优于复制件、复制品和重制品；（4）法定鉴定部门的鉴定意见优于其他鉴定部门的鉴定意见；（5）原始证据优于传来证据；（6）其他证人证言优于与当事人有亲属关系或者其他密切关系的证人提供的对该当事人有利的证言；（7）数个种类不同、内容一致的证据优于一个孤立的证据。

■ 以有形载体固定或者显示的电子数据、电子邮件以及其他数据资料，其制作情况和真实性经当事人确认，或者以公证等其他有效方式予以证明的，与原件有同等的证明效力。

■ 生效的人民法院裁判文书或者仲裁机构裁决文书确认的事实，可以作为定案证据。

■ 有下列情形之一的，应当补正或者补充调查：（1）被查对象认定错误的；（2）税收违法事实不清、证据不足的；（3）不符合法定程序的；（4）税务文书不规范、不完整的；（5）其他需要补正或者补充调查的。

■ 经审理，区分下列情形分别作出处理：（1）有税收违法行为，应当作出税务处理决定的，制作税务处理决定书；（2）有税收违法行为，在听取陈述、申辩意见或者依法举行听证后，应当作出税务行政处罚决定的，制作税务行政处罚决定书；（3）税收违法行为轻微，依法可以不予税务行政处罚的，制作不予税务行政处罚决定书；（4）没有税收违法行为的，制作税务稽查结论。

■ 《税务处理决定书》《税务行政处罚决定书》《不予税务行政处罚决定书》《税务稽查结论》引用的法律、行政法规、规章及其他规范性文件，应当注明文件全称、文号和有关条款。

■ 稽查局应当自立案之日起90日内作出行政处理、处罚决定或者无税收违法行为结论。其中，"立案之日"是指《税务稽查立案审批表》经稽查局局长审批通过之日，"作出处理、处罚决定或者无税收违法行为结论"的时点是指《税务处理决定书》《税务行政处罚决定书》《不予税务行政处罚决定书》《税务稽查结论》经稽查局局长审批通过之日。案情复杂需要延期的，经税务局局长批准，可以延长不超过90日；特殊情况或者发生不可抗力需要继续延期的，应当经上一级税务局分管副局长批准，并确定合理的延长期限。

■ 不计入案件办理时限的情形及其所对应的起止时点：（1）中止检查的时间，为稽查局局长批准检查中止到稽查局局长批准恢复检查；（2）请示上级机关或者征求有权机关意见的时间，为稽查局领导签发请示或者征求意见函到稽查局收到上级批复或者有权机关回函；（3）提请重大税务案件审理的时间，为重大税务案件审理委员会办公室签收稽查局报送的案件材料之日到稽查局收到重大税务案件审理意见书、不予受理决定、终止审理决定之日；（4）因其他方式无法送达，公告送达文书的时间，为张贴或者刊登公告之日起30日（《催告书》《税收强制执行决定书》为60日）；（5）组织听证的时间，为收到当事人书面提出的听证申请之日到听证结束之日；（6）纳税人、扣缴义务人超期提供资料的时间，为纳税人、扣缴义务人按照规定提供资料期限届满次日到收到纳税人、扣缴义务人提供资料之日；一般情况下，以《税务事项通知书》所载明的提供资料期限届满次日起计算，相关制度对提供资料期限有明确规定的，从规定期限届满次日起计算；（7）移送司法机关后，税务机关需根据生效司法文书决定是否处罚的案件，从司法机关接受移送到司法文书生效的时间。

■ 延长案件办理时限的审批权限及顺序：（1）首次延期的，层报至所属税务局局长审批：检查人员或审理人员填制《延长稽查案件办理时限审批表》，写明申请延长的时间和理由，分别经部门负责人、稽查局分管副局长、稽查局局长、税务局分管副局长审核后，由税务局局长审批；（2）继续延期的，层报至上一级税务局分管副局长批准：检查人员或审理人员填制《延长稽查案件办理时限审批表》，写明申请延长的时间和理由，分别经部门负责人、稽查局分管副局长、稽查局局长、税务局分管副局长、税务局局长、上一级稽查局局长审核后，由上一级税务局分管副局长审批。

■ 审理实施岗接收案件后，应当实施审理，并在15日内提出审理意见（出具《税务稽查审理报告》）。但检查人员补充调查的时间以及向上级机关请示或者向相关部门征询政策问题的时间不计算在内。

■ 案情复杂确需延长审理时限的，应当在审理到期日前填制《延长税收违法案件审理时限审批表》，报经审核审批后，可以适当延长。案情复杂的，稽查局应当集体审理；案情重大的，稽查局应当依照国家税务总局有关规定报请所属税务局集体审理。

■ 一事不二罚原则：对当事人的同一个违法行为，不得给予两次以上罚款的行政处罚。违反不同行政处罚规定且均应处以罚款的，应当选择适用处罚较重的条款。

■ 被查对象或者其他涉税当事人可以书面或者口头提出陈述、申辩意见。对当事人口头提出陈述、申辩意见，应当制作陈述申辩笔录，如实记录，由陈述人、申辩人签章。应当充分听取当事人的陈述、申辩意见；经复核，当事人提出的事实、理由或者证据成立的，应当采纳。

■ 稽查局在作出税务行政处理、处罚决定前，听取被查对象或者其他涉税当事人的陈述、申辩意见并进行复核。被查对象或者其他涉税当事人有权提出陈述、申辩意见，稽查局不得因申辩而加重处罚。

■ 税务行政处罚决定应当依法公开。公开的行政处罚决定被依法变更、撤销、确认违法或者确认无效的，应当在3个工作日内撤回原行政处罚决定信息并公开说明理由。

■ 稽查局拟对公民处以2000元以上、对法人或者其他组织处以10000元以上的罚款，或者拟对被查对象作出停止出口退税权的行政处罚，向公民、法人或者其他组织送达了《税务行政处罚事项告知书》后，告知其依法享有陈述、申辩及要求听证的权利。

■ 符合听证条件的当事人于收到《税务行政处罚事项告知书》之日起5个工作日内书面提出听证申请的，稽查局应当自接到听证申请之日起15日内组织听证。

■ 被查对象或者其他涉税当事人按照法律、法规、规章要求听证的，应当依法组织听证。听证依照国家税务总局有关规定执行。

■ 决定举行听证的，由稽查局局长指定审理部门人员担任听证主持人；审理实施岗制作《税务行政处罚听证通知书》，在举行听证的7个工作日内前送达当事人，通知其举行听证的时间、地点、听证主持人的姓名、是否公开听证及有关事项。税务行政处罚听证应当公开进行，但涉及国家秘密、商业秘密或者个人隐私的，听证不公开进行，宣布不公开听证的理由。

■ 听证的全部活动，应由记录员制作《听证笔录》，经听证主持人审阅并由听证主持人和记录员签名后，封卷上交稽查局负责人审阅。

■ 审理部门对税收违法案件查处过程中发现的税收征管漏洞或者薄弱环

节进行分析、整理或者根据相关部门提出的停供（收缴）发票或者解除停供（收缴）发票拟处理建议，制作《税务稽查建议书》，推送至被查对象主管税务机关、稽查局所属税务局相关职能部门。

■ 逃避缴纳税款，涉嫌下列情形之一的，应予移送：（1）纳税人采取欺骗、隐瞒手段进行虚假纳税申报或者不申报，逃避缴纳税款，数额在5万元以上并且占各税种应纳税总额10%以上，经税务机关依法下达追缴通知后，不补缴应纳税款、不缴纳滞纳金或者不接受行政处罚的；（2）纳税人5年内因逃避缴纳税款受过刑事处罚或者被税务机关给予两次以上行政处罚，又逃避缴纳税款，数额在5万元以上并且占各税种应纳税总额10%以上的；（3）扣缴义务人采取欺骗、隐瞒手段，不缴或者少缴已扣、已收税款，数额在5万元以上的。纳税人在公安机关立案后再补缴应纳税款、缴纳滞纳金或者接受行政处罚的，不影响刑事责任的追究。

■ 涉嫌构成逃避追缴欠税罪案件移送标准：纳税人欠缴应纳税款，采取转移或者隐匿财产的手段，致使税务机关无法追缴欠缴的税款，数额在1万元以上的，应予移送。

■ 涉嫌构成骗取出口退税罪案件移送标准：以假报出口或者其他欺骗手段，骗取国家出口退税款，数额在5万元以上的，应予移送。没有实际取得退税款，但实施了骗取国家出口退税行为的，应予移送。

■ 涉嫌构成抗税罪案件移送标准：以暴力、威胁方法拒不缴纳税款，涉嫌下列情形之一的，应予移送：（1）造成税务工作人员轻微伤以上的；（2）以给税务工作人员及其亲友的生命、健康、财产等造成损害为威胁，抗拒缴纳税款的；（3）聚众抗拒缴纳税款的；（4）以其他暴力、威胁方法拒不缴纳税款的。

■ 构成虚开发票罪案件移送标准：（1）虚开增值税专用发票或者虚开用于骗取出口退税、抵扣税款的其他发票，虚开的税款数额在5万元以上的；虚开其他发票100份以上或虚开金额累计40万元以上；（2）虽未达到上述数额标准，但5年内因虚开发票受过行政处罚两次以上又虚开发票。

■ 税收违法行为涉嫌犯罪的，填制《涉嫌犯罪案件移送书》，经所属税务局局长批准后，依法移送公安机关。附送资料包括：（1）涉嫌犯罪案件情况的调查报告；（2）涉嫌犯罪的主要证据材料复制件；（3）其他有关涉嫌犯罪的材料。

■ 案件执行，是指执行部门依照法定权限和程序，督促被执行人履行税务处理、处罚决定的过程，包括送达税务文书、监控入库查补款项、督促履行其他税务处理、处罚事项、采取税收强制措施、强制执行等。

■ 当事人确有经济困难，需要延期或者分期缴纳罚款的，可向稽查局提出申请，经税务局局长批准后，可以暂缓或者分期缴纳。

■ 被执行人缴清查补税款及履行其他税务行政处理、处罚事项后，执行部门应当核实查补税款缴交情况，取得被执行人查补税款入库的凭证或者复印件，并在稽查案卷中归档。

■ 被执行人不主动履行的，执行部门可采取的措施包括：纳税担保，收缴、停止发售发票，阻止出境，税收保全，税收强制执行，申请人民法院强制执行，行使代位权、撤销权，行使税收优先权。

■ 纳税担保包括纳税保证、纳税抵押和纳税质押。

■ 检查人员在检查过程中发现欠缴税款的被查对象或者其法定代表人需要出境等情形的，可以要求其在出境前结清欠缴税款、滞纳金或者提供担保。

■ 阻止出境的适用条件：（1）需要出境的纳税人在出境前有欠税，或单位纳税人在其法定代表人出境前有欠税；（2）欠缴税款的纳税人或欠税单位的法定代表人在出境前，既不能依法结清应纳税款、滞纳金，又不能提供纳税担保的；（3）个人欠税3万元以上，企业欠税20万元以上。但对拒不办理纳税申报的，可以不受金额限制。

■ 阻止出境由执行部门申请，经稽查局法制审核同意，提交稽查局重大税收执法事项集体审议后，填制《税务行政执法审批表》《阻止欠税人出境布控申请表》《阻止出境决定书》，由稽查局所属税务局统一报省、自治区、直辖市、计划单列市税务局审批；向欠税人送达《阻止出境决定书》，如当事人对该决定不服的，可申请行政复议或者提起行政诉讼。

■ 稽查局阻止欠税人出境的期限一般为6个月。需要延长控制期限的，经省、自治区、直辖市、计划单列市税务局批准可以办理续控手续。

■ 税务稽查人员发现从事生产、经营的纳税人有逃避纳税义务行为，并有明显转移、隐匿其应纳税商品、货物以及其他财产或者应纳税收入迹象的，可以依法采取税收保全措施。

■ 税收保全措施的适用条件：（1）纳税人有逃避纳税义务行为的，经稽查局责令限期缴纳、责成提供纳税担保后，仍不能提供纳税担保，经县以上税务局（分局）局长批准，可以采取税收保全措施；（2）稽查局依法检查纳税人以前纳税期的纳税情况时，发现其有逃避纳税义务行为，并有明显的转移、隐匿其应纳税的商品、货物以及其他财产或应纳税的收入迹象的，稽查局可以经县以上税务局（分局）局长批准，采取税收保全措施。

■ 税收保全措施包括：（1）冻结存款；（2）查封、扣押商品、货物或者其他财产。

■ 从事生产、经营的纳税人、扣缴义务人不按税务处理、处罚决定书所规定的期限缴清应补缴的税款、滞纳金及罚款时，稽查局可以通知其所属主管税务机关采取收缴其发票或者停止向其发售发票的措施。

■ 欠缴税款的被执行人或者其法定代表人需要出境的，应当在出境前结清应纳税款、滞纳金或者提供担保。未结清税款、滞纳金，又不提供担保的，经批准，由省、自治区、直辖市、计划单列市税务局通知本省（自治区、直辖市）指定出入境边防检查机关阻止其出境的行为。

■ 具有下列情形之一的，经县以上税务局局长批准，稽查局可以依法强制执行，或依法申请人民法院强制执行：（1）纳税人、扣缴义务人未按照规定的期限缴纳或者解缴税款、滞纳金，责令限期缴纳逾期仍未缴纳的；（2）经稽查局确认的纳税担保人未按照规定的期限缴纳所担保的税款、滞纳金，责令限期缴纳逾期仍未缴纳的；（3）当事人对处罚决定逾期不申请行政复议也不向人民法院起诉、又不履行的；（4）其他可以依法强制执行的。

■ 作出强制执行决定前，应当制作并送达催告文书，催告当事人履行义务，听取当事人陈述、申辩意见。经催告，当事人逾期仍不履行行政决定，且无正当理由的，经县以上税务局局长批准，实施强制执行。

■ 催告期间，对有证据证明有转移或者隐匿财物迹象的，可以作出立即强制执行的决定。

■ 采取查封、扣押措施的，期限一般不得超过6个月；重大案件需要延长期限的，应当报国家税务总局批准。

■ 税收强制执行包括划拨存款、依法拍卖或者变卖抵税财物。

■ 经批准向纳税人采取强制扣款措施的，由执行实施岗制作《税收强制执行决定书（扣缴税收款项适用）》，送达被执行人，同时向被执行人开户行或者其他金融机构送达《扣缴税收款项通知书》，分别送达协助执行冻结存款措施的银行或其他金融机构和纳税人。

■ 经批准向纳税人采取拍卖变卖措施的，制作《税收强制执行决定书（拍卖／变卖适用）》，连同扣押收据或查封清单送达给纳税人。

■ 拍卖、变卖被执行人商品、货物或者其他财产，以拍卖、变卖所得抵缴税款、滞纳金、罚款的，在拍卖、变卖前应当依法进行查封、扣押。

■ 稽查局拍卖、变卖被执行人商品、货物或者其他财产前，应当制作《拍卖／变卖抵税财物决定书》，经县以上税务局局长批准后送达被执行人，予以拍卖或者变卖。

■ 拍卖或者变卖实现后，执行实施岗应当在结算并收取价款后 3 个工作日内办理税款、滞纳金、罚款的入库手续，并制作《拍卖／变卖结果通知书》，附《拍卖／变卖扣押、查封的商品、货物或者其他财产清单》，经稽查局局长审核后送达被执行人。

■ 以拍卖或者变卖所得抵缴税款、滞纳金、罚款和拍卖、变卖等费用后，尚有剩余的财产或者无法进行拍卖、变卖的财产的，应当制作《返还商品、货物或者其他财产通知书》，附返还商品、货物或者其他财产清单，送达被执行人，并自办理税款、滞纳金、罚款入库手续之日起 3 个工作日内退还被执行人。

■ 对价值超过应纳税额且不可分割的商品、货物或者其他财产，稽查局在纳税人、扣缴义务人或者纳税担保人无其他可供强制执行的财产的情况下，可以整体扣押、查封、拍卖。

■ 稽查局在确定应当扣押、查封的商品、货物或者其他财产的价值时，还应当包括滞纳金和拍卖、变卖所发生的费用。因查封、扣押发生的保管费用由稽查局承担。

■ 拍卖或者变卖所得抵缴税款、滞纳金、罚款以及拍卖、变卖等费用后，剩余部分应当由执行部门在 3 个工作日内退还被执行人。

■ 执行过程中发现有下列情形之一的，经稽查局局长批准后，中止执行：

（1）当事人死亡或者被依法宣告死亡，尚未确定可执行财产的；（2）当事人进入破产清算程序尚未终结的；（3）可执行财产被司法机关或者其他国家机关依法查封、扣押、冻结，致使执行暂时无法进行的；（4）可供执行的标的物需要人民法院或者仲裁机构确定权属的；（5）法律、行政法规和国家税务总局规定其他可以中止执行的。中止执行情形消失后，经稽查局局长批准，恢复执行。

■ 经税务局局长批准后，终结执行的情形：（1）当事人确无财产可供抵缴税款、滞纳金、罚款；（2）依照破产清算程序确实无法清缴税款、滞纳金、罚款；（3）其他法定终结执行情形。

■ 非从事生产、经营的纳税人、扣缴义务人对税务机关的处理决定逾期不申请行政复议也不向人民法院起诉，又不履行的，作出处理决定的稽查局可以自期限届满之日起3个月内，就其未缴的税款、滞纳金申请人民法院强制执行。

■ 当事人对税务机关的处罚决定逾期不申请行政复议也不向人民法院起诉，又不履行的，作出处罚决定的稽查局可以对未缴的罚款实施强制执行，或者自期限届满之日起3个月内申请人民法院强制执行。稽查局申请人民法院强制执行前，应当催告当事人履行义务。

■ 税务处理决定书、税务行政处罚决定书等决定性文书送达后，有下列情形之一的，稽查局可以依法重新作出：（1）决定性文书被人民法院判决撤销的；（2）决定性文书被行政复议机关决定撤销的；（3）税务机关认为需要变更或者撤销原决定性文书的；（4）其他依法需要变更或者撤销原决定性文书的。

■ 欠缴税款的被执行人怠于行使到期债权，对国家税收造成损害的，税务局稽查局依法申请人民法院行使代位权。

■ 欠缴税款的被执行人无偿转让财产，或者以明显不合理的低价转让财产而受让人知道该情形，或者放弃到期债权，对国家税收造成损害的，税务局稽查局依法申请人民法院行使撤销权。

■ 税收优先权：（1）税收优先于无担保债权；（2）纳税人欠缴的税款发生在纳税人以其财产设定抵押、质押或者纳税人的财产被留置之前的，税收应当先于抵押权、质权、留置权；（3）税收优先于罚款、没收违法所得。

■ 稽查局征收税款时，税收优先于无担保债权，法律另有规定的除外；被执行人欠缴的税款发生在纳税人以其财产设定抵押、质押或者被执行人的财产被留置之前的，税收应当先于抵押权、质权、留置权执行。

■ 被执行人欠缴税款，同时又被行政机关决定处以罚款、没收违法所得的，税收优先于罚款、没收违法所得。

■ 税务处理文书可以采用的送达方式：（1）直接送达；（2）留置送达；（3）委托送达；（4）邮寄送达；（5）公告送达。

■ 送达税务文书必须填制《税务文书送达回证》，并由受送达人或者其他签收人在送达回证上注明收到日期，亲笔签名或者盖章，即为送达。

■ 直接送达是执行人员将应送达的税务文书直接送达当事人签收的送达方式，这是一种常用的基本送达方式。凡是能够直接送达的，均应采取直接送达的方式。

■ 受送达人是个人的，应当由本人直接签收；本人不在的，交其同住成年家属签收，并应当注明与受送达人的关系。受送达人是法人或者其他组织的，应当由法人的法定代表人、其他组织的主要负责人或者该法人、组织的财务负责人、负责收件的人签收。受送达人有代理人的，可以送交其代理人签收。

■ 直接送达税务文书的，以签收人在《税务文书送达回证》上记明的收到日期为送达日期。

■ 受送达人或者其同住成年家属、代收人、代理人拒绝签收，无法直接送达税务文书的，可以采取留置送达的方式送达税务文书。

■ 采用留置送达方式，送达人应当在《税务文书送达回证》上记明拒收理由和日期，并由送达人和见证人签名或者盖章，将税务文书留在受送达人处，即视为送达。留置送达和直接送达具有同等法律效力。

■ 直接送达税务文书有困难的，包括受送达人不在本税务机关辖区内经营或者居住而难以直接送达的，可以委托其他有关机关或者其他单位代为送达。

■ 采取委托送达的，受托机关责任人应在送达回证上签字备注，并以受送达人在《税务文书送达回证》上签收的日期为送达日期。

■ 直接送达税务文书有困难或者受送达人提出邮寄送达要求的，可以保留相关证据，采取邮寄送达方式送达税务文书。采取邮寄送达的，邮寄送达应当交由邮政企业采用挂号函件等可以证明收件的邮寄方式，并在邮寄单据或者回执上注明税务文书名称、文书号、份数，以及是否为原件。邮寄送达以挂号函件回执上注明的收件日期为送达日期，并视为已送达。

■　同一送达事项的受送达人众多，或者采用前述其他送达方式无法送达税务文书的，可以公告送达税务文书。采取公告送达的，自公告之日起满30日即视为送达。

## 必考点检测训练

### 一、单选

1. 根据案源信息的来源不同，将案源分为九种类型：（1）推送案源；（2）督办案源；（3）交办案源；（4）安排案源；（5）自选案源；（6）检举案源；（7）协查案源；（8）转办案源；（9）其他案源。其中属于特殊案源的有：（　　）。
   A.（2）（3）（4）（5）（6）
   B.（2）（3）（4）（6）（7）
   C.（2）（3）（4）（6）（8）
   D.（2）（3）（6）（7）（8）

   参考答案：D

2. 下列关于立案处理优先原则的表述有误的是：（　　）。
   A. 督办案源优先于其他案源
   B. 重要或者紧急的案源优先于一般案源
   C. 实名检举案源优先于匿名检举案源
   D. 转办案源优于推送案源

   参考答案：D

3. 下列关于税务稽查案源管理的表述有误的是：（　　）。

    A. 案源信息库应当分级建立

    B. 国家税务总局稽查局、省级、市级税务局稽查局分级建立案源信息库

    C. 具有选案职能的跨区域稽查局不能建立案源信息库

    D. 案源立案后，应当建立税务稽查案件台账，对查处情况进行跟踪

参考答案：C

4. 检查方案的主要内容一般包括下列哪些：（　　）（1）税务检查实施的目的和要求；（2）税务检查实施的范围和重点；（3）税务检查的所属期间；（4）税务检查实施的具体方法和步骤；（5）检查人员的分工；（6）检查实施时间的安排；（7）检查实施过程中预计出现的问题和应急措施。

    A. （1）（2）（3）（4）（5）

    B. （1）（2）（3）（4）（5）（6）

    C. （1）（2）（3）（4）（5）（7）

    D. （1）（2）（3）（4）（5）（6）（7）

参考答案：D

5. 属于上级督办的重大税收违法案件，在接到督办机关《重大税收违法案件督办函》后，应当在（　　）个工作日内制订《税收违法案件查处方案》，并做好检查前准备。

    A. 5　　　　　　　　　　　　B. 7

    C. 10　　　　　　　　　　　　D. 15

参考答案：C

6. 下列关于税务稽查协查的表述有误的是：（　　）。

    A. 协查对象不属受托方管辖的，应在收到《税收违法案件协查函》之日起3个工作日内，将《税收违法案件协查函》退回委托方或交由本级或者上级税务局稽查局重新分拣

    B. 协查对象属于受托方管辖的，收到《税收违法案件协查函》后，及时登记《受托协查台账》

    C. 协查对象属于受托方管辖的，按以下情形分别处理：（1）立案检查；（2）调查核实；（3）转办处理

  D. 区域稽查局案源部门可依本局协查部门接收的受托协查事项，直接进行协查案源处理

参考答案：A

  7. 调取当年的账簿、记账凭证、报表和其他有关资料的，应当经所属设区的市、自治州以上税务局局长批准，并在（　　）内退还。

  A. 15 日        B. 30 日

  C. 2 个月        D. 3 个月

参考答案：B

  8. 调取纳税人、扣缴义务人以前会计年度的账簿、记账凭证、报表和其他有关资料的，应当经所属县以上税务局局长批准，并在（　　）内完整退还。

  A. 15 日        B. 30 日

  C. 2 个月        D. 3 个月

参考答案：D

  9. 下列关于税务稽查检查的表述有误的是：（　　）。

  A. 中止检查的情形消失，经稽查局所属税务局局长批准后，恢复检查

  B. 检查结束前，检查人员可以将发现的税收违法事实和依据告知被查对象

  C. 被查对象对违法事实和依据有异议的，应当在限期内提供说明及证据材料

  D. 被查对象口头说明的，检查人员应当制作笔录，由当事人签章

参考答案：A

  10. 税务稽查检查完毕后，检查实施岗人员填写《税务稽查案卷文件材料交接清单》，连同《税务稽查报告》《税务稽查工作底稿（一）》《税务稽查工作底稿（二）》《税务稽查项目书》及相关文件材料在（　　）个工作日内移交审理部门。

  A. 3          B. 5

  C. 7          D. 10

参考答案：B

11. 下列表述有误的是：（ ）。

 A. 符合重大税务案件标准的，稽查局审理后提请税务局重大税务案件审理委员会审理

 B. 未达到重大税务案件标准的，重大、复杂、疑难的案件由稽查局集体审理

 C. 跨区域稽查局查办的重点案件，应当提请税务局重大税务案件审理委员会进行重点案件集体审理

 D. 其他案件由稽查局审理部门审理

参考答案：C

12. 稽查局应当在内部审理程序终结后 5 个工作日内，将重大税务案件提请重大税务案件审理委员会审理；需要补充调查的，补充调查一般不应超过（ ）日，有特殊情况的，经稽查局局长批准可以适当延长，但延长期限最多不超过（ ）日。

 A. 10；10 　　　　　　　　　　B. 15；15

 C. 30；30 　　　　　　　　　　D. 30；60

参考答案：C

13. 证据的关联性审查不包括：（ ）。

 A. 证据与案件事实之间有无客观联系

 B. 证据与案件事实之间联系的形式和性质

 C. 证据与案件事实之间联系的确定性程度

 D. 提供证据的人或者证人与当事人是否具有亲属关系、利害关系或者其他密切关系

参考答案：D

14. 稽查局应当自立案之日起（ ）日内作出行政处理、处罚决定或者无税收违法行为结论。案情复杂需要延期的，经税务局局长批准，可以延长不超过（ ）日；特殊情况或者发生不可抗力需要继续延期的，应当经上一级税务局分管副局长批准，并确定合理的延长期限。

 A. 30；30 　　　　　　　　　　B. 45；45

 C. 60；60 　　　　　　　　　　D. 90；90

参考答案：D

15. 审理实施岗接收案件后，应当实施审理，并在（　）日内提出审理意见（出具《税务稽查审理报告》）。但检查人员补充调查的时间以及向上级机关请示或者向相关部门征询政策问题的时间不计算在内。

A. 10　　　　　　　　　　　　B. 15

C. 20　　　　　　　　　　　　D. 30

参考答案：B

16. 税务行政处罚决定应当依法公开。公开的行政处罚决定被依法变更、撤销、确认违法或者确认无效的，应当在（　）个工作日内撤回原行政处罚决定信息并公开说明理由。

A. 2　　　　　　　　　　　　　B. 3

C. 5　　　　　　　　　　　　　D. 7

参考答案：B

17. 符合听证条件的当事人于收到《税务行政处罚事项告知书》之日起（　）个工作日内书面提出听证申请的，稽查局应当自接到听证申请之日起（　）日内组织听证。

A. 5；10　　　　　　　　　　B. 5；15

C. 10；15　　　　　　　　　　D. 15；15

参考答案：B

18. 下列关于听证的表述有误的是：（　）。

A. 纳税人采取欺骗、隐瞒手段进行虚假纳税申报或者不申报，逃避缴纳税款，数额在 5 万元以上并且占各税种应纳税总额 10% 以上，经税务机关依法下达追缴通知后，不补缴应纳税款、不缴纳滞纳金或者不接受行政处罚的，应予移送公安机关

B. 纳税人 5 年内因逃避缴纳税款受过刑事处罚或者被税务机关给予两次以上行政处罚，又逃避缴纳税款，数额在 5 万元以上并且占各税种应纳税总额 10% 以上的，应予移送公安机关

C. 扣缴义务人采取欺骗、隐瞒手段，不缴或者少缴已扣、已收税款，数额在 5 万元以上的，应予移送公安机关

D. 纳税人在公安机关立案后补缴应纳税款、缴纳滞纳金或者接受行政处罚的，可不追究刑事责任

参考答案：D

19. 稽查局阻止欠税人出境的期限一般为（　　）。需要延长控制期限的，经省、自治区、直辖市、计划单列市税务局批准可以办理续控手续。

    A. 2个月                        B. 3个月

    C. 6个月                        D. 12个月

参考答案：C

20. 采取查封、扣押措施的，期限一般不得超过（　　）；重大案件需要延长期限的，应当报国家税务总局批准。

    A. 2个月                        B. 3个月

    C. 6个月                        D. 12个月

参考答案：C

21. 拍卖或者变卖所得抵缴税款、滞纳金、罚款以及拍卖、变卖等费用后，剩余部分应当由执行部门在（　　）个工作日内退还被执行人。

    A. 2                             B. 3

    C. 5                             D. 7

参考答案：B

22. 当事人对税务机关的处罚决定逾期不申请行政复议也不向人民法院起诉，又不履行的，作出处罚决定的稽查局可以对未缴的罚款实施强制执行，或者自期限届满之日起（　　）内申请人民法院强制执行。

    A. 2个月                        B. 3个月

    C. 6个月                        D. 12个月

参考答案：B

23. 下列关于税收优先权的表述有误的是：（　　）。

    A. 税收优先于无担保债权

    B. 纳税人欠缴的税款发生在纳税人以其财产设定抵押、质押或者纳税人的财产被留置之前的，税收应当先于抵押权、质权、留置权

    C. 税收优先于罚款、没收违法所得

    D. 税收优先于工人工资

参考答案：D

24. 同一送达事项的受送达人众多，或者采用前述其他送达方式无法送达税务文书的，可以公告送达税务文书。采取公告送达的，自公告之日起满

（　　）日，即视为送达。

A．15　　　　　　　　　　B．30

C．45　　　　　　　　　　D．60

参考答案：B

## 二、多选

1. 下列关于税务稽查案源管理的表述正确的有：（　　）。

A．稽查局应当加强稽查案源管理，全面收集整理案源信息，合理、准确地选择待查对象

B．稽查局应当统筹安排检查工作，严格控制对纳税人、扣缴义务人的检查次数

C．选案部门负责稽查对象的选取，并对税收违法案件查处情况进行跟踪管理

D．省、市税务局稽查局负责统筹稽查案源管理，积极运用税收大数据分析选取涉嫌偷逃骗抗税和虚开发票等严重涉税违法行为的稽查案源，开展"双随机"选案，受理风险推送、涉税检举、上级交（督）办、外部单位转办、受托协查等案源

参考答案：ABCD

2. 案源管理的具体流程主要包括：（　　）。

A．案源信息的收集　　　　B．案源的分类处理

C．案源的立案分配　　　　D．处理结果的使用

参考答案：ABCD

3. 下列关于税务稽查案源管理的表述正确的有：（　　）。

A．省、市税务局稽查局统筹推送各类案源，跨区域稽查局原则上不开展选案工作

B．省、市税务局稽查局向本级跨区域稽查局统筹推送各类案源信息时，应当填制《案源信息传递单》

C．因税务稽查管辖发生争议且协商未果，报告共同上级税务局，由上级税务局指定管辖。上级税务局指定管辖的案源，作为交办案

源进行处理

　　D. 线索清楚，涉嫌偷税、逃避追缴欠税、骗税、虚开发票、制售假发票或者其他严重税收违法行为的，由选案部门列入案源信息

　　E. 检举内容不详，无明确线索或者内容重复的，暂存待办

参考答案：ABCDE

　　4. 案源处理是指案源部门对收集的案源信息进行识别和判断，根据案源类型、纳税人状态、线索清晰程度、税收风险等级等因素，进行哪些分类处理的过程：（　　）。

　　A. 退回或者补正　　　　　　　B. 移交税务局相关部门

　　C. 暂存待查　　　　　　　　　D. 调查核实（包括协查）

　　E. 立案检查

参考答案：ABCDE

　　5. 符合下列哪些情形之一的，作暂存待查处理：（　　）。

　　A. 纳税人状态为非正常或者注销的督办、交办案源信息，经督办、交办部门同意的

　　B. 纳税人状态为非正常、注销或者税收违法线索不清晰的检举案源信息

　　C. 纳税人走逃而无法开展检查的

　　D. 其他不宜开展检查又无法退回的情形

参考答案：ABCD

　　6. 案源信息符合下列哪些情形之一的，作退回（补正）处理：（　　）。

　　A. 纳税人不属于管辖范围，纳税人状态为非正常或者注销的

　　B. 案源信息数据有误、未提供必要数据资料或者其他导致无法进一步处理的情形

　　C. 税收违法线索不清晰或者资料不完整，要求补充资料不能补充资料的

　　D. 其他需要退回信息来源部门或者要求补充资料的情形

参考答案：ABCD

　　7. 符合下列哪些情形之一的案源，确认为需要立案检查的案源：（　　）。

　　A. 督办、交办事项明确要求立案检查的

B. 案源部门接收并确认的高风险纳税人风险信息案源，以及按稽查任务和计划要求安排和自选的

C. 协查部门接收的协查案源信息涉及的纳税人状态正常，且委托方已开具《已证实虚开通知单》并提供相关证据的或委托方提供的证据资料能够证明协查对象存在税收违法嫌疑的或协查证实协查对象存在税收违法行为的

D. 转办案源涉及的纳税人状态正常，且税收违法线索清晰的

E. 经过调查核实（含协查）发现纳税人存在税收违法行为的案源

参考答案：ABCDE

8. 下列关于税务稽查案源管理的表述正确的有：（　　）。

A. 案源部门应及时制作《税务稽查案源审批表》，提出拟处理意见，明确本局立案查处、本级跨区域稽查局立案查处或者下级稽查局立案查处，报案源部门领导岗审核

B. 需要本局立案检查的案源，应当根据确定的待查对象制作《税务稽查立案审批表》，连同《税务稽查项目书》一并报送审核和审批

C. 同一批次立案户数较多的，可以附《税务稽查案源清册》

D. 稽查局案源管理集体审议会议，负责重点稽查对象和批量案源立案的审批

E. 对达到集体审议标准的稽查案源，应当制作《案源管理集体审议提请表》，经批准后，进行集体审议

参考答案：ABCDE

9. 下列关于税务稽查案源管理的表述正确的有：（　　）。

A. 税务局稽查局应当建立案源信息库，由案源信息档案组成

B. 案源信息档案根据税务稽查对象的纳税人识别号或者统一社会信用代码建立，实行一户一档案

C. 税务稽查对象没有进行税务登记的，根据税务稽查对象的唯一身份识别号码或者名称建立案源信息档案

D. 根据稽查需要，分级建立企业集团案源信息档案

参考答案：ABCD

10. 下列关于税务稽查案源管理的表述正确的有：（    ）。

    A. 待查对象确定后，经稽查局所属税务局局长批准实施立案检查

    B. 必要时，依照法律法规的规定，稽查局可以在立案前进行检查

    C. 立案前检查处理，是指对待查对象经初步分析，认为案情复杂、疑难、重大，有必要进行立案前检查的，提请立案前检查审批、移交检查部门实施立案前检查，并根据检查结果进行处理的过程

    D. 立案前检查应当经过稽查局案源管理集体审议会议审议

    E. 只有《税务稽查案源审批表》中处理意见为"立案检查"的案源，才能在必要时发起立案前检查

参考答案：BCDE

11. 检查人员实施检查前，应当从下列哪些方面进行查前分析，做好检查前准备：（    ）。

    A. 被查对象基本信息　　　　B. 被查对象所属行业特点

    C. 被查对象生产经营情况　　D. 相关财务、税收政策

参考答案：ABCD

12. 检查前，稽查局应当告知被查对象检查时间、需要准备的资料等，但预先通知有碍检查的除外。有下列情况之一，可能会妨碍检查的，可以不必预先通知：（    ）。

    A. 被查对象被检举涉嫌存在税收违法行为的

    B. 有根据认为被查对象有税收违法行为的

    C. 预先通知有碍于税务稽查实施工作开展的

    D. 纳税人状态为非正常的

参考答案：ABC

13. 下列关于税务稽查检查的表述正确的有：（    ）。

    A. 检查应当由两名以上具有执法资格的检查人员共同实施，并向被查对象出示税务检查证件、出示或者送达税务检查通知书，告知其权利和义务

    B. 检查应当依照法定权限和程序，采取实地检查、调取账簿资料、询问、查询存款账户或者储蓄存款、异地协查等方法

C. 检查人员异地调查取证的，当地税务机关应当予以协助

D. 发函委托相关稽查局调查取证的，必要时可以派人参与受托地稽查局的调查取证，受托地稽查局应当根据协查请求，依照法定权限和程序调查

E. 需要取得境外资料的，稽查局可以提请国际税收管理部门依照有关规定程序获取

参考答案：ABCDE

14. 下列关于税务稽查检查的表述正确的有：（　　）。

A. 实地检查时，可以制作视听资料、《现场笔录》、《勘验笔录》，对实地检查情况予以记录或者说明

B. 询问应当由两名以上检查人员实施，出示税务检查证，税务检查证的出示应当在笔录中确认

C. 除在被查对象生产、经营、办公场所询问外，应当向被询问人送达询问通知书

D. 询问时应当告知被询问人有关权利义务

E. 《询问（调查）笔录》应当使用能够长期保持字迹的书写工具书写，也可以使用计算机记录并打印，并保证字迹清楚

参考答案：ABCDE

15. 下列关于询问笔录的表述正确的有：（　　）。

A. 询问笔录应当交被询问人核对或者向其宣读

B. 询问笔录有修改的，应当由被询问人在改动处捺指印

C. 核对无误后，由被询问人在尾页结束处写明"以上笔录我看过（或者向我宣读过），与我说的相符"，并逐页签章、捺指印

D. 被询问人拒绝在询问笔录上签章、捺指印的，检查人员应当在笔录上注明，同时可以通过制作《现场笔录》、音像记录等适当方式记录现场情况

参考答案：ABCD

16. 下列关于询问笔录的表述正确的有：（　　）。

A. 询问（调查）人、记录人要逐页签署日期并签名

B. 检查人员可以同时担任询问（调查）人和记录人，但应当分别

签名

C. 询问（调查）人与记录人不得相互代签名

D. 询问（调查）人签字处应当由两名以上检查人员签名

E. 询问（调查）工作必须在工作时间内进行

参考答案：ABCD

17. 下列关于税务稽查检查的表述正确的有：（　　）。

A. 调取账簿、记账凭证、报表和其他有关资料时，应当向被查对象出具调取账簿资料通知书，并填写调取账簿资料清单交其核对后签章确认

B. 退还账簿资料时，应当由被查对象核对调取账簿资料清单，并签章确认

C. 检查人员应当根据职权使用《调验空白发票收据》调取辖区内被查验对象的空白发票

D. 检查人员应当根据职权使用《发票换票证》调取辖区内被查验对象的发票。《发票换票证》与所调换的原发票具有同等法律效力

E. 检查人员依法进行税务检查时，可以向有关第三方调查与被查对象履行纳税义务、扣缴义务及其他涉税义务情况相关的各种信息或者向其他第三方获取相关涉税参照信息

参考答案：ABCDE

18. 下列关于税务稽查检查的表述正确的有：（　　）。

A. 稽查局通知被查对象缴纳税款、滞纳金，要求当事人提供有关资料，办理有关涉税事项，以及向被查对象通知其他有关税务事项的，除另有规定外，应当使用《税务事项通知书》

B. 检查过程中，需要变更检查人员和检查所属期间等事项的，应当进行案件变更事项处理

C. 检查人员发生变更的，应当向被查对象送达《税务事项通知书》，告知其变更情况

D. 稽查所属期间发生变更的，可以向被查对象送达《税务事项通知书》，书面通知其变更情况

参考答案：ABCD

19. 下列关于税务稽查检查的表述正确的有：（　　）。

A. 检查应当依照法定权限和程序收集证据材料

B. 收集的证据必须经查证属实，并与证明事项相关联

C. 调查取证所取得的证据应当注明来源、提取时间和地点，并有证据提供人、提取人的签名

D. 当事人拒绝签章的，可以邀请基层组织人员或者其他第三方见证人到场，制作《现场笔录》

参考答案：ABCD

20. 收集证据不得以下列方式收集、获取证据材料：（　　）。

A. 自行获取被查对象当事人拒绝到场的物证

B. 严重违反法定程序收集

C. 以违反法律强制性规定的手段获取且侵害他人合法权益

D. 以利诱、欺诈、胁迫、暴力等手段获取

参考答案：BCD

21. 下列关于税务稽查取证的表述正确的有：（　　）。

A. 需要提取证据材料原件的，应当向当事人出具提取证据专用收据，由当事人核对后签章确认

B. 对需要退还的证据材料原件，检查结束后应当及时退还，并履行相关签收手续

C. 需要将已开具的纸质发票调出查验时，应当向被查验的单位或者个人开具发票换票证，经查无问题的，应当及时退还，并履行相关签收手续

D. 提取证据材料复制件的，应当由当事人或者原件保存单位（个人）在复制件上注明"与原件核对无误"及原件存放地点，并签章

E. 原件保存单位（个人）拒绝签章的，可以邀请基层组织人员或者其他第三方见证人到场，制作《现场笔录》，在《现场笔录》上记明拒签事由和日期，并由检查人员、见证人签章，也可以通过音像记录设备进行记录

参考答案：ABCDE

22. 下列关于税务稽查取证的表述正确的有：（  ）。

A. 物证的提取应当取得原物

B. 取得原物确有困难的，可以取得与原物核对无误的复制件或者证明该物证的照片、录像等其他证据

C. 原物为数量较多的种类物的，可以提取其中具有代表性的一部分，并辅以《现场笔录》、音像记录资料等加以佐证

D. 原物无法长期保存的，可以采取照相、录像、模型复制等方法加以固定，并依法妥善处理原物

参考答案：ABCD

23. 下列关于税务稽查取证的表述正确的有：（  ）。

A. 提取原物时，应当通知被查对象当事人或者当事人具有民事行为能力的成年亲属到场，并开具《提取证据专用收据》，由当事人或者其成年亲属签章确认

B. 提取原物时，当事人或者其成年亲属拒绝到场的，可以邀请有关基层组织人员或者其他第三方见证人到场，制作《现场笔录》，在《现场笔录》上记明拒签事由和日期，并由检查人员、见证人签章，也可以通过音像记录设备进行记录

C. 提取物证或者以照片、录像方式提取物证复制件时，应当同时制作《现场笔录》，记载提取物证的机关、人员、提取时间和地点、提取方法、过程、物证所有人（持有人）及物证基本情况

D. 提取物证或者以照片、录像方式提取物证复制件时，当事人或者其成年亲属拒绝到场的，也应当记录在《现场笔录》中

参考答案：ABCD

24. 以下哪些情形应当制作视听资料：（  ）。

A. 被查对象逃避或者拒绝检查的过程

B. 在查处大额偷逃税、严重的虚开发票、骗税，以及有明显线索表明涉嫌犯罪的案件时，收集、固定用于证明案件事实的主要证据材料的过程

C. 在查处大额偷逃税、严重的虚开发票、骗税，以及有明显线索表

明涉嫌犯罪的案件时，就主要违法事实，或者违法事实涉及的主要当事人进行询问的过程

D. 在查处大额偷逃税、严重的虚开发票、骗税，以及有明显线索表明涉嫌犯罪的案件时，集体审议的过程

参考答案：ABC

25. 下列关于税务稽查视听资料的表述正确的有：（ ）。

A. 制作录音、录像等视听资料的，应当注明制作方法、时间、制作人和证明对象等内容

B. 可以利用执法记录仪等设备制作视听资料，且不得侵犯当事人的合法权益

C. 制作视听资料时，一般应当口头明确告知当事人，口头告知过程应当记录在视听资料里

D. 视听资料可以采用离线或者在线存储，优先采用离线存储

参考答案：ABCD

26. 下列关于税务稽查视听资料的表述正确的有：（ ）。

A. 调取视听资料时，应当调取有关资料的原始载体

B. 难以调取原始载体的，可以调取复制件，但应当说明复制方法、人员、时间和原件存放处等事项

C. 对声音资料，应当附有该声音内容的文字记录

D. 对图像资料，应当附有必要的文字说明

参考答案：ABCD

27. 下列关于税务稽查获取电子数据的表述正确的有：（ ）。

A. 以电子数据的内容证明案件事实的，检查人员可以要求当事人将电子数据打印成纸质资料，注明数据出处、打印场所、打印或提供时间，注明"与电子数据核对无误"，并由当事人签章

B. 需要以有形载体形式固定电子数据的，检查人员应当与提供电子数据的个人、单位的法定代表人或者财务负责人或者经单位授权的其他人员一起将电子数据复制到存储介质上并封存，同时在封存包装物上注明制作方法、时间、制作人、文件格式及大小等，注明"与原始载体记载的电子数据核对无误"，并由电子数据提

供人签章

C. 收集、提取电子数据，检查人员应当制作现场笔录，注明电子数据的来源、事由、证明目的或对象，提取时间、地点、方法、过程，原始存储介质的存放地点以及对电子数据存储介质的签封情况等

D. 进行数据压缩的，应当在笔录中注明压缩方法和完整性校验值

参考答案：ABCD

28. 下列关于税务稽查的表述正确的有：（　　）。

A. 证人可以采取书面或者口头方式提供证言

B. 自然人代表单位或者法人提供证言的，属于证人证言；以单位或者法人名义出具证明文件的，属于书证

C. 当事人的陈述，是指税务稽查案件当事人就其所了解的税务稽查案件事实情况向税务机关作出说明

D. 当事人可以多次以书面或者口头形式进行陈述。当事人多次口头陈述的，每次口头陈述均应当记录；当事人多次书面陈述的，检查人员接收当事人书面陈述，不退回以前书面陈述

参考答案：ABCD

29. 下列关于税务稽查的表述正确的有：（　　）。

A. 当事人、证人可以采取书面或者口头方式陈述或者提供证言

B. 采用口头陈述或者提供证言的，检查人员应当以笔录、录音、录像等形式进行记录

C. 笔录可以手写或者使用计算机记录并打印，由当事人或者证人逐页签章、捺指印

D. 提出变更口头陈述或者证言的，检查人员应当就变更部分重新制作笔录，注明原因，由当事人或者证人逐页签章、捺指印

E. 当事人、证人变更书面陈述或者证言的，变更前的笔录不予退回

参考答案：ABCDE

30. 下列关于税务稽查检查的表述正确的有：（　　）。

A. 检查人员实地调查取证时，可以制作现场笔录、勘验笔录，对实地调查取证情况予以记录

B. 制作现场笔录、勘验笔录，应当载明时间、地点和事件等内容，并由检查人员签名和当事人签章

C. 当事人经通知不到场或者拒绝在现场笔录、勘验笔录上签章的，检查人员应当在笔录上注明原因；如有其他人员在场，可以由其签章证明

D. 稽查人员依法实施查封（扣押）财产或者实施冻结存款等行政强制措施时，应当制作《现场笔录》，对现场执法情况进行记录

E. 稽查人员依法就其他实地调查现场执法情况、违法事实等事项进行客观记录时，可以制作《现场笔录》

参考答案：ABCDE

31. 下列表述正确的有：（　　）。

A. 税务机关有根据认为从事生产、经营的纳税人有逃避纳税义务行为，可以在规定的纳税期之前，责令限期缴纳应纳税款

B. 在限期内发现纳税人有明显的转移、隐匿其应纳税的商品、货物以及其他财产或者应纳税收入迹象的，可以责成纳税人提供纳税担保

C. 如果纳税人不能提供纳税担保，经县以上税务局局长批准，可以依法采取税收强制措施

D. 检查从事生产、经营的纳税人以前纳税期的纳税情况时，发现纳税人有逃避纳税义务行为，并有明显的转移、隐匿其应纳税的商品、货物以及其他财产或者应纳税收入迹象的，经县以上税务局局长批准，可以依法采取税收强制措施

参考答案：ABCD

32. 有下列哪些情形之一，致使检查暂时无法进行的，经稽查局局长批准后，中止检查：（　　）。

A. 当事人被有关机关依法限制人身自由的

B. 账簿、记账凭证及有关资料被其他国家机关依法调取且尚未归还的

C. 与税收违法行为直接相关的事实需要人民法院或者其他国家机关确认的

D. 法律、行政法规或者国家税务总局规定的其他可以中止检查的

参考答案：ABCD

33. 有下列情形之一，致使检查确实无法进行的，经稽查局局长批准后，终结检查：（ ）。

A. 当事人被有关机关依法限制人身自由的

B. 被查对象死亡或者被依法宣告死亡或者依法注销，且有证据表明无财产可抵缴税款或者无法定税收义务承担主体的

C. 被查对象税收违法行为均已超过法定追究期限的

D. 法律、行政法规或者国家税务总局规定的其他可以终结检查的

参考答案：BCD

34. 下列表述正确的有：（ ）。

A. 检查人员在检查过程中制作《税务稽查工作底稿（一）》，用于记录从被查对象的账簿凭证资料中摘录的内容

B. 制作《税务稽查工作底稿（二）》，用于记录案件具体事实

C. 检查结束时，检查人员应当根据《税务稽查工作底稿》及有关资料，制作《税务稽查报告》，由检查部门负责人审核

D. 《税务稽查报告》应当由两名以上检查人员签名，且应当与《税务检查通知书》或者《税务事项通知书》所列检查人员一致，并注明日期

参考答案：ABCD

35. 稽查局集体审理范围包括：（ ）。

A. 本局查处的重大、复杂、疑难案件

B. 拟从重处罚的税收违法案件

C. 拟减轻或不予处罚的税收违法案件

D. 拟变更或撤销已送达生效决定性文书的案件

E. 拟提请重大税务案件审理委员会审理的案件

参考答案：ABCDE

36. 重点案件集体审理的情形包括：（ ）。

A. 跨区域稽查局依集体审理要求完成了补正或补充调查的

B. 经重大税务案件审理委员会退回的案件，补正或补充调查后，拟

改变原集体审理意见的

C. 经过重点案件集体审理的案件，审理部门对当事人的陈述申辩意见进行复核后拟调整原处罚意见的

D. 其他需重新提请税务局稽查局进行重点案件集体审理的

参考答案：ABCD

37. 下列表述正确的有：（　　）。

A. 稽查局对达到所属税务局重大税务案件标准的税收违法案件，在规定期限内提请所属税务局重大税务案件审理委员会进行审理，并按照重大税务案件审理委员会作出的审理意见书进行相应案件处理

B. 跨区域稽查局查办的重点案件，应当提交税务局稽查局进行重点案件集体审理

C. 税务局稽查局成立重点案件集体审理委员会，负责跨区域稽查局重点案件的集体审理

D. 集体审理采取书面审理和会议审理相结合的方式

参考答案：ABCD

38. 下列关于法制审核表述正确的有：（　　）。

A. 法制审核包括执法决定法制审核和其他执法决定法制审核，未经法制审核或者法制审核未通过的，不得作出决定

B. 执法决定法制审核，是指稽查局作出执法决定前，对决定的合法性进行审核的活动

C. 税务稽查案件审理、重大税务案件审理属于法制审核，其审核范围、内容、程序等分别适用《税务稽查工作规程》《重大税务案件审理办法》的有关规定

D. 其他执法决定法制审核，是指除税务稽查案件审理、重大税务案件审理之外，稽查局作出与案件相关的税收保全、强制执行、阻止出境、暂缓或者分期缴纳罚款等执法决定前，审理部门对决定的合法性进行审核的业务处理过程

参考答案：ABCD

39. 执法决定法制审核的范围一般包括：（　　）。

A. 税收保全

B. 强制执行

C. 阻止出境

D. 暂缓或者分期缴纳罚款等

E. 法律、法规、规章等规定应当进行法制审核的执法决定

参考答案：ABCDE

40. 下列属于案件审理应当着重审核的内容有：（　　）。

A. 税收违法事实是否清楚、证据是否充分、数据是否准确、资料是否齐全

B. 适用法律、行政法规、规章及其他规范性文件是否适当，定性是否正确

C. 是否符合法定程序

D. 是否超越或者滥用职权

E. 税务处理、处罚建议是否适当

参考答案：ABCDE

41. 证据的合法性审查包括：（　　）。

A. 提取证据的主体是否符合法定要求

B. 提取证据的人员权限是否符合法定要求

C. 证据形式是否符合法定要求

D. 取证程序、手段是否符合法定要求

E. 取证期限是否符合法定要求

参考答案：ABCDE

42. 证据的真实性审查包括：（　　）。

A. 证据形成的原因

B. 发现证据时的客观环境

C. 证据是否为原件、原物，复制件、复制品与原件、原物是否相符

D. 提供证据的人或者证人与当事人是否具有亲属关系、利害关系或者其他密切关系

E. 影响证据真实性的其他因素

参考答案：ABCDE

43. 以下证据不能作为定案证据的有：（   ）。

    A．在中华人民共和国领域以外或者在中华人民共和国香港特别行政区、澳门特别行政区和台湾地区形成的未办理法定证明手续的证明材料

    B．被当事人或者他人进行技术处理而无法辨明真伪的证据材料

    C．未经原件、原物保存单位和个人签章认可，又无其他证据印证的复制件或者复制品

    D．不能正确表达意志的证人提供的证言

参考答案：ABCD

44. 下列证据不能单独作为定案证据的有：（   ）。

    A．未成年人所做的与其年龄和智力状况不相适应的证言

    B．与当事人有亲属关系或其他密切关系的证人所做的对该当事人有利的证言，或者与当事人有不利关系的证人所作的对该当事人不利的证言

    C．难以识别是否经过修改的视听资料

    D．无法与原件、原物核对的复制件或者复制品

    E．经改动但当事人不予认可的证据资料

参考答案：ABCDE

45. 鉴定意见应当以书面形式出具；有下列哪些情形之一的，不能作为定案依据：（   ）。

    A．鉴定人不具备鉴定资格

    B．鉴定程序严重违法

    C．鉴定意见错误、不明确

    D．鉴定意见内容不完整

参考答案：ABCD

46. 证明同一事实的数个证据，其效力认定的表述正确的有：（   ）。

    A．国家机关以及其他职能部门依职权制作的公文文书优于其他书证

    B．鉴定意见、现场笔录、勘验笔录、档案材料及经过公证或者登记的书证优于其他书证、视听资料和证人证言

    C．原件、原物优于复制件、复制品和重制品

    D. 法定鉴定部门的鉴定意见优于其他鉴定部门的鉴定意见

    E. 原始证据优于传来证据

参考答案：ABCDE

47. 下列关于证据表述正确的有：（    ）。

    A. 其他证人证言优于与当事人有亲属关系或者其他密切关系的证人提供的对该当事人有利的证言

    B. 数个种类不同、内容一致的证据优于一个孤立的证据

    C. 以有形载体固定或者显示的电子数据、电子邮件以及其他数据资料，其制作情况和真实性经当事人确认，或者以公证等其他有效方式予以证明的，与原件有同等的证明效力

    D. 生效的人民法院裁判文书或者仲裁机构裁决文书确认的事实，可以作为定案证据

参考答案：ABCD

48. 有下列哪些情形之一的，应当补正或者补充调查：（    ）。

    A. 被查对象认定错误的

    B. 税收违法事实不清、证据不足的

    C. 不符合法定程序的

    D. 税务文书不规范、不完整的

    E. 其他需要补正或者补充调查的

参考答案：ABCDE

49. 税务稽查案件经审理，区分下列哪些情形分别作出处理：（    ）。

    A. 有税收违法行为，应当作出税务处理决定的，制作税务处理决定书

    B. 有税收违法行为，在听取陈述、申辩意见或者依法举行听证后，应当作出税务行政处罚决定的，制作税务行政处罚决定书

    C. 税收违法行为轻微，依法可以不予税务行政处罚的，制作不予税务行政处罚决定书

    D. 没有税收违法行为的，制作税务稽查结论

参考答案：ABCD

50. 不计入案件办理时限的情形包括：（　　）。

A. 中止检查的时间

B. 请示上级机关或者征求有权机关意见的时间

C. 提请重大税务案件审理的时间

D. 因其他方式无法送达，公告送达文书的时间

E. 纳税人、扣缴义务人超期提供资料的时间

参考答案：ABCDE

51. 下列关于稽查案件延长案件办理时限的表述正确的有：（　　）。

A. 检查人员或审理人员填制《延长稽查案件办理时限审批表》，写明申请延长的时间和理由

B. 首次延期的，层报至稽查局局长审批

C. 首次延期的，层报至所属税务局局长审批

D. 继续延期的，层报至所属税务局局长审批

E. 继续延期的，层报至上一级税务局分管副局长批准

参考答案：ACE

52. 下列表述正确的有：（　　）。

A. 被查对象或者其他涉税当事人可以书面或者口头提出陈述、申辩意见

B. 对当事人口头提出陈述、申辩意见，应当制作陈述申辩笔录，如实记录，由陈述人、申辩人签章

C. 应当充分听取当事人的陈述、申辩意见；经复核，当事人提出的事实、理由或者证据成立的，应当采纳

D. 稽查局在作出税务行政处理、处罚决定前，听取被查对象或者其他涉税当事人的陈述、申辩意见并进行复核

E. 被查对象或者其他涉税当事人有权提出陈述、申辩意见，稽查局不得因申辩而加重处罚

参考答案：ABCDE

53. 下列关于听证的表述正确的有：（　　）。

A. 被查对象或者其他涉税当事人按照法律、法规、规章要求听证的，应当依法组织听证

    B. 决定举行听证的，由稽查局局长指定审理部门人员担任听证主持人

    C. 审理实施岗制作《税务行政处罚听证通知书》，在举行听证的5个工作日内前送达当事人，通知其举行听证的时间、地点、听证主持人的姓名、是否公开听证及有关事项

    D. 税务行政处罚听证应当公开进行，但涉及国家秘密、商业秘密或者个人隐私的，听证不公开进行，宣布不公开听证的理由

    E. 听证的全部活动应由记录员制作《听证笔录》，经听证主持人审阅并由听证主持人和记录员签名后，封卷上交稽查局负责人审阅

参考答案：ABDE

54. 涉嫌构成抗税罪案件移送标准：以暴力、威胁方法拒不缴纳税款，涉嫌下列哪些情形之一的，应予移送：（　　）。

    A. 造成税务工作人员轻微伤以上的

    B. 以给税务工作人员及其亲友的生命、健康、财产等造成损害为威胁，抗拒缴纳税款的

    C. 聚众抗拒缴纳税款的

    D. 以其他暴力、威胁方法拒不缴纳税款的

参考答案：ABCD

55. 构成虚开发票罪案件移送标准的有：（　　）。

    A. 虚开增值税专用发票或者虚开用于骗取出口退税、抵扣税款的其他发票，虚开的税款数额在5万元以上的

    B. 虚开其他发票100份以上

    C. 虚开其他发票金额累计40万元以上

    D. 虽未达到上述数额标准，但5年内因虚开发票受过行政处罚两次以上又虚开发票的

参考答案：ABCD

56. 案件执行，是指执行部门依照法定权限和程序，督促被执行人履行税务处理、处罚决定的过程，包括：（　　）。

    A. 送达税务文书

B. 监控入库查补款项

C. 督促履行其他税务处理、处罚事项

D. 采取税收强制措施、强制执行

参考答案：ABCD

57. 被执行人不主动履行的，执行部门可采取的措施包括：（　　）。

A. 纳税担保

B. 收缴、停止发售发票

C. 阻止出境

D. 税收保全，税收强制执行

E. 申请人民法院强制执行，行使代位权、撤销权，行使税收优先权

参考答案：ABCDE

58. 下列表述正确的有：（　　）。

A. 纳税担保包括纳税保证、纳税抵押和纳税质押

B. 检查人员在检查过程中发现欠缴税款的被查对象或者其法定代表人需要出境等情形的，可以要求其在出境前结清欠缴税款、滞纳金或者提供担保

C. 阻止出境由执行部门申请，经稽查局法制审核同意，提交稽查局重大税收执法事项集体审议后，填制《税务行政执法审批表》《阻止欠税人出境布控申请表》《阻止出境决定书》，由稽查局所属税务局统一报省、自治区、直辖市、计划单列市税务局审批

D. 向欠税人送达《阻止出境决定书》，如当事人对该决定不服的，可申请行政复议或者提起行政诉讼

参考答案：ABCD

59. 阻止出境的适用条件的表述正确的有：（　　）。

A. 需要出境的纳税人在出境前有欠税，或单位纳税人在其法定代表人出境前有欠税

B. 欠缴税款的纳税人或欠税单位的法定代表人在出境前，不能依法结清应纳税款、滞纳金，又不能提供纳税担保的

C. 个人欠税 1 万元以上

D. 企业欠税 20 万元以上

E. 对拒不办理纳税申报的，可以不受金额限制

参考答案：ABDE

60. 下列表述正确的有：（　　）。

A. 税务稽查人员发现从事生产、经营的纳税人有逃避纳税义务行为，并有明显转移、隐匿其应纳税商品、货物以及其他财产或者应纳税收入迹象的，可以依法采取税收保全措施

B. 纳税人有逃避纳税义务行为的，经稽查局责令限期缴纳、责成提供纳税担保后，仍不能提供纳税担保，经县以上稽查局局长批准，可以采取税收保全措施

C. 稽查局依法检查纳税人以前纳税期的纳税情况时，发现其有逃避纳税义务行为，并有明显的转移、隐匿其应纳税的商品、货物以及其他财产或应纳税的收入迹象的，稽查局可以经县以上稽查局局长批准，采取税收保全措施

D. 税收保全措施包括：（1）冻结存款；（2）查封、扣押商品、货物或者其他财产

参考答案：AD

61. 具有下列哪些情形之一的，经县以上税务局局长批准，稽查局可以依法强制执行，或依法申请人民法院强制执行：（　　）。

A. 纳税人、扣缴义务人未按照规定的期限缴纳或者解缴税款、滞纳金，责令限期缴纳逾期仍未缴纳的

B. 经稽查局确认的纳税担保人未按照规定的期限缴纳所担保的税款、滞纳金，责令限期缴纳逾期仍未缴纳的

C. 当事人对处罚决定逾期不申请行政复议也不向人民法院起诉、又不履行的

D. 其他可以依法强制执行的

参考答案：ABCD

62. 下列表述正确的有：（　　）。

A. 作出强制执行决定前，应当制作并送达催告文书，催告当事人履行义务，听取当事人陈述、申辩意见

B. 经催告，当事人逾期仍不履行行政决定，且无正当理由的，经县以上税务局局长批准，实施强制执行

C. 催告期间，对有证据证明有转移或者隐匿财物迹象的，可以作出立即强制执行决定

D. 税收强制执行包括划拨存款、依法拍卖或者变卖抵税财物

E. 经批准向纳税人采取强制扣款措施的，由执行实施岗制作《税收强制执行决定书（扣缴税收款项适用）》，送达被执行人，同时向被执行人开户行或者其他金融机构送达《扣缴税收款项通知书》，分别送达协助执行冻结存款措施的银行或其他金融机构和纳税人

参考答案：ABCDE

63. 下列表述正确的有：（　　）。

A. 经批准向纳税人采取拍卖变卖措施的，制作《税收强制执行决定书（拍卖／变卖适用）》，连同扣押收据或查封清单送达给纳税人

B. 拍卖、变卖被执行人商品、货物或者其他财产，以拍卖、变卖所得抵缴税款、滞纳金、罚款的，在拍卖、变卖前应当依法进行查封、扣押

C. 对价值超过应纳税额且不可分割的商品、货物或者其他财产，稽查局在纳税人、扣缴义务人或者纳税担保人无其他可供强制执行的财产的情况下，可以整体扣押、查封、拍卖

D. 稽查局在确定应当扣押、查封的商品、货物或者其他财产的价值时，还应当包括滞纳金和拍卖、变卖所发生的费用。因查封、扣押发生的保管费用由稽查局承担

参考答案：ABCD

64. 执行过程中发现有下列哪些情形之一的，经稽查局局长批准后，中止执行：（　　）。

A. 当事人死亡或者被依法宣告死亡，尚未确定可执行财产的

B. 当事人进入破产清算程序尚未终结的

C. 可执行财产被司法机关或者其他国家机关依法查封、扣押、冻结，致使执行暂时无法进行的

D. 可供执行的标的物需要人民法院或者仲裁机构确定权属的

E. 法律、行政法规和国家税务总局规定其他可以中止执行的

参考答案：ABCDE

65. 经税务局局长批准后，终结执行的情形包括：（　　）。

A. 当事人死亡或者被依法宣告死亡

B. 当事人确无财产可供抵缴税款、滞纳金、罚款

C. 依照破产清算程序确实无法清缴税款、滞纳金、罚款

D. 其他法定终结执行情形

参考答案：BCD

66. 税务处理决定书、税务行政处罚决定书等决定性文书送达后，有下列哪些情形之一的，稽查局可以依法重新作出：（　　）。

A. 决定性文书被人民法院判决撤销的

B. 决定性文书被行政复议机关决定撤销的

C. 税务机关认为需要变更或者撤销原决定性文书的

D. 其他依法需要变更或者撤销原决定性文书的

参考答案：ABCD

67. 税务处理文书可以采用的送达方式有：（　　）。

A. 直接送达　　　　　　　　B. 留置送达

C. 委托送达　　　　　　　　D. 邮寄送达

E. 公告送达

参考答案：ABCDE

68. 下列表述正确的有：（　　）。

A. 送达税务文书必须填制《税务文书送达回证》

B. 直接送达是执行人员将应送达的税务文书直接送达当事人签收的送达方式，这是一种常用的基本送达方式

C. 凡是能够直接送达的，均应采取直接送达的方式

D. 受送达人是个人的，应当由本人直接签收；本人不在的，交其同住成年家属签收，并应当注明与受送达人的关系

E. 受送达人是法人或者其他组织的，应当由法人的法定代表人、其他组织的主要负责人或者该法人、组织的财务负责人、负责收件

的人签收

参考答案：ABCDE

69. 下列表述正确的有：（　　）。

A. 受送达人有代理人的，可以送交其代理人签收

B. 直接送达税务文书的，以签收人在《税务文书送达回证》上记明的收到日期为送达日期

C. 受送达人或者其同住成年家属、代收人、代理人拒绝签收，无法直接送达税务文书的，可以采取留置送达的方式送达税务文书

D. 采用留置送达方式，送达人应当在《税务文书送达回证》上记明拒收理由和日期，并由送达人和见证人签名或者盖章，将税务文书留在受送达人处，即视为送达

E. 留置送达和直接送达具有同等法律效力

参考答案：ABCDE

70. 下列表述正确的有：（　　）。

A. 直接送达税务文书有困难的，包括受送达人不在本税务机关辖区内经营或者居住而难以直接送达的，可以委托其他有关机关或者其他单位代为送达

B. 采取委托送达的，受托机关责任人应在送达回证上签字备注，并以受送达人在《税务文书送达回证》上签收的日期为送达日期

C. 直接送达税务文书有困难或者受送达人提出邮寄送达要求的，可以保留相关证据，采取邮寄送达方式送达税务文书

D. 采取邮寄送达的，邮寄送达应当交由邮政企业采用挂号函件等可以证明收件的邮寄方式，并在邮寄单据或者回执上注明税务文书名称、文书号、份数，以及是否为原件

E. 邮寄送达以挂号函件回执上注明的收件日期为送达日期，并视为已送达

参考答案：ABCDE

### 三、判断

1. 推送、督办、交办、检举、协查案源信息涉及的纳税人、扣缴义务人已被立案检查且案件未审结，作退回处理。（　）

参考答案：×

【推送、督办、交办、检举、协查案源信息涉及的纳税人、扣缴义务人已被立案检查且案件未审结，作并案处理。】

2. 立案前检查阶段可以发起委托协查；立案前检查应谨慎使用税收强制措施和强制执行等，防范执法风险。立案前检查取得的证据资料可以作为后续检查的证据资料使用。（　）

参考答案：×

【立案前检查阶段不能发起委托协查，如需委托协查则要先立案；立案前检查应谨慎使用税收强制措施和强制执行等，防范执法风险。立案前检查取得的证据资料可以作为后续检查的证据资料使用。】

3. 查前准备，是指检查人员在实施税务检查前，对被查对象进行案头分析，进行检查实施前准备工作的业务处理过程。（　）

参考答案：√

4. 委托协查类型分为调查取证类和确定虚开类。重大案件或者有特殊要求的案件，委托方可派人参与受托方的调查取证。（　）

参考答案：√

5. 检查人员在调查取证过程中，需要查询案件涉嫌人员的储蓄存款，应由稽查局局长审核后，报县以上税务局（分局）局长审批。（　）

参考答案：×

【检查人员在调查取证过程中，需要查询案件涉嫌人员的储蓄存款，应由稽查局局长审核后，报设区的市、自治州以上税务局（分局）局长审批。】

6. 检查过程中，检查人员发现税务机关在税收政策、管理制度和措施方面存在缺陷或者薄弱环节，或者发现涉及其他单位或者个人的涉嫌税收违法行为的，应当在税务稽查报告中提出稽查建议。（　）

参考答案：√

7. 税务机关有根据认为取得的证据存在重大疑点需要通过鉴定予以辨别，或其他确实需要借助专门知识才能对事实作出判断或者证明的，可委托具有司法鉴定资格的鉴定机构和鉴定人进行鉴定。鉴定意见内容欠缺或者鉴定意见不明确的，税务机关应当要求鉴定部门予以说明、补充鉴定或者重新鉴定。 （ ）

参考答案：√

8. 《现场笔录》应当由执法的稽查人员制作，可以在现场检查时制作或事后补充制作。 （ ）

参考答案：×

【《现场笔录》应当在现场检查时由执法的稽查人员当场制作，不能事后补充制作。】

9. 《勘验笔录》应当按照纪实、叙述的写作要求，客观、真实、全面地反映现场的勘验情况，并避免对有关情况、内容进行评判、推断。 （ ）

参考答案：√

10. 调查取证时，因特殊情况难以取得书证、物证等实物性证据或者取得实物性证据有困难的，可以取得言词证据，但应当有三人以上言词证据相互印证。 （ ）

参考答案：×

【调查取证时，因特殊情况难以取得书证、物证等实物性证据或者取得实物性证据有困难的，可以取得言词证据，但应当有二人以上言词证据相互印证。】

11. 审理部门对检查过程中取得的证据进行合法性、真实性、关联性审查，从而判断所收集的证据能否用作认定案件事实的根据并认定其证明效力。 （ ）

参考答案：√

12. 《税务处理决定书》《税务行政处罚决定书》《不予税务行政处罚决定书》《税务稽查结论》引用的法律、行政法规、规章及其他规范性文件，应当注明文件全称、文号和有关条款。 （ ）

参考答案：√

13. 组织听证的时间，计入案件办理时限。 （ ）

参考答案：×

【组织听证的时间，不计入案件办理时限。】

14. 移送司法机关后，税务机关需根据生效司法文书决定是否处罚的案件，从司法机关接受移送到司法文书生效的时间，不计入案件办理时限。（　　）

参考答案：√

15. 对当事人的同一个违法行为，不得给予两次以上罚款的行政处罚。违反不同行政处罚规定且均应处以罚款的，应当适用罚款合计数。　　（　　）

参考答案：×

【对当事人的同一个违法行为，不得给予两次以上罚款的行政处罚。违反不同行政处罚规定且均应处以罚款的，应当选择适用处罚较重的条款。】

16. 稽查局拟对公民处以 1000 元以上、对法人或者其他组织处以 20000 元以上的罚款，或者拟对被查对象作出停止出口退税权的行政处罚，向公民、法人或者其他组织送达了《税务行政处罚事项告知书》后，告知其依法享有陈述、申辩及要求听证的权利。　　　　　　　　（　　）

参考答案：×

【稽查局拟对公民处以 2000 元以上、对法人或者其他组织处以 10000 元以上的罚款，或者拟对被查对象作出停止出口退税权的行政处罚，向公民、法人或者其他组织送达了《税务行政处罚事项告知书》后，告知其依法享有陈述、申辩及要求听证的权利。】

17. 审理部门对税收违法案件查处过程中发现的税收征管漏洞或者薄弱环节进行分析、整理或者根据相关部门提出的停供（收缴）发票或者解除停供（收缴）发票拟处理建议，制作《税务稽查建议书》，推送至被查对象主管税务机关、稽查局所属税务局相关职能部门。　　　　　（　　）

参考答案：√

18. 涉嫌构成逃避追缴欠税罪案件移送标准：纳税人欠缴应纳税款，采取转移或者隐匿财产的手段，致使税务机关无法追缴欠缴的税款，数额在 2 万元以上的。　　　　　　　　　　　　　　　　　（　　）

参考答案：×

【涉嫌构成逃避追缴欠税罪案件移送标准：纳税人欠缴应纳税款，采取转移或者隐匿财产的手段，致使税务机关无法追缴欠缴的税款，数额在 1 万元以上的。】

19．以假报出口或者其他欺骗手段，骗取国家出口退税款，数额在 5 万元以上的，应予移送公安机关。　　　　　　　　　　　　　（　　）

参考答案：√

20．税收违法行为涉嫌犯罪的，填制《涉嫌犯罪案件移送书》，经稽查局局长批准后，依法移送公安机关。　　　　　　　　　　　　　（　　）

参考答案：×

【税收违法行为涉嫌犯罪的，填制《涉嫌犯罪案件移送书》，经所属税务局局长批准后，依法移送公安机关。】

21．当事人确有经济困难，需要延期或者分期缴纳罚款的，可向稽查局提出申请，经稽查局局长批准后，可以暂缓或者分期缴纳。　　　　（　　）

参考答案：×

【当事人确有经济困难，需要延期或者分期缴纳罚款的，可向稽查局提出申请，经税务局局长批准后，可以暂缓或者分期缴纳。】

22．被执行人缴清查补税款及履行其他税务行政处理、处罚事项后，执行部门应当核实查补税款缴交情况，取得被执行人查补税款入库的凭证或者复印件，并在稽查案卷中归档。　　　　　　　　　　　　　　（　　）

参考答案：√

23．从事生产、经营的纳税人、扣缴义务人不按税务处理、处罚决定书所规定的期限缴清应补缴的税款、滞纳金及罚款时，稽查局可以通知其所属主管税务机关采取收缴其发票或者停止向其发售发票的措施。（　　）

参考答案：√

24．欠缴税款的被执行人无偿转让财产，或者以明显不合理的低价转让财产而受让人知道该情形，或者放弃到期债权，对国家税收造成损害的，税务局稽查局依法申请人民法院行使撤销权。　　　　　　　　（　　）

参考答案：√

# 第四章　货物和劳务税税务稽查

| | 初级 | 中级 | 高级 |
|---|---|---|---|
| 第一节 增值税稽查方法 | 1. 了解征税范围、税率及征收率的检查方法<br>2. 了解销项税额的检查方法<br>3. 了解进项税额的检查方法<br>4. 熟悉纳税与扣缴义务发生时间、地点的检查方法 | 1. 掌握征税范围、税率及征收率的检查方法<br>2. 掌握销项税额的检查方法<br>3. 掌握进项税额的检查方法<br>4. 熟悉简易计税、差额计税、加计抵减、留抵退税的检查方法<br>5. 熟悉增值税税收优惠的检查方法<br>6. 掌握纳税与扣缴义务发生时间、地点的检查方法 | 1. 掌握增值税常见涉税问题<br>2. 掌握增值税复杂事项的检查要点<br>3. 掌握涉及增值税问题专项检查的统筹安排 |
| 第二节 消费税稽查方法 | 1. 了解纳税人、征税范围与税率的检查方法<br>2. 了解计税环节、计税方法、计税依据、税款抵扣及应纳税额的检查方法<br>3. 了解纳税与扣缴义务发生时间、地点的检查方法 | 1. 掌握纳税人、征税范围与税率的检查方法<br>2. 熟悉计税环节、计税方法、计税依据、税款抵扣、税收优惠及应纳税额的检查方法<br>3. 熟悉纳税与扣缴义务发生时间、地点的检查方法 | 1. 掌握消费税常见涉税问题<br>2. 掌握涉及消费税问题专项检查的统筹安排 |

**必懂复习策略**

　　本章主要内容是货物和劳务税税务稽查，包括增值税稽查方法和消费税稽查方法。相对来说，增值税征税范围更广、税务实务中涉及更多，在考试中应重点掌握。

　　增值税的稽查，核心是要掌握增值税相关税收政策。应重点掌握适用税目及税率（征收率、预征率）、销项税额、进项税额、简易计税、留抵退税等。今年新增或者有变化的政策应特别注意。

　　初级考生主要熟悉销项税额的检查和进项税额的检查；中级考生应掌握上述初级考生需要熟悉的内容；高级考生应全面掌握增值税的检查方法和消费税适用的税目税率。

**必会核心知识**

■ 增值税征税项目包括：（1）销售货物；（2）提供加工、修理修配劳务；（3）销售服务；（4）销售无形资产；（5）销售不动产；（6）进口货物。

■ 单位或者个体工商户聘用的员工为本单位或者雇主提供服务、加工修理修配劳务取得的工资，单位或者个体工商户为聘用的员工提供服务，不征收增值税。

■ 将货物交付其他单位或者个人代销、销售代销货物应视同销售。

■ 设有两个以上机构并实行统一核算的纳税人，将货物从一个机构移送至不在同一县（市）其他机构用于销售的应视同销售。

■ 将自产、委托加工的货物用于非增值税应税项目、集体福利或者个人消费应视同销售。

■ 将自产、委托加工或者购进的货物作为投资、分配、无偿赠送、抵债等应视同销售。

■ 下列情形视同销售服务、无形资产或者不动产：（1）单位或者个体工商户向其他单位或者个人无偿提供服务，但用于公益事业或者以社会公众为对象的除外；（2）单位或者个人向其他单位或者个人无偿转让无形资产或者不动产，但用于公益事业或者以社会公众为对象的除外；（3）财政部和国家税务总局规定的其他情形。

■ 一项销售行为既涉及货物又涉及服务，为混合销售。从事货物的生产、批发或零售的混合销售行为，按销售货物缴纳增值税；其他混合销售行为，按销售服务缴纳增值税。

■ 纳税人销售货物、加工修理修配劳务、服务、无形资产或者不动产适用不同税率或者征收率的，应分别核算其销售额，未分别核算销售额的，从高适用税率或征收率。

■ 纳税人销售活动板房、机器设备、钢结构件等自产货物的同时提供建筑、安装服务，不属于混合销售，应分别核算其销售额，适用不同的税率或征收率。

■ 一般纳税人销售自产机器设备同时提供安装服务，应分别核算机器设备和安装服务的销售额，安装服务可按甲供工程选择简易计税方法计税；如已按兼营的有关规定，分别核算机器设备和安装服务的销售额，安装服务可按甲供工程选择适用简易计税方法计税。

■ 按现行增值税政策规定，增值税税率有：13%、9%、6%和零税率。

■ 适用9%税率的货物有：农产品（含粮食）、自来水、暖气、石油液化气、天然气、食用植物油、冷气、热水、煤气、居民用煤炭制品、食用盐、农机、饲料、农药、农膜、化肥、沼气、二甲醚、图书、报纸、杂志、音像制品、电子出版物。

■ 适用9%税率的营改增项目有：提供交通运输、邮政、基础电信、建筑、不动产租赁服务（含纳税人以经营租赁方式将土地出租给他人使用），销售不动产，转让土地使用权。

■ 适用6%增值税税率的有：增值电信服务，金融服务，现代服务（不包括有形动产租赁服务、不动产租赁服务），生活服务，转让、出租土地使用权以外的无形资产。

■ 小规模纳税人法定征收率3%，但转让或出租其取得的不动产，按照5%的征收率计算应纳税额。

■ 自2023年1月1日至2023年12月31日，增值税小规模纳税人适用3%征收率的应税销售收入，减按1%征收率征收增值税；适用3%预征率的预缴增值税项目，减按1%预征率预缴增值税。

■ 一般纳税人简易计税项目按3%征收率计税的服务：建筑服务（清包工方式、甲供工程、建筑工程老项目）；公共交通运输服务、动漫企业开发动漫产品提供的服务、电影放映服务、仓储服务、装卸搬运服务、收派服务和文化体育服务。

■ 一般纳税人简易计税项目按3%征收率计税的货物：生产销售和批发、零售抗癌药品/罕见病药品；县级及以下小型电力发电单位销售自产的电力、销售自产的砂、土、石料，商品混凝土自来水，寄售物品，死当物品等。

■ 一般纳税人简易计税项目可按5%征收率计税的情形：销售或者出租其2016年4月30日前取得的不动产及土地使用权；房地产开发企业一般纳

税人，销售自行开发的房地产老项目等。

■ 一般纳税人销售自己使用过的属于不得抵扣且未抵扣进项税额的固定资产，按3%的征收率可选择减按2%计算应纳税额，开具普通发票。一般纳税人也可以放弃减税，按照3%征收率缴纳增值税，并可以开具增值税专用发票。

■ 对从事二手车经销业务的纳税人销售其收购的二手车，自2020年5月1日至2023年12月31日减按0.5%的征收率征收增值税，销售额=含税销售额÷（1+0.5%）。

■ 销售额为纳税人发生应税销售行为收取的全部价款和价外费用，但是不包括收取的销项税额。

■ 销售折扣不得从销售额中减除；销售折让、销售退回应该以扣除折让、退货后的货款为销售额。

■ 价外费用包括：手续费、补贴、基金、集资费、返还利润、奖励费、违约金、滞纳金、延期付款利息、赔偿金、代收款项、代垫款项、包装费、包装物租金、储备费、优质费、运输装卸费以及其他各种性质的价外收费。

■ 价外费用不包括：代收代缴的消费税；符合条件的代垫运输费用；政府性基金或者行政事业性收费；代收的保险费、车辆购置税、车辆牌照费。

■ 主管税务机关核定销售额的顺序：按纳税人最近时期平均销售价格；按其他纳税人最近时期平均销售价格；按组成计税价格确定。

■ 差额征税的情形：金融商品转让；旅游、劳务派遣服务；一般纳税人提供客运场站服务、销售自行开发的房地产项目、提供建筑服务选择简易计税方法及小规模纳税人提供建筑服务。

■ 一般纳税人销售其2016年4月30日前取得（不含自建）的不动产，小规模纳税人销售其取得（不含自建）的不动产（不含个体工商户销售购买的住房和其他个人销售不动产）；纳税人转让2016年4月30日前取得的土地使用权采用差额征税。

■ 纳税人销售货物或者应税劳务的增值税纳税义务发生时间，为收讫销售款项或者取得索取销售款项凭据的当天；先开具发票的，为开具发票的当天。

■ 不同结算方式下增值税纳税义务发生的时间：（1）直接收款方式，

为收到销售款或取得索取销售款凭据的当天；（2）托收承付和委托收款方式，为办妥托收手续的当天；（3）分期收款方式，为合同约定的收款日期；（4）预收货款方式，为货物发出的当天；（5）委托代销，为收到代销清单或者收到全部或者部分货款的当天；（6）视同销售货物，为货物移送的当天；（7）进口货物，为报关进口的当天；（8）扣缴义务发生时间为纳税人增值税纳税义务发生的当天。

■　增值税抵扣凭证包括：增值税专用发票、海关进口增值税专用缴款书、代扣代缴税款的完税凭证、农产品收购凭证或销售发票、国内旅客运输服务相关凭证等。

■　农产品进项税额抵扣：取得一般纳税人开具的增值税专用发票或海关进口增值税专用缴款书上注明的增值税额；取得小规模纳税人增值税专用发票及农产品销售发票或收购发票上注明的农产品买价，按 9% 扣除率计算进项税额；纳税人购进上述农产品用于生产或委托加工 13% 税率货物的，按 10% 的扣除率计算进项税额。

■　纳税人购进国内旅客运输服务的进项抵扣：（1）增值税专用发票、增值税电子普通发票上注明的税额；（2）取得注明旅客身份信息的航空运输电子客票行程单，进项税额 =（价 + 燃油附加费）÷（1+9%）×9%；铁路车票，进项税额 = 票面金额 ÷（1+9%）×9%；公路、水路等其他客票，进项税额 = 票面金额 ÷（1+3%）×3%。

■　一般纳税人取得 2017 年 1 月 1 日及以后开具的增值税专用发票、海关进口增值税专用缴款书、机动车销售统一发票、收费公路通行费增值税电子普通发票，可以通过本省（自治区、直辖市和计划单列市）增值税发票综合服务平台进行用途确认。

■　加计抵减：自 2023 年 1 月 1 日至 2023 年 12 月 31 日，增值税加计抵减政策按照以下规定执行：（1）允许生产性服务业纳税人按照当期可抵扣进项税额加计 5% 抵减应纳税额。生产性服务业纳税人，是指提供邮政服务、电信服务、现代服务、生活服务取得的销售额占全部销售额的比重超过 50% 的纳税人。（2）允许生活性服务业纳税人按照当期可抵扣进项税额加计 10% 抵减应纳税额。生活性服务业纳税人，是指提供生活服务取得的销售额占全部销售额的比重超过 50% 的纳税人。

■ 已抵扣进项税额的固定资产、无形资产，发生不得抵扣情形的，应按其"净值×适用税率"计算不得抵扣的进项税额在当月的进项税额中抵减。

■ 不得抵扣且未抵扣的上述资产改用于允许抵扣进项税额的应税项目，可在用途改变的次月按其"净值/（1+适用税率）×适用税率"计算抵扣进项税额。

■ 允许按照当期可抵扣进项税额加计抵减的生活性服务业包含：（1）文化艺术业；（2）体育业；（3）教育；（4）卫生；（5）旅游业；（6）娱乐业；（7）餐饮业；（8）住宿业；（9）居民服务业；（10）其他生活服务业。

■ 不得从销项税额中抵扣的进项税额，不得计提加计抵减额；已计提加计抵减额的进项税额，按规定作进项税额转出的，应调减当期加计抵减额；纳税人出口货物劳务、发生跨境应税行为对应的进项税额不得计提加计抵减额。

■ 兼营出口货物劳务、发生跨境应税行为且无法划分不得计提加计抵减额的进项税额的，不得计提加计抵减额的进项税额＝当期无法划分的全部进项税额×当期出口货物劳务和发生跨境应税行为的销售额÷当期全部销售额。

■ 留抵退税：（1）自2019年4月税款所属期起，连续六个月（按季纳税的，连续两个季度）增量留抵税额均大于零，且第六个月增量留抵税额不低于50万元；（2）纳税信用等级为A级或者B级；（3）申请退税前36个月未发生骗取留抵退税、出口退税或虚开增值税专用发票情形的；（4）申请退税前36个月未因偷税被税务机关处罚两次及以上的；（5）自2019年4月1日起未享受即征即退、先征后返（退）政策的。增量留抵税额，是指与2019年3月底相比新增加的期末留抵税额。纳税人当期允许退还的增量留抵税额，按照以下公式计算：允许退还的增量留抵税额＝增量留抵税额×进项构成比例×60%，其中进项构成比例，为2019年4月至申请退税前一税款所属期内已抵扣的增值税专用发票（含税控机动车销售统一发票）、海关进口增值税专用缴款书、解缴税款完税凭证注明的增值税额占同期全部已抵扣进项税额的比重。

■ 自2019年6月1日起，同时符合以下条件的部分先进制造业纳税人，可以自 2019 年 7 月及以后纳税申报期向主管税务机关申请退还增量留抵税额：（1）增量留抵税额大于零；（2）纳税信用等级为 A 级或者 B 级；（3）申请退税前 36 个月未发生骗取留抵退税、出口退税或虚开增值税专用发票情形；（4）申请退税前 36 个月未因偷税被税务机关处罚两次及以上；（5）自 2019 年 4 月 1 日起未享受即征即退、先征后返（退）政策。部分先进制造业纳税人，是指按照《国民经济行业分类》，生产并销售非金属矿物制品、通用设备、专用设备及计算机、通信和其他电子设备销售额占全部销售额的比重超过 50% 的纳税人。上述销售额比重根据纳税人申请退税前连续 12 个月的销售额计算确定；申请退税前经营期不满 12 个月但满 3 个月的，按照实际经营期的销售额计算确定。增量留抵税额，是指与 2019 年 3 月 31 日相比新增加的期末留抵税额。部分先进制造业纳税人当期允许退还的增量留抵税额，按照以下公式计算：允许退还的增量留抵税额 = 增量留抵税额 × 进项构成比例，其中进项构成比例，为 2019 年 4 月至申请退税前一税款所属期内已抵扣的增值税专用发票（含税控机动车销售统一发票）、海关进口增值税专用缴款书、解缴税款完税凭证注明的增值税额占同期全部已抵扣进项税额的比重。

　　■　自 2021 年 4 月 1 日起，同时符合以下条件的先进制造业纳税人，可以自 2021 年 5 月及以后纳税申报期向主管税务机关申请退还增量留抵税额：（1）增量留抵税额大于零；（2）纳税信用等级为 A 级或者 B 级；（3）申请退税前 36 个月未发生骗取留抵退税、出口退税或虚开增值税专用发票情形；（4）申请退税前 36 个月未因偷税被税务机关处罚两次及以上；（5）自 2019 年 4 月 1 日起未享受即征即退、先征后返（退）政策。先进制造业纳税人当期允许退还的增量留抵税额 = 增量留抵税额 × 进项构成比例（财政部税务总局公告 2021 年第 15 号）。

　　■　加大小微企业增值税期末留抵退税政策力度，将先进制造业按月全额退还增值税增量留抵税额政策范围扩大至符合条件的小微企业（含个体工商户，下同），并一次性退还小微企业存量留抵税额：（1）符合条件的小微企业，可以自 2022 年 4 月纳税申报期起向主管税务机关申请退还增量留抵税额；（2）符合条件的微型企业，可以自 2022 年 4 月纳税申报期起向主管税务机关申请一次性退还存量留抵税额；符合条件的小型企业，可以自 2022 年

5月纳税申报期起向主管税务机关申请一次性退还存量留抵税额（财政部税务总局公告2022年第14号）。

■ 加大"制造业"、"科学研究和技术服务业"、"电力、热力、燃气及水生产和供应业"、"软件和信息技术服务业"、"生态保护和环境治理业"和"交通运输、仓储和邮政业"（以下称制造业等行业）增值税期末留抵退税政策力度，将先进制造业按月全额退还增值税增量留抵税额政策范围扩大至符合条件的制造业等行业企业（含个体工商户，下同），并一次性退还制造业等行业企业存量留抵税额：（1）符合条件的制造业等行业企业，可以自2022年4月纳税申报期起向主管税务机关申请退还增量留抵税额。（2）符合条件的制造业等行业中型企业，可以自2022年5月纳税申报期起向主管税务机关申请一次性退还存量留抵税额（财政部 税务总局公告2022年第14号为2022年7月，财政部 税务总局公告2022年第17号调整提前至2022年5月）；符合条件的制造业等行业大型企业，可以自2022年6月纳税申报期起向主管税务机关申请一次性退还存量留抵税额（财政部 税务总局公告2022年第14号为2022年10月，财政部 税务总局公告2022年第19号调整提前至2022年6月）。

■ 适用《财政部 税务总局关于进一步加大增值税期末留抵退税政策实施力度的公告》（财政部 税务总局公告2022年第14号）政策的纳税人需同时符合以下条件：（1）纳税信用等级为A级或者B级；（2）申请退税前36个月未发生骗取留抵退税、骗取出口退税或虚开增值税专用发票情形；（3）申请退税前36个月未因偷税被税务机关处罚两次及以上；（4）2019年4月1日起未享受即征即退、先征后返（退）政策。

■ 《财政部 税务总局关于进一步加大增值税期末留抵退税政策实施力度的公告》（财政部 税务总局公告2022年第14号）所称增量留抵税额，区分以下情形确定：（1）纳税人获得一次性存量留抵退税前，增量留抵税额为当期期末留抵税额与2019年3月31日相比新增加的留抵税额。（2）纳税人获得一次性存量留抵退税后，增量留抵税额为当期期末留抵税额。

■ 《财政部 税务总局关于进一步加大增值税期末留抵退税政策实施力度的公告》（财政部 税务总局公告2022年第14号）所称存量留抵税额，区分以下情形确定：（1）纳税人获得一次性存量留抵退税前，当期期末留抵税额大于或等于 2019 年 3 月 31 日期末留抵税额的，存量留抵税额为 2019 年 3 月 31 日期末留抵税额；当期期末留抵税额小于 2019 年 3 月 31 日期末留抵税额的，存量留抵税额为当期期末留抵税额。（2）纳税人获得一次性存量留抵退税后，存量留抵税额为零。

■ 适用《财政部　税务总局关于进一步加大增值税期末留抵退税政策实施力度的公告》（财政部　税务总局公告 2022 年第 14 号）政策的纳税人，按照以下公式计算允许退还的留抵税额：允许退还的增量留抵税额＝增量留抵税额 × 进项构成比例 ×100%；允许退还的存量留抵税额＝存量留抵税额 × 进项构成比例 ×100%。进项构成比例为 2019 年 4 月至申请退税前一税款所属期已抵扣的增值税专用发票（含带有"增值税专用发票"字样全面数字化的电子发票、税控机动车销售统一发票）、收费公路通行费增值税电子普通发票、海关进口增值税专用缴款书、解缴税款完税凭证注明的增值税额占同期全部已抵扣进项税额的比重。

■ 扩大全额退还增值税留抵税额政策行业范围，将《财政部 税务总局关于进一步加大增值税期末留抵退税政策实施力度的公告》（财政部 税务总局公告 2022 年第 14 号，以下称 2022 年第 14 号公告）第二条规定的制造业等行业按月全额退还增值税增量留抵税额、一次性退还存量留抵税额的政策范围，扩大至"批发和零售业"、"农、林、牧、渔业"、"住宿和餐饮业"、"居民服务、修理和其他服务业"、"教育"、"卫生和社会工作"和"文化、体育和娱乐业"（以下称批发零售业等行业）企业（含个体工商户，下同）：（1）符合条件的批发零售业等行业企业，可以自 2022 年 7 月纳税申报期起向主管税务机关申请退还增量留抵税额。（2）符合条件的批发零售业等行业企业，可以自 2022 年 7 月纳税申报期起向主管税务机关申请一次性退还存量留抵税额。

■ 一般纳税人购进用于简易计税项目、免征增值税项目、集体福利或者个人消费的购进货物、加工修理修配劳务、服务、无形资产和不动产的不予抵扣进项税额。

■ 一般纳税人发生非正常损失的购进货物、加工修理修配劳务和交通运输服务、在产品、产成品所耗用的购进货物、加工修理修配劳务和交通运输服务、不动产及该不动产所耗用的购进货物、设计服务和建筑服务不予抵扣进项税额。纳税人新建、改建、扩建、修缮、装饰不动产，均属于不动产在建工程。

■ 非正常损失，是指因管理不善造成货物被盗、丢失、霉烂变质，以及因违反法律法规造成货物或者不动产被依法没收、销毁、拆除的情形。

■ 一般纳税人购进的贷款服务、餐饮服务、居民日常服务和娱乐服务不予抵扣进项税额。纳税人凭完税凭证抵扣进项税额的，应当具备书面合同、付款证明和境外单位的对账单或者发票。资料不全的，其进项税额不得从销项税额中抵扣。

■ 增值税一般纳税人支付的初次购买增值税税控系统专用设备费用和技术维护费在增值税应纳税额中全额抵减。

■ 资管产品管理人为增值税纳税人，暂适用简易计税方法，按照3%的征收率缴纳增值税。

■ 已抵扣进项税额的固定资产、无形资产，发生不得抵扣情形的，在转变用途的当月，计算不得抵扣的增值税进项税额＝固定资产、无形资产净值×适用税率。

■ 跨县（市、区）提供建筑服务收到预收款时，扣除支付的分包款后，按照规定的预征率预缴增值税；适用一般计税方法计税的项目预征率为2%，适用简易计税方法计税的项目预征率为3%。

■ 一般纳税人采取预收款方式销售自行开发的房地产项目，应在收到预收款时按照3%的预征率预缴增值税：应预缴税款＝预收款÷（1+适用税率9%或征收率5%）×3%。

■ 小规模纳税人房地产开发企业采取预收款方式销售自行开发的房地产项目，应在收到预收款时按照3%的预征率预缴增值税：应预缴税款＝预收款÷（1+5%）×3%。

■ 出租不动产预缴税款：（1）一般计税方法下，应预缴税款＝含税销售额÷（1+9%）×3%；（2）简易计税方法下（除个人出租住房外），应预缴税款＝含税销售额÷（1+5%）×5%；（3）个体工商户应预缴税款＝含税销售额÷（1+5%）×1.5%。

■ 个人出租住房：应纳税款＝含税销售额÷（1+5%）×1.5%；出租非住房：应纳税款＝含税销售额÷（1+5%）×5%。

■ 下列项目免征增值税：（1）农业生产者销售的自产农产品；（2）销售避孕药品和用具、古旧图书、自己使用过的物品等；（3）托儿所、幼儿园提供的保育和教育服务、养老机构提供的养老服务、残疾人福利机构提供的育养服务；（4）个人销售自建自用住房等。

■ 自2023年1月1日至2023年12月31日，增值税小规模纳税人（以下简称小规模纳税人）发生增值税应税销售行为，合计月销售额未超过10万元（以1个季度为1个纳税期的，季度销售额未超过30万元）的，免征增值税。小规模纳税人发生增值税应税销售行为，合计月销售额超过10万元，但扣除本期发生的销售不动产的销售额后未超过10万元的，其销售货物、劳务、服务、无形资产取得的销售额免征增值税。

■ 适用增值税差额征税政策的小规模纳税人，以差额后的销售额确定是否可以享受上述免征增值税政策。其他个人，采取一次性收取租金形式出租不动产取得的租金收入，可在对应的租赁期内平均分摊，分摊后的月租金收入未超过10万元的，免征增值税。

■ 一般纳税人提供管道运输服务、销售其自行开发生产的软件产品，对其增值税实际税负超过3%的部分实行增值税即征即退政策。

■ 自2018年1月1日至2023年12月31日，动漫企业增值税一般纳税人销售其自主开发生产的动漫软件，对其增值税实际税负超过3%的部分，实行即征即退政策。

■ 个人将购买不足2年的住房对外销售的，按照5%的征收率全额缴纳增值税；北上深广以外的个人转让其购买的持有2年以上（含2年）的住房，免征增值税。

■ 固定业户应当向其机构所在地的主管税务机关申报缴纳增值税。总机构和分支机构不在同一县（市）的，应当分别向各自所在地的主管税务机关申报纳税。

■ 非固定业户销售货物、应税劳务或者应税行为，应当向销售地、劳务和应税行为发生地的主管税务机关申报缴纳增值税；未向销售地、劳务和应税行为发生地的主管税务机关申报纳税的，由其机构所在地或者居住地的主管税务机关补征税款。

■ 生产企业出口自产货物和视同自产货物及对外提供加工修理修配劳

务，免征增值税，相应的进项税额抵减应纳增值税额，未抵减完的部分予以退还。

■ 不具有生产能力的出口企业（外贸企业）或其他单位出口货物劳务，免征增值税，相应的进项税额予以退还。

■ 免、抵、退税的计算：（1）当期应纳税额的计算；（2）当期免抵退税额的计算；（3）当期应退税额和免抵税额的计算。

■ 增值税纳税地点：（1）固定业户：在机构所在地或居住地主管税务机关纳税。总机构和分支机构不在同一县（市）的，应当分别向各自所在地主管税务机关申报纳税；经批准，可由总机构汇总向总机构所在地申报纳税；（2）非固定业户：在销售地、劳务发生地主管税务机关申报纳税，未申报纳税的，由其机构所在地或居住地的主管税务机关补征税款；（3）进口货物：向报关地海关申报纳税；（4）扣缴义务人：向机构所在地或居住地主管税务机关申报缴纳其扣缴的税款。

■ 消费税税目有15个，包括烟，酒，高档化妆品，贵重首饰及珠宝玉石，鞭炮、焰火，成品油，摩托车，小汽车，高尔夫球及球具，高档手表，游艇，木制一次性筷子，实木地板，电池，涂料。

■ 消费税的纳税环节：大部分消费品在生产销售和进口环节纳税；零售环节征收消费税的仅限于：金银、铂金首饰、钻石及钻石饰品和超豪华小汽车（不含税零售价≥130万元）；卷烟在批发环节加征11%及0.005元/支的消费税。

■ 纳税人兼营不同税率的应税消费品，即生产销售两种税率以上的应税消费品时，应当分别核算不同税率应税消费品的销售额或销售数量，未分别核算的，按最高税率征税。

■ 纳税人将应税消费品与非应税消费品以及适用税率不同的应税消费品组成成套消费品销售时，应根据组合产制品的销售金额按应税消费品中适用最高税率的消费品税率征税。

■ 消费税应纳税额的计算方法分为三种：从价定率法、从量定额法、复合计税法。

■ 从价定率法下应纳税额的计算公式：应纳税额＝销售额×比例税率；销售额为纳税人销售应税消费品收取的全部价款和价外费用。

■ 应税消费品连同包装物销售的，无论包装物是否单独计价以及在会计上如何核算，均应并入应税消费品的销售额中缴纳消费税。

■ 应税消费品包装物不作价随同产品销售，而是收取押金，时间超过12个月并入应税消费品的销售额，按照应税消费品的适用税率缴纳消费税；对销售除啤酒、黄酒外的其他酒类产品而收取的包装物押金，无论是否返还以及会计上如何核算，均应并入当期销售额征税。

■ 纳税人通过自设非独立核算门市部销售自产应税消费品，应按对外销售额计征消费税。

■ 纳税人自产的应税消费品用于换取生产资料和消费资料、投资入股和抵偿债务等方面，应当以纳税人同类应税消费品最高销售价格作为计税依据计算消费税。

■ 纳税人应税消费品的计税价格明显偏低且无正当理由的，计税价格的核定权限如下：卷烟和小汽车（原含白酒，税总函〔2015〕384号已调整）的计税价格由国家税务总局核定；其他应税消费品的计税价格由省、自治区和直辖市税务局核定；进口的应税消费品的计税价格由海关核定。

■ 采用从量定额法计征消费税的主要包括：黄酒、啤酒和成品油。应纳税额的计算公式：应纳税额＝销售数量 × 定额税率。

■ 从量定额法下销售数量的确定为：（1）销售：实际销售数量；（2）自产自用：移送数量；（3）委托加工：收回的应税消费品数量；（4）进口：海关核定的应税消费品进口征税数量；（5）通过自设非独立核算门市部销售：对外销售数量。

■ 在现行消费税征税范围中，只有卷烟、白酒采用复合计征方法。计算公式：应纳税额＝销售额 × 比例税率＋销售数量 × 定额税率。

■ 自产自用应纳消费税的计算：（1）用于连续生产应税消费品的，不纳税；（2）用于其他方面的，按照纳税人生产的同类消费品销售价格或组成计税价格于移送使用时计算纳税。

■ 自产自用应税消费品组成计税价格的确定：（1）从价定率时，（成本＋利润）÷（1－比例税率）；（2）复合计税时，（成本＋利润＋自产自用数量 × 定额税率）÷（1－比例税率）。

■ 委托加工应税消费品组成计税价格＝（材料成本＋加工费）÷（1－

比例税率）或组成计税价格＝（材料成本＋加工费＋委托加工数量 × 定额税率）÷（1– 比例税率）。

■ 委托加工应税消费品收回后，直接出售（不高于受托方的计税价格），不再缴纳消费税；以高于受托方的计税价格出售，缴纳消费税，并准予扣除受托方已代收代缴的消费税。

■ 进口的应税消费品组成计税价格为：组成计税价格＝（关税完税价格＋关税）÷（1– 比例税率）或 ＝（关税完税价格＋关税＋进口数量 × 定额税率）÷（1– 比例税率）。

■ 外购的应税消费品已纳的消费税的扣除范围：（1）已税烟丝生产的卷烟；（2）已税化妆品生产的高档化妆品；（3）已税珠宝玉石生产的贵重首饰及珠宝玉石；（4）已税鞭炮焰火生产的鞭炮焰火；（5）已税杆头、杆身和握把为原料生产的高尔夫球杆；（6）已税木制一次性筷子生产木制一次性筷子；（7）已税实木地板生产实木地板；（8）已税汽油、柴油、石脑油、燃料油、润滑油用于连续生产应税成品油。

■ 出口企业出口或视同出口的消费税政策：（1）适用增值税退（免）税的货物，免征消费税，如属于购进出口的货物，退还前一环节对其已征的消费税；（2）适用增值税免税政策的货物，免征消费税，但不退还其以前环节已征的消费税，且不允许在内销应税消费品应纳消费税款中抵扣；（3）适用增值税征税政策的货物，应按规定缴纳消费税，不退还其以前环节已征的消费税，且不允许在内销应税消费品应纳消费税款中抵扣。

■ 消费税退税额的确定：（1）从价定率计征消费税的，为已征且未在内销应税消费品应纳税额中抵扣的购进出口货物金额；（2）从量定额计征消费税的，为已征且未在内销应税消费品应纳税额中抵扣的购进出口货物数量；（3）复合计征消费税的，消费税应退税额＝从价定率计征消费税的退税计税依据 × 比例税率＋从量定额计征消费税的退税计税依据 × 定额税率。其中"计税依据"，按购进出口货物的消费税专用缴款书和海关进口消费税专用缴款书确定。

■ 消费税纳税义务发生时间：纳税人销售、自产自用、委托加工及进口应税消费品，其纳税义务发生时间与增值税纳税义务时间基本相同；委托加工的应税消费品，纳税义务发生时间为纳税人提货的当天。消费税的纳税期限与增值税基本相同。

■　消费税纳税地点：（1）纳税人销售以及自产自用的应税消费品，除另有规定外，应当向纳税人机构所在地或者居住地的主管税务机关申报纳税；（2）委托加工的应税消费品，除委托个人加工外，由受托方向所在地主管税务机关代收代缴消费税税款；（3）进口的应税消费品，由进口人或者其代理人向报关地海关申报纳税；（4）纳税人到外县（市）销售或委托外县（市）代销自产应税消费品的，于应税消费品销售后，向纳税人机构所在地或居住地主管税务机关申报纳税；（5）纳税人的总机构与分支机构不在同一县（市）的，但在同一省（自治区、直辖市）范围内，经省（自治区、直辖市）财政厅（局）、国家税务总局审批同意，可以由总机构汇总向总机构所在地主管税务机关申报缴纳消费税。

## 必考点检测训练

### 一、单选

1. 境外某单位派其职员入境在境内修理一套精密机械设备，该境外单位未在境内设立机构也无代理人，该业务中增值税由：（　　）。

　　A. 海关代为征收

　　B. 该境外单位职员自己缴纳

　　C. 购买方代扣代缴

　　D. 境外单位自行向境内税务机关申报

参考答案：C

2. 下列关于一般纳税人的登记管理，表述不正确的是：（　　）。

　　A. 年应税销售额，是指纳税人在连续不超过 12 个月或四个季度的经营期内累计应征增值税销售额

　　B. 年应税销售额包括纳税申报销售额、稽查查补销售额、纳税评估调整销售额

    C. 纳税人偶然发生的销售无形资产的销售额不计入应税行为年应税销售额

    D. 年应税销售额超过规定标准的其他个人可以成为一般纳税人

参考答案：D

3. 下列不属于增值税视同销售的是：（    ）。

    A. 将购进的货物用于无偿赠送

    B. 将购进的货物分配股东

    C. 将购进的货物用于投资

    D. 将购进的货物用于集体福利

参考答案：D

4. 下列关于零税率的表述中，不正确的是：（    ）。

    A. 零税率不是简单地等同于免税

    B. 零税率就是指出口环节不征收增值税

    C. 我国对大部分出口产品实行零税率

    D. 零税率是指对出口货物除了在出口环节不征增值税外，还要对该产品在出口前已经缴纳的增值税进行退税使该出口产品在出口时完全不含增值税税款

参考答案：B

5. 下列关于增值税适用税率的说法错误的是：（    ）。

    A. 花椒油税率为9%

    B. 环氧大豆油税率为13%

    C. 境内单位和个人向境外单位提供的完全在境外消费的研发服务，税率为0%

    D. 纳税人提供邮政服务，税率为6%

参考答案：D

6. 一般纳税人提供的下列服务中，不可以选择适用简易计税方法计税的是：（    ）。

    A. 铁路货运服务        B. 收派服务

    C. 非学历教育服务       D. 劳务派遣服务

参考答案：A

7. 下列各项中，不属于资管产品管理人的是：（　　）。

　　A. 信托公司　　　　　　　　　B. 保险资产管理公司

　　C. 养老保险公司　　　　　　　D. 税务机关

参考答案：D

8. 进口消费税应税货物，其增值税的组成计税价格是：（　　）。

　　A. 关税完税价格＋关税

　　B. 货物离岸价格＋关税＋消费税

　　C. 关税完税价格＋关税＋消费税

　　D. 成本 ×（1+ 成本利润率）

参考答案：C

9. 下列项目中，应征收增值税的是：（　　）。

　　A. 纳税人销售汽车的同时代办保险而向购买方收取的保险费

　　B. 纳税人销售汽车，并提供按揭、代办服务业务取得的收入

　　C. 从事汽车销售的纳税人向购买方收取的代购买方缴纳的车辆购置税

　　D. 从事汽车销售的纳税人向购买方收取的代购买方缴纳的牌照费

参考答案：B

10. 对商业企业向供货方收取的与商品销售量、销售额挂钩（如以一定比例、金额、数量计算）的各种返还收入，均应按照平销返利行为的有关规定：（　　）。

　　A. 冲减当期增值税进项税金

　　B. 计算销项税

　　C. 冲减当期增值税销项税

　　D. 计入营业外收入不征流转税

参考答案：A

11. 制造业纳税人允许退还的增量留抵税额，按照公式中计算正确的是：（　　）。

　　A. 允许退还的增量留抵税额 = 增量留抵税额 × 进项构成比例 ×100%

　　B. 允许退还的增量留抵税额 = 增量留抵税额 × 进项构成比例 ×60%

  C. 允许退还的增量留抵税额＝增量留抵税额 ×60%

  D. 允许退还的增量留抵税额＝增量留抵税额 × 进项构成比例
   ×50%

参考答案：A

12. 增值税一般纳税人提供下列服务，可以选择简易计税，并采用5%征收率的是：（ ）。

  A. 提供电影放映服务   B. 提供劳务派遣服务

  C. 提供公交客运服务   D. 提供货物运输服务

参考答案：B

13. 关于符合条件的小微企业增值税期末留抵退税政策，下列说法正确的是：（ ）。

  A. 允许退还的增量留抵税额＝增量留抵税额 × 进项构成比例
   ×60%

  B. 增量留抵税额为当期期末留抵税额与 2019 年 3 月 31 日相比新增
   加的留抵税额

  C. 存量留抵税额为 2019 年 3 月 31 日的期末留抵税额

  D. 纳税人可以在规定期限内同时申请增量留抵退税和存量留抵退税

参考答案：D

14. 下列各项中，符合增值税纳税人放弃免税权有关规定的是：（ ）。

  A. 纳税人可以根据不同的销售对象选择部分货物放弃免税权

  B. 纳税人应以书面形式提出放弃免税申请，报主管税务机关审批

  C. 纳税人自税务机关受理其放弃免税声明的当月起 12 个月内不得
   申请免税

  D. 放弃免税权的纳税人符合一般纳税人认定条件尚未认定为增值税
   一般纳税人的，应当按现行规定认定为增值税一般纳税人，其销
   售的货物或劳务可开具增值税专用发票

参考答案：D

15. 下列各项业务免征增值税的是：（ ）。

  A. 个人投资者转让创新企业 CDR 取得的差价收入

  B. 销售公司进口的残疾人专用物品

C．一般纳税人销售自己使用过的物品

D．增值税一般纳税人销售其自行开发生产的软件产品

参考答案：A

16．下列各项中，不适用增值税以1个季度为纳税期限规定的是：（　　）。

A．铁路公司（一般纳税人）　　　　B．信托投资公司

C．银行　　　　　　　　　　　　　D．财务公司

参考答案：A

17．下列各项出口货物情形中，属于增值税退（免）税政策的是：（　　）。

A．农业生产者自产农产品

B．来料加工复出口的货物

C．增值税小规模纳税人出口的货物

D．境外投资的出口货物

参考答案：D

18．以下表述有误的是：（　　）。

A．纳税人中的一般纳税人提供客运场站服务，以其取得的全部价款和价外费用，扣除支付给承运方运费后的余额为增值税销售额

B．纳税人提供旅游服务，可选择以取得的全部价款和价外费用，扣除向旅游服务购买方收取并支付给其他单位或个人的住宿费、餐饮费、交通费、签证费、门票费和支付给其他接团旅游企业的旅游费用后的余额为增值税销售额

C．纳税人提供建筑服务适用简易计税方法的，以取得的全部价款和价外费用扣除支付的分包款后的余额为增值税销售额

D．纳税人销售货物、加工修理修配劳务、服务、无形资产或者不动产适用不同税率或者征收率的，从高适用税率或者征收率

参考答案：D

19．以下表述有误的是：（　　）。

A．自2017年5月1日起，纳税人销售活动板房、机器设备、钢结构件等自产货物的同时提供建筑、安装服务，应分别核算货物和建筑服务的销售额，适用不同的税率或者征收率

B．一般纳税人销售外购机器设备的同时提供安装服务，如果已经按

照兼营的有关规定，分别核算机器设备和安装服务的销售额，安装服务可以按照甲供工程选择适用简易计税

C. 一般纳税人销售电梯的同时提供安装服务，其安装服务不能按照甲供工程选择适用简易计税方法计税

D. 纳税人提供建筑服务适用简易计税方法的，以取得的全部价款和价外费用扣除支付的分包款后的余额为增值税销售额

参考答案：C

20. 2019 年 4 月 1 日起，纳税人购进农产品，进项税额的扣除率为：（　　）。购进用于生产或者委托加工 13% 税率货物的农产品，进项税额的扣除率为：（　　）。

A. 9%、9%　　　　　　　　　B. 9%、10%

C. 10%、10%　　　　　　　　D. 10%、11%

参考答案：B

21. 以下表述有误的是：（　　）。

A. 纳税人购进国内旅客运输服务，取得注明旅客身份信息的航空运输电子客票行程单的，计算进项税额的公式为：航空旅客运输进项税额 =（票价 + 燃油附加费）÷（1+9%）× 9%

B. 纳税人购进国内旅客运输服务，取得注明旅客身份信息的铁路车票的，计算进项税额的公式为：铁路旅客运输进项税额 = 票面金额 ÷（1+9%）× 9%

C. 纳税人购进国内旅客运输服务，取得注明旅客身份信息的公路、水路等其他客票的，计算进项税额的公式为：公路、水路等其他旅客运输进项税额 = 票面金额 ÷（1+9%）× 9%

D. 纳税人支付的道路通行费，按照收费公路通行费增值税电子普通发票上注明的增值税税额抵扣进项税额

参考答案：C

22. 加大小微企业增值税期末留抵退税政策力度，将先进制造业按月全额退还增值税增量留抵税额政策范围扩大至符合条件的小微企业（含个体工商户，下同），并一次性退还小微企业存量留抵税额。以下不正确的是：（　　）。

A. 符合条件的小微企业，可以自 2022 年 4 月纳税申报期起向主管

税务机关申请退还增量留抵税额

B. 符合条件的小微企业，可以自 2022 年 5 月纳税申报期起向主管
税务机关申请退还增量留抵税额

C. 符合条件的微型企业，可以自 2022 年 4 月纳税申报期起向主管
税务机关申请一次性退还存量留抵税额

D. 符合条件的小型企业，可以自 2022 年 5 月纳税申报期起向主管
税务机关申请一次性退还存量留抵税额

参考答案：B

23. 加大"制造业"、"科学研究和技术服务业"、"电力、热力、燃
气及水生产和供应业"、"软件和信息技术服务业"、"生态保护和环境治
理业"和"交通运输、仓储和邮政业"（以下称制造业等行业）增值税期末
留抵退税政策力度，将先进制造业按月全额退还增值税增量留抵税额政策范
围扩大至符合条件的制造业等行业企业（含个体工商户，下同），并一次性
退还制造业等行业企业存量留抵税额。以下说法不正确的是：（　）。

A. 符合条件的制造业等行业企业，可以自 2022 年 4 月纳税申报期
起向主管税务机关申请退还增量留抵税额

B. 符合条件的制造业等行业中型企业，可以自 2022 年 4 月纳税申
报期起向主管税务机关申请一次性退还存量留抵税额

C. 符合条件的制造业等行业中型企业，可以自 2022 年 5 月纳税申
报期起向主管税务机关申请一次性退还存量留抵税额

D. 符合条件的制造业等行业大型企业，可以自 2022 年 6 月纳税申
报期起向主管税务机关申请一次性退还存量留抵税额

参考答案：B

24. 以下表述不正确的是：（　）。

A. 住房租赁企业中的增值税一般纳税人向个人出租住房取得的全部
出租收入，可以选择适用简易计税方法，按照 5% 的征收率减按
1.5% 计算缴纳增值税，或适用一般计税方法计算缴纳增值税

B. 住房租赁企业中的增值税小规模纳税人向个人出租住房，按照
5% 的征收率减按 1.5% 计算缴纳增值税

C. 住房租赁企业中的增值税小规模纳税人向个人出租住房，按照

3% 的征收率减按 1.5% 计算缴纳增值税

D. 住房租赁企业向个人出租住房适用上述简易计税方法并进行预缴的，减按 1.5% 预征率预缴增值税

参考答案：C

25. 每辆不含增值税零售价 130 万元及以上的乘用车和中轻型商用客车（超豪华小汽车），在生产（进口）环节按现行税率征收消费税的基础上，在零售环节加征消费税，税率为：（　　）。

A. 5%　　　　　　　　　　　B. 10%

C. 15%　　　　　　　　　　 D. 20%

参考答案：B

26. 以下消费税的表述不正确的是：（　　）。

A. 自产自用应税消费品用于连续生产应税消费品的，不缴纳消费税

B. 自产自用应税消费品用于其他方面的，于移送使用时缴纳消费税

C. 自产自用应税消费品，有同类消费品销售价格的，按照纳税人生产的同类消费品成本价格计算消费税

D. 自产自用应税消费品，没有同类消费品销售价格的，按组成计税价格计算消费税

参考答案：C

27. 委托加工应税消费品受托方扣缴消费税的，应按照（　　）计算纳税，没有的，按组成计税价格计算纳税。

A. 委托方的同类消费品成本价格

B. 受托方的同类消费品成本价格

C. 委托方的同类消费品销售价格

D. 受托方的同类消费品销售价格

参考答案：D

28. 以下消费税的表述不正确的是：（　　）。

A. 进口应税消费品，按照组成计税价格计算纳税。实行复合计税办法的，组成计税价格 =（关税完税价格 + 关税 + 进口数量 × 定额税率）÷（1– 比例税率）

B. 零售金银首饰消费税的组成计税价格 = 购进原价 ×（1+ 利润率）

÷（1－金银首饰消费税税率）。金银首饰利润率为 10%。消费
税税率为 5%

C. 超豪华小汽车零售环节消费税应纳税额计算公式如下：应纳税额
＝零售环节销售额（不含增值税）× 零售环节税率

D. 国内汽车生产企业直接销售给消费者的超豪华小汽车，消费税税
率按照生产环节税率和零售环节税率加总计算

参考答案：B

29. 用外购或委托加工收回的已税消费品用于连续生产应税消费品的，
应按当期生产领用数量计算准予扣除外购的应税消费品已纳的消费税。扣除
范围包括：（　　）。

（1）外购已税烟丝生产的卷烟

（2）外购已税化妆品生产的高档化妆品

（3）外购已税珠宝玉石生产的贵重首饰及珠宝玉石

（4）外购已税鞭炮焰火生产的鞭炮焰火

（5）外购已税杆头、杆身和握把为原料生产的高尔夫球杆

（6）外购已税木制一次性筷子为原料生产的木制一次性筷子

（7）外购已税实木地板为原料生产的实木地板

（8）外购已税汽油、柴油、石脑油、燃料油、润滑油用于连续生产
应税成品油

A. （1）、（2）、（3）、（4）、（5）、（6）、（7）

B. （1）、（3）、（4）、（5）、（6）、（7）、（8）

C. （2）、（3）、（4）、（5）、（6）、（7）、（8）

D. （1）、（2）、（3）、（4）、（5）、（6）、（7）、（8）

参考答案：D

30. 以下消费税的表述不正确的是：（　　）。

A. 出口企业出口或视同出口适用增值税退（免）税的货物，免征
消费税，如果属于购进出口的货物，退还前一环节对其已征的
消费税

B. 出口企业出口或视同出口适用增值税免税政策的货物，免征消费
税，退还其以前环节已征的消费税，但不允许在内销应税消费品

应纳消费税款中抵扣

C. 出口企业出口或视同出口适用增值税免税政策的货物，免征消费税，但不退还其以前环节已征的消费税，且不允许在内销应税消费品应纳消费税款中抵扣

D. 出口企业出口或视同出口适用增值税征税政策的货物，应缴纳消费税，不退还其以前环节已征的消费税，且不允许在内销应税消费品消费税款中抵扣

参考答案：B

## 二、多选

1. 企业提供的下列服务，应征收增值税的有：（    ）。

    A. 快递公司的快递服务

    B. 纳税人取得的财政补贴收入，与其销售货物、劳务、服务、无形资产、不动产的收入或者数量直接挂钩的

    C. 单用途卡发卡企业或者售卡企业销售单用途卡

    D. 不动产的租赁服务

参考答案：ABD

2. 下列情形不属于增值税视同销售服务的有：（    ）。

    A. 某单位为希望小学无偿提供电影放映服务

    B. 甲公司无偿为乙公司提供技术咨询服务

    C. 本单位员工为该单位提供翻译服务

    D. 某个体工商户为员工无偿提供班车服务

参考答案：ACD

3. 下列选项中属于视同销售需要缴纳增值税的应税行为的有：（    ）。

    A. 个体工商户将自产的货物直接无偿捐赠给目标脱贫地区的个人

    B. 单位或者个人向养老院无偿转让无形资产或者不动产

    C. 将自产、委托加工的货物用于集体福利

    D. 将自产、委托加工的货物用于个人消费

参考答案：CD

4. 下列行为，不征收增值税的有：（ ）。

A. 纳税人对安装运行后的机器设备提供的维护保养服务

B. 被保险人获得的保险赔付

C. 拍卖行受托拍卖取得的手续费或佣金收入

D. 单用途卡发卡企业销售单用途卡

参考答案：BD

5. 下列各项中，一般纳税人可以选择适用简易计税方法的有：（ ）。

A. 为甲供工程提供的建筑服务

B. 提供非学历教育服务

C. 动物诊疗机构提供的动物疾病预防、诊断、治疗和动物绝育手术等动物诊疗服务

D. 销售或者出租 2016 年 4 月 30 日前取得的不动产及土地使用权

参考答案：ABD

6. 一般纳税人所从事的下列应税服务中可以选择按简易计税方法计算缴纳增值税的有：（ ）。

A. 仓储服务　　　　　　　　B. 收派服务

C. 装卸搬运服务　　　　　　D. 电影放映服务

参考答案：ABCD

7. 一般纳税人发生下列应税行为，可以选择适用简易计税方法计税的有：（ ）。

A. 提供的电影放映服务

B. 以清包工方式提供的建筑服务

C. 提供的学历教育服务

D. 提供的人力资源外包服务

参考答案：ABD

8. 下列各项中，增值税一般纳税人可选择按照简易计税方法计税的有：（ ）。

A. 房地产开发企业销售自行开发的房地产老项目

B. 出租 2016 年 4 月 30 日前取得的不动产

C. 提供非学历教育服务

D. 以 2016 年 5 月 1 日后取得的不动产提供的融资租赁服务

参考答案：ABC

9. 下列关于销售额确定的说法中，正确的有：（　　）。

A. 航空运输企业的销售额，不包括代收的机场建设费和代售其他航空运输企业客票而代收转付的价款

B. 一般纳税人提供客运场站服务，以其取得的全部价款和价外费用，扣除支付给承运方运费后的余额为销售额

C. 纳税人提供知识产权代理服务，以其取得的全部价款和价外费用，扣除向委托方收取并代为支付的政府性基金或者行政事业性收费后的余额为销售额

D. 融资性售后回租业务，以收取的全部价款和价外费用，扣除支付的借款利息、发行债券利息、保险费、安装费和车辆购置税后的余额为销售额

参考答案：ABC

10. 增值税纳税人销售非酒类货物时另外收取的包装物押金，应计入货物销售额的具体时限有：（　　）。

A. 无合同约定的，超过一年时计入

B. 有合同约定的，在不超过合同约定的时间内计入

C. 有合同约定的，合同逾期的时候计入，但合同的期限必须在一年以内

D. 无合同约定的，无论是否返还及会计上如何核算，和收取的货款一并计入

参考答案：AC

11. 下列关于增值税计税销售额的表述中，正确的有：（　　）。

A. 汽车销售公司销售汽车时代办保险而向购买方收取的保险费不作为计税销售额

B. 白酒生产企业收取的品牌使用费属于价外费用，应将其换算为不含税销售额计入计税销售额

C. 化妆品生产企业销售产品时向购货方收取的优质费属于价外费用，要换算为不含税金额计入计税销售额

D. 商业企业向供货方收取的返利收入应计入计税销售额

参考答案：ABC

12. 下列各选项中属于进项税额可以从销项税额中抵扣的业务有：
（　　）。

　　A. 提供保险服务的纳税人以实物赔付方式承担机动车辆保险责任的，自行向车辆修理劳务提供方购进的车辆修理劳务

　　B. 提供保险服务的纳税人以现金赔付方式承担机动车辆保险责任的，将应付给被保险人的赔偿金直接支付给车辆修理劳务提供方

　　C. 本企业员工发生的国内旅客运输支出并取得注明员工身份信息的航空运输电子客票行程单

　　D. 购置水泥用于办公楼的在建工程

参考答案：ACD

13. 根据现行期末留抵退税政策，下列凭证在计算进项构成比例时列入分子中的有：（　　）。

　　A. 增值税专用发票

　　B. 收费公路通行费增值税电子普通发票

　　C. 海关进口增值税专用缴款书

　　D. 解缴税款完税凭证

参考答案：ABCD

14. 自 2022 年 4 月 1 日起，制造业等行业企业申请退还留抵税额需满足的条件有：（　　）。

　　A. 自 2019 年 4 月 1 日起未享受即征即退、先征后返（退）政策

　　B. 纳税信用等级为 A 级或者 B 级

　　C. 申请退税前 36 个月未发生骗取留抵退税、出口退税、虚开增值税专用发票情形

　　D. 申请退税前 36 个月未因偷税被税务机关处罚两次及以上

参考答案：ABCD

15. 下列可以免征增值税的有：（　　）。

　　A. 增值税一般纳税人生产销售和批发、零售抗癌药品

　　B. 个体工商户将自产货物通过公益性社会组织无偿捐赠给目标脱贫

地区的个人

C. 个人转让著作权

D. 其他个人销售自己使用过的电脑

参考答案：BCD

16. 下列项目中免征增值税的有：（　　）。

A. 外国政府无偿援助的进口设备

B. 直接用于科学研究的进口仪器

C. 百货公司进口的残疾人拐杖

D. 个体工商户销售自己使用过的物品

参考答案：AB

17. 加大制造业等行业增值税期末留抵退税政策力度，将先进制造业按月全额退还增值税增量留抵税额政策范围扩大至符合条件的制造业等行业企业（含个体工商户，下同），并一次性退还制造业等行业企业存量留抵税额。制造业等行业除"制造业"外还包括：（　　）。

A. "科学研究和技术服务业"

B. "电力、热力、燃气及水生产和供应业"

C. "软件和信息技术服务业"

D. "生态保护和环境治理业"

E. "交通运输、仓储和邮政业"

参考答案：ABCDE

18. 《财政部　税务总局关于进一步加大增值税期末留抵退税政策实施力度的公告》（财政部　税务总局公告 2022 年第 14 号）所称增量留抵税额，以下表述正确的有：（　　）。

A. 纳税人获得一次性存量留抵退税前，增量留抵税额为当期期末留抵税额与 2019 年 3 月 31 日相比新增加的留抵税额

B. 纳税人获得一次性存量留抵退税前，增量留抵税额为当期期末留抵税

C. 纳税人获得一次性存量留抵退税后，增量留抵税额为当期期末留抵税额与 2019 年 3 月 31 日相比新增加的留抵税额

D. 纳税人获得一次性存量留抵退税后，增量留抵税额为当期期末留

抵税额

参考答案：AD

19.《财政部　税务总局关于进一步加大增值税期末留抵退税政策实施力度的公告》（财政部　税务总局公告 2022 年第 14 号）所称存量留抵税额，以下表述正确的有：（　　）。

A. 纳税人获得一次性存量留抵退税前，当期期末留抵税额大于或等于 2019 年 3 月 31 日期末留抵税额的，存量留抵税额为 2019 年 3 月 31 日期末留抵税额

B. 当期期末留抵税额小于 2019 年 3 月 31 日期末留抵税额的，存量留抵税额为当期期末留抵税额

C. 纳税人获得一次性存量留抵退税后，存量留抵税额为当期期末留抵税额

D. 纳税人获得一次性存量留抵退税后，存量留抵税额为零

参考答案：ABD

20. 扩大全额退还增值税留抵税额政策行业范围，以下表述正确的有：（　　）。

A. 符合条件的批发零售业等行业企业，可以自 2022 年 6 月纳税申报期起向主管税务机关申请退还增量留抵税额

B. 符合条件的批发零售业等行业企业，可以自 2022 年 7 月纳税申报期起向主管税务机关申请退还增量留抵税额

C. 符合条件的批发零售业等行业企业，可以自 2022 年 7 月纳税申报期起向主管税务机关申请一次性退还存量留抵税额

D. 符合条件的批发零售业等行业企业，可以自 2022 年 8 月纳税申报期起向主管税务机关申请一次性退还存量留抵税额

参考答案：BC

21. 出口货物劳务及跨境应税行为适用的增值税处理方法包括：（　　）。适用退（免）税的，实行增值税免抵退税或免退税办法。

A. 退（免）税　　　　　　　　B. 减税

C. 免税　　　　　　　　　　　D. 征税

参考答案：ACD

22. 增值税纳税义务、扣缴义务发生时间正确的有：（　　）。

    A. 纳税人发生应税行为并收讫销售款项或者取得索取销售款项凭据的当天；先开具发票的，为开具发票的当天

    B. 纳税人提供租赁服务采取预收款方式的，其纳税义务发生时间为收到预收款的当天

    C. 纳税人从事金融商品转让的，为金融商品所有权转移的当天

    D. 增值税扣缴义务发生时间为纳税人增值税纳税义务发生的当天

*参考答案：ABCD*

23. 按照现行政策，以下关于纳税期限的表述正确的有：（　　）。

    A. 小规模纳税人应按季度申报缴纳增值税

    B. 按固定期限纳税的小规模纳税人可以选择以 1 个月或 1 个季度为纳税期限，一经选择，一个会计年度内不得变更

    C. 银行、财务公司、信托投资公司、信用社，以及财政部和国家税务总局规定的其他纳税人按月申报缴纳增值税

    D. 银行、财务公司、信托投资公司、信用社，以及财政部和国家税务总局规定的其他纳税人按季度申报缴纳增值税

*参考答案：BD*

24. 消费税的纳税环节包括：（　　）。

    A. 生产环节　　　　　　　　B. 委托加工环节

    C. 进口环节　　　　　　　　D. 批发环节

    E. 零售环节

*参考答案：ABCDE*

25. 在零售环节征收应税消费品包括：（　　）。

    A. 金银首饰　　　　　　　　B. 钻石及钻石饰品

    C. 铂金首饰　　　　　　　　D. 超豪华小汽车

*参考答案：ABCD*

26. 卷烟在（　　）征收消费税。

    A. 生产环节　　　　　　　　B. 进口环节

    C. 批发环节　　　　　　　　D. 零售环节

*参考答案：AC*

27. 以下消费税的表述正确的有：（　　）。

　　A. 委托加工应税消费品受托方扣缴消费税的，应按照受托方的同类消费品的销售价格计算纳税，没有的，按组成计税价格计算纳税

　　B. 委托加工的应税消费品受托方已缴代扣代缴消费税的，委托方收回后以不高于受托方的计税价格出售的，不再缴纳消费税

　　C. 委托加工的应税消费品受托方已缴代扣代缴消费税的，委托方收回后以高于受托方的计税价格出售的，需申报缴纳消费税，在计税时准予扣除受托方已代收代缴的消费税

　　D. 委托加工的应税消费品受托方已缴代扣代缴消费税的，委托方收回后以高于受托方的计税价格出售的，需申报缴纳消费税，在计税时不能扣除受托方已代收代缴的消费税

参考答案：ABC

## 三、判断

1. 用外购或委托加工收回的已税消费品用于连续生产应税消费品的，应按当期生产领用数量计算准予扣除外购的应税消费品已纳的消费税。当期准予扣除的应税消费品已纳税款 = 期初库存的已税应税消费品已纳税款 + 当期购进或收回的委托加工已税应税消费品已纳税款 − 期末库存的已税应税消费品已纳税款。　　　　　　　　　　　　　　（　　）

参考答案：√

2. 纳税人销售活动板房、机器设备、钢结构件等自产货物的同时提供建筑、安装服务，属于混合销售。　　　　　　　　　　　　　　（　　）

参考答案：×

【纳税人销售活动板房、机器设备、钢结构件等自产货物的同时提供建筑、安装服务，不属于混合销售，应分别核算其销售额，适用不同的税率或征收率。】

3. 自 2023 年 1 月 1 日至 2023 年 12 月 31 日，增值税小规模纳税人适用 3% 征收率的应税销售收入，减按 1% 征收率征收增值税；适用 3% 预征率的

预缴增值税项目，减按 1% 预征率预缴增值税。 （ ）

参考答案：√

4. 对从事二手车经销业务的纳税人销售其收购的二手车，自 2020 年 5 月 1 日至 2023 年 12 月 31 日减按 1% 的征收率征收增值税。 （ ）

参考答案：×

【对从事二手车经销业务的纳税人销售其收购的二手车，自 2020 年 5 月 1 日至 2023 年 12 月 31 日减按 0.5% 的征收率征收增值税。】

5. 采取预收货款结算方式的，增值税纳税义务发生时间为货物发出的当天。 （ ）

参考答案：×

【采取预收货款结算方式的，增值税纳税义务发生时间为收到货款的当天。】

6. 自 2023 年 1 月 1 日至 2023 年 12 月 31 日，允许生产性服务业纳税人按照当期可抵扣进项税额加计 10% 抵减应纳税额；允许生活性服务业纳税人按照当期可抵扣进项税额加计 15% 抵减应纳税额。 （ ）

参考答案：×

【自 2023 年 1 月 1 日至 2023 年 12 月 31 日，允许生产性服务业纳税人按照当期可抵扣进项税额加计 5% 抵减应纳税额；允许生活性服务业纳税人按照当期可抵扣进项税额加计 10% 抵减应纳税额。】

7. 一般纳税人购进的贷款服务、餐饮服务、居民日常服务和娱乐服务不予抵扣进项税额。 （ ）

参考答案：√

8. 一般纳税人提供管道运输服务、销售其自行开发生产的软件产品，对其增值税实际税负超过 3% 的部分实行增值税即征即退政策。 （ ）

参考答案：√

9. 自 2018 年 1 月 1 日至 2023 年 12 月 31 日，动漫企业增值税一般纳税人销售其自主开发生产的动漫软件，免征增值税。 （ ）

参考答案：×

【自 2018 年 1 月 1 日至 2023 年 12 月 31 日，动漫企业增值税一般纳税人销售其自主开发生产的动漫软件，对其增值税实际税负超过 3% 的部分，实行即征

即退政策。】

10. 纳税人将应税消费品与非应税消费品以及适用税率不同的应税消费品组成成套消费品销售时，应当分别核算不同税率应税消费品的销售额。（ ）

参考答案：×

【纳税人将应税消费品与非应税消费品以及适用税率不同的应税消费品组成成套消费品销售时，应根据组合产制品的销售金额按应税消费品中适用最高税率的消费品税率征税。】

11. 对销售除啤酒、黄酒外的其他酒类产品而收取的包装物押金，无论是否返还以及会计上如何核算，均应并入当期销售额征税。 （ ）

参考答案：√

12. 纳税人自产的应税消费品用于换取生产资料和消费资料、投资入股和抵偿债务等方面，应当以纳税人同类应税消费品组成计税价格作为计税依据计算消费税。 （ ）

参考答案：×

【纳税人自产的应税消费品用于换取生产资料和消费资料、投资入股和抵偿债务等方面，应当以纳税人同类应税消费品最高销售价格作为计税依据计算消费税。】

13. 委托加工应税消费品收回后，直接出售（不高于受托方的计税价格），不再缴纳消费税；以高于受托方的计税价格出售，缴纳消费税，并准予扣除受托方已代收代缴的消费税。 （ ）

参考答案：√

14. 纳税人通过自设非独立核算门市部销售自产应税消费品，应按对外销售额计征消费税。 （ ）

参考答案：√

# 第五章  所得税税务稽查

| | 初级 | 中级 | 高级 |
|---|---|---|---|
| 第一节<br>企业所得<br>税稽查<br>方法 | 1.了解居民企业、非居民企业纳税人与扣缴义务人的检查方法<br>2.了解收入总额的检查方法<br>3.了解扣除项目、不得扣除项目及扣除凭证的检查方法<br>4.了解资产税务处理的检查方法<br>5.熟悉应纳税所得额及应纳税额的检查方法<br>6.了解源泉扣缴义务发生时间、地点的检查方法 | 1.熟悉居民企业、非居民企业纳税人与扣缴义务人的检查方法<br>2.掌握收入总额的检查方法<br>3.掌握扣除项目、不得扣除项目及扣除凭证的检查方法<br>4.熟悉资产税务处理的检查方法<br>5.熟悉减免税优惠项目的检查方法<br>6.掌握应纳税所得额及应纳税额的检查方法<br>7.熟悉源泉扣缴义务发生时间、地点的检查方法 | 1.掌握企业所得税常见涉税问题<br>2.掌握企业所得税复杂事项的检查要点<br>3.掌握涉及企业所得税问题专项检查的统筹安排 |
| 第二节<br>个人所得<br>税稽查<br>方法 | 1.了解居民、非居民纳税人与扣缴义务人的检查方法<br>2.了解适用税目、税率、减免税优惠项目的检查方法<br>3.了解计税依据、应纳税额及汇算清缴的检查方法<br>4.了解纳税与扣缴义务发生时间、地点的检查方法 | 1.熟悉居民、非居民纳税人与扣缴义务人的检查方法<br>2.熟悉适用税目、税率、减免税优惠项目的检查方法<br>3.掌握计税依据、应纳税额及汇算清缴的检查方法<br>4.熟悉纳税与扣缴义务发生时间、地点的检查方法 | 1.掌握个人所得税常见涉税问题<br>2.掌握涉及个人所得税问题专项检查的统筹安排 |

## 必懂复习策略

本章主要内容是所得税税务稽查，包括企业所得税稽查方法和个人所得税稽查方法。"十四五"规划纲要再次重申"优化税制结构，健全直接税体系，适当提高直接税比重"。因此本章内容在考试中都应重点掌握。

企业所得税的稽查，核心是要掌握企业所得税相关政策。应重点掌握收入总额、扣除项目、不得扣除项目及扣除凭证、资产税务处理、应纳税所得额及应纳税额计算等。企业所得税涉及很多政策细节，应加强记忆。

党的二十大报告提出"规范收入分配秩序，规范财富积累机制，保护合法收入，调节过高收入，取缔非法收入"，这就要求稽查工作人员有更高的个人所得税稽查能力。个人所得税的稽查应重点掌握累计预扣法、专项附加扣除政策等，还应注意新税法相对原税法政策细节的变化，以及一些税收优惠政策的衔接和近期新增的优惠政策。

所得税的税务稽查比较重要，各级考生都要认真复习，全面掌握。

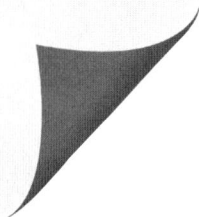

**必会核心知识**

■ 企业所得税纳税人按登记注册地和实际管理机构所在地两个标准分为居民企业纳税人和非居民企业纳税人；个人独资企业、合伙企业不属于企业所得税纳税人。

■ 居民企业是指依法在中国境内成立，或者依照外国（地区）法律成立但实际管理机构在中国境内的企业。

■ 居民企业的征税对象：来源于中国境内、境外的所得。包括销售货物、提供劳务、转让财产、股息红利等权益性投资、利息、租金、特许权使用费、接受捐赠和其他所得。

■ 非居民企业的征税对象：（1）非居民企业在中国境内设立机构、场所的，征税对象为所设机构、场所取得的来源于境内的所得，以及发生在中国境外但与其所设机构、场所有实际联系的所得；（2）在中国境内未设立机构、场所的，或虽设立机构、场所但取得的所得与其所设机构、场所没有实际联系的，征税对象是来源于中国境内的所得。

■ 企业所得税的所得类型包括销售货物所得、提供劳务所得、转让财产所得、股息红利等权益性投资所得、利息所得、租金所得、特许权使用费所得、接受捐赠所得和其他所得。

■ 销售货物所得，按照交易活动发生地确定企业所得税境内、境外所得。

■ 提供劳务所得，按照劳务发生地确定企业所得税境内、境外所得。

■ 来源于中国境内、境外的财产转让所得，按照以下原则确定企业所得税境内、境外所得：（1）不动产转让所得按照不动产所在地确定；（2）动产转让所得按照转让动产的企业或者机构、场所所在地确定；（3）权益性投资资产转让所得按照被投资企业所在地确定。

■ 股息、红利等权益性投资所得，按照分配所得的企业所在地确定企业所得税境内、外所得。

■ 利息所得、租金所得、特许权使用费所得，按照负担、支付所得的企业或者机构、场所所在地确定，或者按照负担、支付所得的个人的住所地确定企业所得税境内、境外所得。

■　企业所得税的计税依据是应纳税所得额。应纳税所得额＝收入总额－不征税收入－免税收入－各项扣除－允许弥补的以前年度亏损。

■　商品销售收入的确认时间：（1）销售商品采用托收承付方式的，在办妥托收手续时确认企业所得税收入的实现；（2）销售商品采取预收款方式的，在发出商品时确认企业所得税收入的实现；（3）以分期收款方式销售货物的，按照合同约定的收款日期确认企业所得税收入的实现；（4）采取产品分成方式取得收入的，按照企业分得产品的日期确认企业所得税收入的实现，其收入额按照产品的公允价值确定；（5）销售商品需要安装和检验的，在购买方接受商品以及安装和检验完毕时确认企业所得税收入的实现。如果安装程序比较简单，可在发出商品时确认收入；（6）采用支付手续费方式委托代销的商品，在收到代销清单时确认企业所得税收入的实现。

■　提供不跨年度的劳务收入应在完成时确认收入。提供跨年度的劳务，应按完工进度（完工百分比法）确认提供劳务收入。完工进度的确定，可选用已完工作的测量、已提供劳务占劳务总量的比例、发生成本占总成本的比例。

■　企业在各个纳税期末，提供劳务交易的结果能够可靠估计的，应采用完工进度（完工百分比）法确认提供劳务收入。

■　企业受托加工制造大型机械设备、船舶、飞机等，以及从事建筑、安装、装配工程业务或者提供其他劳务等，持续时间超过12个月的，按照纳税年度内完工进度或者完成的工作量确认收入的实现。

■　企业转让股权收入，应于转让协议生效且完成股权变更手续时，确认收入的实现；企业转让国债应在转让国债合同、协议生效的日期，或者国债移交时确认收入的实现。

■　股息、红利等权益性投资收益，除国务院财政、税务主管部门另有规定外，按照被投资方作出利润分配决定的日期确认收入的实现。

■　利息收入，按照合同约定的债务人应付利息的日期确认收入的实现（企业转让国债，应在国债转让收入确认时确认利息收入的实现）。

■　租金收入，按照合同约定的承租人应付租金的日期确认收入的实现。

■ 特许权使用费收入：按照合同约定的特许权使用人应付特许权使用费的日期确认收入的实现。

■ 接受捐赠收入，按照实际收到捐赠资产的日期确认收入的实现。

■ 销售商品以旧换新的，销售商品应当确认收入，回收的商品作为购进商品处理。

■ 商品销售涉及商业折扣的，应当按照扣除商业折扣后的金额确定销售商品收入金额；销售商品涉及现金折扣的，应当按扣除现金折扣前的金额确定收入金额，现金折扣在实际发生时作为财务费用扣除；发生销售折让和销售退回，应当在发生当期冲减当期销售收入。

■ 以"买一赠一"等方式组合销售本企业商品的，不属于捐赠，应将总的销售金额按各项商品的公允价值的比例来分摊确认各项商品的销售收入。

■ 企业发生非货币性资产交换，以及将货物、财产、劳务用于捐赠、偿债、赞助、集资、广告、样品、职工福利或者利润分配等用途的，应当视同销售货物、转让财产或者提供劳务，但国务院财政、税务主管部门另有规定的除外。

■ 企业以非货币形式取得的收入，应当按照公允价值确定收入额。

■ 企业按照市场价格销售货物、提供劳务服务等，凡由政府财政部门根据企业销售货物、提供劳务服务的数量、金额的一定比例给予全部或部分资金支付的，应当按照权责发生制原则确认收入。除上述情形外，企业取得的各种政府财政支付，如财政补贴、补助、补偿、退税等，应当按照实际取得收入的时间确认收入。

■ 不征税收入包括：（1）财政拨款；（2）依法收取并纳入财政管理的行政事业性收费、政府性基金；（3）国务院规定的其他不征税收入。

■ 企业实际发生的与取得收入有关的、合理的支出，包括成本、费用、税金、损失和其他支出，准予在计算企业所得税应纳税所得额时扣除。

■ 允许企业所得税税前扣除的税金，是指企业发生的除企业所得税和允许抵扣的增值税以外的各项税金及其附加。包括：消费税、城市维护建设税、关税、资源税、土地增值税、房产税、车船税、城镇土地使用税、印花税、教育费附加等。

■ 企业发生的损失，减除责任人赔偿和保险赔款后的余额，依照国务院财政、税务主管部门的规定扣除。企业已经作为损失处理的资产，在以后纳税年度又全部收回或者部分收回时，应当计入当期收入。包括：固定资产和存货的盘亏、毁损、报废损失，转让财产损失，呆账损失，坏账损失，自然灾害等不可抗力因素造成的损失以及其他损失。

■ 企业发生的支出应当区分收益性支出和资本性支出。收益性支出在发生当期直接在计算企业所得税应纳税所得额时扣除；资本性支出应当分期扣除或者计入有关资产成本，不得在发生当期直接扣除。

■ 企业发生的合理的工资薪金支出，准予扣除。

■ 企业所得税中企业发生的职工福利费支出，不超过工资薪金总额14%的部分，准予扣除。

■ 企业拨缴的工会经费，不超过工资薪金总额2%的部分，准予扣除。

■ 除另有规定外，企业发生的职工教育经费支出，不超过工资薪金总额8%的部分，准予企业所得税税前扣除；超过部分，准予在以后纳税年度结转扣除。

■ 集成电路设计企业和符合条件软件企业的职工培训费用，按实际发生额计算扣除。

■ 非公有制企业党组织工作经费纳入企业管理费列支，不超过职工年度工资薪金总额1%的部分，可以据实在企业所得税前扣除。

■ 企业依照国务院有关主管部门或者省级人民政府规定的范围和标准为职工缴纳的"五险一金"，即基本养老保险费、基本医疗保险费、失业保险费、工伤保险费、生育保险费等基本社会保险费和住房公积金，计算企业所得税应纳税所得额时准予扣除。

■ 为在本企业任职或者受雇的全体员工支付的补充养老保险费、补充医疗保险费，分别不超过职工工资总额5%的部分，在计算应纳税所得额时准予扣除；超过部分不予扣除。

■ 企业依照国家有关规定为特殊工种职工支付的人身安全保险费可以扣除；企业职工因公出差乘坐交通工具发生的人身意外险支出，及企业财产保险支出准予在所得税前扣除。

■ 企业为购置、建造固定资产、无形资产和经过 12 个月以上的建造才能达到预定可销售状态的存货发生借款的，在有关资产购置、建造期间发生的合理的借款费用，应当作为资本性支出计入有关资产的成本，并按规定在税前扣除。

■ 非金融企业向金融企业借款的利息支出、金融企业的各项存款利息支出和同业拆借利息支出、企业经批准发行债券的利息支出；非金融企业向非金融企业借款的利息支出，不超过按照金融企业同期同类贷款利率计算的数额的部分准予扣除。

■ 企业实际支付给关联方的利息支出，不超过规定比例计算的部分，准予扣除，超过的部分不得在发生当期和以后年度扣除；其接受关联方债权性投资与其权益性投资比例：金融企业为 5：1；其他企业为 2：1。

■ 向股东或其他与企业有关联关系的自然人借款的利息支出，其利息支出在不超过按金融企业同期同类贷款利率计算的数额的部分准予扣除。

■ 向内部职工或其他人员借款的利息支出，同时符合两个条件（a. 企业与个人之间的借贷是真实、合法、有效的，并且不具有非法集资目的或其他违反法律、法规的行为；b. 企业与个人之间签订了借款合同）的，其利息支出在不超过按金融企业同期同类贷款利率计算的数额的部分，准予扣除。

■ 企业产生的汇兑损失，除已计入有关资产成本及向所有者分配利润的部分外，准予扣除。

■ 企业发生的与生产经营活动有关的业务招待费支出，按照发生额的 60% 扣除，但最高不得超过当年销售（营业）收入的 5‰。

■ 企业发生的符合条件的广告费和业务宣传费支出，除国务院财政、税务主管部门另有规定外，不超过当年销售（营业）收入 15% 的部分，准予扣除；超过部分，准予在以后纳税年度结转扣除。

■ 对化妆品制造或销售、医药制造和饮料制造（不含酒类制造）企业发生的广告费和业务宣传费支出，不超过当年销售（营业）收入 30% 的部分，准予扣除；超过部分，准予在以后纳税年度结转扣除。烟草企业的烟草广告费和业务宣传费支出，一律不得在企业所得税税前扣除。

■ 保险企业发生与其经营活动有关的手续费及佣金支出，不超过当年全部保费收入扣除退保金等后余额的 18%（含本数）的部分，准予扣除；

超过部分，允许结转以后年度扣除；保险企业外的其他企业的手续费及佣金支出，按与具有合法经营资格中介服务机构或个人所签订服务协议或合同确认的收入金额的5%计算企业所得税扣除限额。支付给个人以外单位的手续费及佣金，必须采用银行转账方式，并按规定取得发票。除委托个人代理外，企业以现金等非转账方式支付的手续费及佣金不得在税前扣除。

■ 企业生产经营活动中以经营租赁方式租入固定资产发生的租赁费支出，按照租赁期限在企业所得税税前均匀扣除。以融资租赁方式租入固定资产发生的租赁费支出，按照规定构成融资租入固定资产价值的部分应当提取折旧费用，在企业所得税税前分期扣除。

■ 企业发生的合理的劳动保护支出，准予扣除。根据其工作性质和特点，由企业统一制作并要求员工工作时统一着装所发生的工作服饰费用，准予税前扣除。

■ 企业发生的公益性捐赠支出，在年度利润总额12%以内的部分，准予在计算企业所得税应纳税所得额时扣除；超过年度利润总额12%的部分，准予结转以后三年内扣除。年度利润总额，是指企业依照国家统一会计制度的规定计算的年度会计利润。

■ 2021-2023年度符合公益性捐赠税前扣除资格的群众团体名单：中国红十字会总会、中华全国总工会、中国宋庆龄基金会、中国国际人才交流基金会（财政部　税务总局公告2021年第26号）。

■ 自2019年1月1日至2025年12月31日，企业通过公益性社会组织或者县级（含县级）以上人民政府及其组成部门和直属机构，用于目标脱贫地区的扶贫捐赠支出，准予在计算企业所得税应纳税所得额时据实扣除。在政策执行期限内，目标脱贫地区实现脱贫的，可继续适用上述政策。

■ 自2020年1月1日起至2021年3月31日，企业通过公益性社会组织或者县级以上人民政府及其部门等国家机关，捐赠用于应对新型冠状病毒感染的肺炎疫情的现金和物品，允许在计算企业所得税应纳税所得额时全额扣除。企业直接向承担疫情防治任务的医院捐赠用于应对新型冠状病毒感染的肺炎疫情的物品，允许在计算企业所得税应纳税所得额时全额扣除。捐赠人凭承担疫情防治任务的医院开具的捐赠接收函办理税前扣除事宜。

■ 在计算应纳税所得额时，企业发生的下列支出作为长期待摊费用，按照规定摊销的，准予扣除：（1）已足额提取折旧的固定资产的改建支出；（2）租入固定资产的改建支出；（3）固定资产的大修理支出；（4）其他应当作为长期待摊费用的支出。

■ 企业发生的开（筹）办费可在开始经营之日的当年一次性扣除，也可按长期待摊费用处理，一经选定，不得改变。企业筹建期间，与筹办有关的业务招待费支出，按实际发生额的60%计入筹办费，按规定税前扣除；发生的广告费、业务宣传费，按实际发生额计入筹办费，按规定税前扣除。

■ 在计算企业所得税应纳税所得额时，下列支出不得扣除：（1）向投资者支付的股息、红利等权益性投资收益款项；（2）企业所得税税款；（3）税收滞纳金；（4）罚金、罚款和被没收财物的损失；（5）准予在计算应纳税所得额时扣除的公益性捐赠以外的捐赠支出；（6）与生产经营活动无关的各种非广告性质赞助支出；（7）未经核定的准备金支出；（8）与取得收入无关的其他支出；（9）企业之间支付的管理费、企业内营业机构之间支付的租金和特许权使用费，以及非银行企业内营业机构之间支付的利息；（10）企业为投资者或者职工支付的商业保险费。

■ 企业的不征税收入用于支出所形成的费用，不得在计算企业所得税应纳税所得额时扣除；企业的不征税收入用于支出所形成的资产，其计算的折旧、摊销不得税前扣除。

■ 企业所得税税前扣除凭证按照来源分为内部凭证和外部凭证：（1）内部凭证是指企业自制用于成本、费用、损失和其他支出核算的会计原始凭证；（2）外部凭证包括但不限于发票（包括纸质发票和电子发票）、财政票据、完税凭证、收款凭证、分割单等。

■ 税前扣除凭证管理原则：真实性、合法性、关联性；企业应在当年度企业所得税法规定的汇算清缴期结束前取得税前扣除凭证。企业以前年度因未取得发票、其他外部凭证未税前扣除相应支出的，在以后年度取得相关符合规定资料的，可以追补至该支出发生年度税前扣除，但追补年限不得超过五年。

■ 企业的各项资产，包括固定资产、生物资产、无形资产、长期待摊费用、投资资产、存货等，以历史成本为企业所得税计税基础。企业持有各项资产期间资产增值或者减值，除国务院财政、税务主管部门规定可以确认损益外，不得调整该资产的计税基础。

■ 企业资产的计税基础的确定：（1）企业外购的固定资产，以购买价款和支付的相关税费以及直接归属于使该资产达到预定用途发生的其他支出为计税基础；（2）企业自行建造的固定资产，以竣工结算前发生的支出为计税基础；（3）企业盘盈的固定资产，以同类固定资产的重置完全价值为计税基础；（4）企业通过捐赠、投资、非货币性资产交换、债务重组等方式取得的固定资产，以该资产的公允价值和支付的相关税费为计税基础；（5）企业改建的固定资产，除已足额提取折旧的固定资产的改建支出和租入固定资产的改建支出外，以改建过程中发生的改建支出增加计税基础。

■ 固定资产按照直线法计算的折旧，准予企业所得税税前扣除。企业应当自固定资产投入使用月份的次月起计算折旧；停止使用的固定资产，应当自停止使用月份的次月起停止计算折旧。企业应当根据固定资产的性质和使用情况，合理确定固定资产的预计净残值。固定资产的预计净残值一经确定，不得变更。

■ 企业所得税中不得计算折旧扣除的固定资产：（1）房屋、建筑物以外未投入使用的固定资产；（2）以经营租赁方式租入的固定资产；（3）以融资租赁方式租出的固定资产；（4）已足额提取折旧仍继续使用的固定资产；（5）与经营活动无关的固定资产；（6）单独估价作为固定资产入账的土地。

■ 除另有规定外，固定资产计算折旧的最低年限：（1）房屋、建筑物为20年；（2）飞机、火车、轮船、机器、机械和其他生产设备为10年；（3）与生产经营活动有关的器具、工具、家具等为5年；（4）飞机、火车、轮船以外的运输工具为4年；（5）电子设备为3年。

■ 企业的固定资产由于技术进步，产品更新换代较快，或者常年处于强震动、高腐蚀状态等原因，确需加速折旧的，可以缩短折旧年限或者采取加速折旧的方法。采取缩短折旧年限方法的，最低折旧年限不得低于《中华人民共和国企业所得税法实施条例》规定折旧年限的60%；采取加速折旧方法的，可以采取双倍余额递减法或者年数总和法。

■ 企业在2018年1月1日至2023年12月31日期间新购进的设备、器具，单位价值不超过500万元的，允许一次性计入当期成本费用在计算企业所得税应纳税所得额时扣除，不再分年度计算折旧。设备、器具是指除房屋、建筑物以外的固定资产。

■ 生产性生物资产按照直线法计算的折旧，准予企业所得税税前扣除。生产性生物资产折旧的计提年限：（1）林木类生产性生物资产为10年；（2）畜类生产性生物资产为3年。

■ 无形资产按直线法摊销的费用准予扣除。外购商誉在企业整体转让或清算时准予扣除。

■ 无形资产的摊销年限不得低于10年。作为投资或者受让的无形资产，有关法律规定或者合同约定了使用年限的，可以按照规定或者约定的使用年限分期摊销。

■ 不得计算摊销费用扣除的无形资产：（1）自行开发的已费用化的支出；（2）自创商誉；（3）与经营活动无关的无形资产；（4）其他不得计算摊销费用扣除的无形资产。

■ 通过支付现金方式取得的投资资产，以购买价款为成本。通过支付现金以外的方式取得的投资资产，以该资产的公允价值和支付的相关税费为成本。

■ 企业在转让或者处置投资资产时，投资资产的成本准予企业所得税税前扣除。企业对外投资期间，投资资产的成本在计算应纳税所得额时不得扣除。企业购买的文物、艺术品用于收藏、展示、保值增值的，作为投资资产进行税务处理。文物、艺术品资产在持有期间，计提的折旧、摊销费用不得税前扣除。

■ 企业使用或者销售的存货的成本计算方法有：先进先出法、加权平均法、个别计价法；计价方法一经选用，不得随意变更。企业使用或者销售存货按规定计算的成本，准予在计算应纳税所得额时扣除。

■ 在计算应纳税所得时，企业发生的下列支出作为长期待摊费用，按照规定摊销的，准予扣除：（1）已足额提取折旧的固定资产的改建支出，按照固定资产预计尚可使用年限分期摊销；（2）租入固定资产的改建支出，按照合同约定的剩余租赁期限分期摊销；（3）固定资产的大修理支出，按照固定资产尚可使用年限分期摊销；（4）其他应当作为长期待摊费用的支出，自支出发生月份的次月起，分期摊销，摊销年限不得低于3年。

■ 纳税人纳税年度发生的亏损，准予向以后年度结转弥补，但结转年限最长不得超过 5 年。

■ 自 2018 年 1 月 1 日起，当年具备高新技术企业或科技型中小企业资格的企业，其具备资格年度之前 5 个年度发生的尚未弥补完的亏损，在计算企业所得税应纳税所得额时准予结转以后年度弥补，最长结转年限由 5 年延长至 10 年。

■ 受疫情影响较大的困难行业企业 2020 年度发生的亏损，最长结转年限由 5 年延长至 8 年。困难行业企业，包括交通运输、餐饮、住宿、旅游（指旅行社及相关服务、游览景区管理两类）四大类和电影行业企业。困难行业企业 2020 年度主营业务收入须占收入总额（剔除不征税收入和投资收益）的 50% 以上。

■ 企业在汇总计算缴纳企业所得税时，其境外营业机构的亏损不得抵减境内营业机构的盈利。

■ 企业重组包括企业法律形式改变、债务重组、股权收购、资产收购、合并、分立等方式。

■ 企业重组适用特殊性税务处理需同时符合的条件：（1）具有合理的商业目的，且不以减少、免除或者推迟缴纳税款为主要目的；（2）企业重组后的连续 12 个月内不改变重组资产原来的实质性经营活动；（3）企业重组中取得股权支付的原主要股东，在重组后连续 12 个月内，不得转让所取得的股权；（4）被收购、合并或分立部分的资产或股权比例符合规定的比例（≧ 50%）；（5）重组交易对价中涉及股权支付金额符合规定比例（≧ 85%）。

■ 居民企业以非货币性资产对外投资确认的非货币性资产转让所得，可在不超过 5 年期限内，分期均匀计入相应年度的应纳税所得额，按规定计算缴纳企业所得税。企业发生非货币性资产投资，符合相关特殊性税务处理条件的，也可选择按特殊性税务处理。

■ 资产收购、股权收购的特殊性税务处理：（1）一方取得股权支付：暂不确认有关资产的转让所得或损失，不纳所得税；另一方按原计税基础确认新资产或负债的计税基础。（2）一方取得非股权支付：按比例确认所得或损失，缴纳企业所得税。非股权支付对应的资产转让所得或损失 =（被转

让资产的公允价值 – 被转让资产的计税基础）×（非股权支付金额÷被转让资产的公允价值）。

■ 债务重组特殊税务处理：企业债务重组确认的应纳税所得额占该企业当年应纳税所得额50%以上，可以在5个纳税年度的期间内，均匀计入各年度的应纳税所得额。

■ 小型微利企业，是指从事国家非限制和禁止行业，且同时符合年度应纳税所得额不超过300万元、从业人数不超过300人、资产总额不超过5000万元等三个条件的企业。

■ 自2021年1月1日至2022年12月31日，对小型微利企业年应纳税所得额不超过100万元的部分，减按12.5%计入应纳税所得额，按20%的税率缴纳企业所得税。自2022年1月1日至2024年12月31日，对小型微利企业年应纳税所得额超过100万元但不超过300万元的部分，减按25%计入应纳税所得额，按20%的税率缴纳企业所得税。自2023年1月1日起至2027年12月31日，对小型微利企业减按25%计算应纳税所得额，按20%的税率缴纳企业所得税。

■ 国家需要重点扶持的高新技术企业；符合条件的从事污染防治的第三方企业；设在西部地区的国家鼓励类产业企业，减按15%的税率征收企业所得税。

■ 企业的下列收入为免税收入：（1）国债利息收入；（2）符合条件的居民企业之间的股息、红利等权益性投资收益，指居民企业直接投资于其他居民企业取得的投资收益，但不包括连续持有居民企业公开发行并上市流通的股票不足12个月取得的投资收益；（3）在中国境内设立机构、场所的非居民企业从居民企业取得与该机构、场所有实际联系的股息、红利等权益性投资收益；（4）符合条件的非营利组织的收入。

■ 企业以《资源综合利用企业所得税优惠目录》规定的资源作为主要原材料，生产国家非限制和禁止并符合国家和行业相关标准的产品取得的收入，减按90%计入收入总额。

■ 企业持有2011—2023年发行的铁路债券取得的利息收入，减半征收企业所得税。

■ 自2019年6月1日起至2025年12月31日，提供社区养老、托育、家政服务取得的收入，在计算应纳税所得额时，减按90%计入收入总额。

■ 企业从事农、林、牧、渔业项目的所得可以免征企业所得税；减半征收企业所得税的有：（1）花卉、茶以及其他饮料作物和香料作物的种植；（2）海水养殖、内陆养殖。

■ 企业从事国家重点扶持的公共基础设施项目的投资经营的所得，自项目取得第一笔生产经营收入所属纳税年度起，第一年至第三年免征企业所得税，第四年至第六年减半征收。

■ 企业从事符合条件的环境保护、节能节水项目的所得，自项目取得第一笔生产经营收入所属纳税年度起，第一年至第三年免征企业所得税，第四年至第六年减半征收企业所得税。

■ 一个纳税年度内，居民企业符合条件的技术转让所得不超过500万元的部分，免征企业所得税；超过500万元的部分，减半征收企业所得税。

■ 企业开展研发活动中实际发生的研发费用，未形成无形资产计入当期损益的，在按规定据实扣除的基础上，自2023年1月1日起，再按照实际发生额的100%在税前加计扣除；形成无形资产的，自2023年1月1日起，按照无形资产成本的200%在税前摊销。

■ 企业在一个纳税年度内同时开展多项研发活动的，原按每一研发项目分别计算"其他相关费用"限额，改为统一计算全部研发项目"其他相关费用"限额。全部研发项目的其他相关费用限额＝全部研发项目的人员人工等五项费用（人员人工费用＋直接投入费用＋折旧费用＋无形资产摊销＋新产品设计费、新工艺规程制定费、新药研制的临床试验费、勘探开发技术的现场试验费）之和 ×10%／（1-10%）；当"其他相关费用"实际发生数小于限额时，按实际发生数计算税前加计扣除额；大于限额时，按限额计算税前加计扣除额。

■ 委托境外机构研发费用，按照费用实际发生额的80%计入委托方的委托境外研发费用，不超过境内符合条件的研发费用2/3的部分，可以按规定在企业所得税前加计扣除。

■ 自2022年1月1日起，企业10月份预缴申报第3季度（按季预缴）或9月份（按月预缴）企业所得税时，可以自主选择就当年前三季度研发费用享受加计扣除优惠政策。对10月份预缴申报期未选择享受研发费用加计扣除优惠政策的，可以在办理当年度企业所得税汇算清缴时统一享受。

■ 企业安置残疾人员的，在按照支付给残疾职工工资据实扣除的基础上，可以在计算企业所得税应纳税所得额时按照支付给残疾职工工资的100%加计扣除。

■ 制造业和其他行业购入的固定资产价值≤500万元的，一次性扣除；>500万元的研发专用设备，可缩短折旧年限或加速折旧；对疫情防控重点保障物资生产企业为扩大产能新购置的相关设备，允许一次性计入当期成本费用在企业所得税税前扣除。

■ 创业投资企业采取股权投资方式投资于未上市的中小高新技术企业2年以上的，可以按照其投资额的70%在股权持有满2年的当年抵扣该创业投资企业的应纳税所得额；当年不足抵扣的，可以在以后纳税年度结转抵扣。

■ 企业购置并实际使用企业所得税优惠目录中规定的环境保护、节能节水、安全生产等专用设备的，该专用设备的投资额的10%可以从企业当年的企业所得税应纳税额中抵免；当年不足抵免的，可以在以后5个纳税年度结转抵免。

■ 企业所得税按纳税年度计算。纳税年度自公历1月1日起至12月31日止。企业在一个纳税年度中间开业，或者终止经营活动，使该纳税年度的实际经营期不足12个月的，应当以其实际经营期为一个企业所得税纳税年度。企业依法清算时，应当以清算期间作为一个企业所得税纳税年度。

■ 除另有规定外，居民企业以企业登记注册地为企业所得税纳税地点；但居民企业登记注册地在境外的，以实际管理机构所在地为纳税地点。

■ 对非居民企业在中国境内未设立机构、场所的，或虽设立机构、场所但取得的所得与所设机构、场所没有实际联系的，其应缴纳的所得税实行源泉扣缴，以支付人为扣缴义务人。税款由扣缴义务人在每次支付或到期应支付时，从支付或到期应支付的款项中扣缴。

■ 对非居民企业在中国境内取得工程作业和劳务所得应缴纳的所得税，税务机关可以指定工程价款或者劳务费的支付人为扣缴义务人。

■ 个人所得税的纳税义务人以住所或居住时间为划分标准，分为居民个人和非居民个人。在中国境内有住所，或无住所而一个纳税年度内在中国境内居住累计满183天的个人，为居民个人。居民个人从中国境内和境外取得的所得，依法缴纳个人所得税。

■ 非居民个人从中国境内取得的所得，依法缴纳个人所得税。在中国境内无住所的个人，在一个纳税年度内在中国境内居住累计不超过90天的，其来源于中国境内的所得，由境外雇主支付并且不由该雇主在中国境内的机构、场所负担的部分，免予缴纳个人所得税。

■ 个人所得税项目包括：（1）工资、薪金所得；（2）劳务报酬所得；（3）稿酬所得；（4）特许权使用费所得；（5）经营所得；（6）利息、股息、红利所得；（7）财产租赁所得；（8）财产转让所得；（9）偶然所得。其中（1）至（4）项为综合所得，按纳税年度合并计算个人所得税。

■ 综合所得，适用3%至45%的超额累进税率。经营所得，适用5%至35%的超额累进税率。利息、股息、红利所得，财产租赁所得，财产转让所得和偶然所得，适用比例税率，税率为20%。

■ 居民个人的综合所得按年计算，以每一纳税年度的收入额减除费用六万元以及专项扣除、专项附加扣除和依法确定的其他扣除后的余额，为应纳税所得额。

■ 纳税人在2022年已依法预缴个人所得税且符合下列情形之一的，无需办理汇算：（1）汇算需补税但综合所得收入全年不超过12万元的；（2）汇算需补税金额不超过400元的；（3）已预缴税额与汇算应纳税额一致的；（4）符合汇算退税条件但不申请退税的。

■ 符合下列情形之一的，纳税人需办理汇算：（1）已预缴税额大于汇算应纳税额且申请退税的；（2）2022年取得的综合所得收入超过12万元且汇算需要补税金额超过400元的。因适用所得项目错误或者扣缴义务人未依法履行扣缴义务，造成2022年少申报或者未申报综合所得的，纳税人应当依法据实办理汇算。

■ 劳务报酬所得、稿酬所得、特许权使用费所得以收入减除20%的费用后的余额为收入额。稿酬所得的收入额减按70%计算。

■ 专项扣除，包括居民个人按照国家规定的范围和标准缴纳的基本养老保险、基本医疗保险、失业保险等社会保险费和住房公积金等。

■ 专项附加扣除，包括子女教育、继续教育、大病医疗、住房贷款利息或者住房租金、赡养老人、3岁以下婴幼儿照护等支出。

■ 子女教育的扣除标准：纳税人的子女接受全日制学历教育的相关支出，按照每个子女每月1000元的标准定额扣除。自2023年1月1日起，子女教育专项附加扣除标准，由每个子女每月1000元提高到2000元。学历教育包括义务教育、高中阶段教育、高等教育。子女教育的扣除时间：学前教育阶段为子女年满3周岁当月至小学入学前一月；学历教育为子女接受全日制学历教育入学的当月至全日制学历教育结束的当月。

■ 子女教育的扣除方式：父母可以选择由其中一方按扣除标准的100%扣除，也可以选择由双方分别按扣除标准的50%扣除，具体扣除方式在一个纳税年度内不能变更。

■ 继续教育：纳税人在中国境内接受学历（学位）继续教育的支出，在学历（学位）教育期间按照每月400元定额扣除。纳税人接受继续教育的支出，在取得相关证书的当年按照3600元定额扣除。继续教育的扣除时间：学历（学位）继续教育为在中国境内接受学历（学位）继续教育入学的当月至学历（学位）继续教育结束的当月，同一学历（学位）继续教育的扣除期限最长不得超过48个月。继续教育为取得相关证书的当年。

■ 个人接受本科及以下学历（学位）继续教育，符合规定扣除条件的，可以选择由其父母扣除，也可以选择由本人扣除。

■ 大病医疗的扣除标准：在一个纳税年度内，纳税人发生的与基本医保相关的医药费用支出，扣除医保报销后个人负担（指医保目录范围内的自付部分）累计超过15000元的部分，由纳税人在办理年度汇算清缴时，在80000元限额内据实扣除。扣除时间：医疗保障信息系统记录的医药费用实际支出的当年。

■ 大病医疗的扣除方式：纳税人发生的医药费用支出可以选择由本人或者其配偶扣除；未成年子女发生的医药费用支出可以选择由其父母一方扣除。纳税人及其配偶、未成年子女发生的医药费用支出，按规定分别计算扣除额。

■ 住房贷款利息的扣除标准：纳税人本人或者配偶单独或者共同使用商业银行或者住房公积金个人住房贷款为本人或者其配偶购买中国境内住房，发生的首套住房贷款利息支出，在实际发生贷款利息的年度，按照每月1000元的标准定额扣除，扣除期限最长不超过240个月。纳税人只能享受一次首套住房贷款的利息扣除。

■ 住房贷款利息的扣除时间：为贷款合同约定开始还款的当月至贷款全部归还或贷款合同终止的当月，扣除期限最长不得超过 240 个月。扣除方式：经夫妻双方约定，可以选择由其中一方扣除，具体扣除方式在一个纳税年度内不能变更。

■ 纳税人在主要工作城市没有自有住房而发生的住房租金支出，可以按照以下标准定额扣除：（1）直辖市、省会城市、计划单列市，扣除标准为每月 1500 元；（2）除第一项所列城市以外，市辖区户籍人口超过 100 万的城市，扣除标准为每月 1100 元；市辖区户籍人口不超过 100 万的城市，扣除标准为每月 800 元。

■ 住房租金的扣除时间：为租赁合同（协议）约定的房屋租赁期开始的当月至租赁期结束的当月。提前终止合同（协议）的，以实际租赁期限为准。扣除方式：夫妻双方主要工作城市相同的，只能由一方扣除住房租金支出。住房租金支出由签订住房租赁合同的承租人扣除。纳税人及其配偶在一个纳税年度内不能同时分别享受住房贷款利息和住房租金专项附加扣除。

■ 赡养老人：被赡养人是指年满 60 岁的父母，以及子女均已去世的年满 60 岁的祖父母、外祖父母。纳税人赡养一位及以上被赡养人的赡养支出，按照以下标准定额扣除：（1）纳税人为独生子女的，按照每月 2000 元的标准定额扣除；（2）纳税人为非独生子女的，由其与兄弟姐妹分摊每月 2000 元的扣除额度，每人分摊的额度不能超过每月 1000 元。

■ 赡养老人的扣除时间：为被赡养人年满 60 周岁的当月至赡养义务终止的年末。扣除方式：纳税人为非独生子女的，可以由赡养人均摊或者约定分摊，也可以由被赡养人指定分摊。约定或者指定分摊的须签订书面分摊协议，指定分摊优先于约定分摊。具体分摊方式和额度在一个纳税年度内不能变更。

■ 自 2022 年 1 月 1 日起，纳税人照护 3 岁以下婴幼儿子女的相关支出，按照每个婴幼儿每月 1000 元的标准定额扣除。自 2023 年 1 月 1 日起，3 岁以下婴幼儿照护专项附加扣除标准，由每个婴幼儿每月 1000 元提高到 2000 元。父母可以选择由其中一方按扣除标准的 100% 扣除，也可以选择由双方分别按扣除标准的 50% 扣除，具体扣除方式在一个纳税年度内不能变更。

■ 2019 年 1 月 1 日至 2023 年 12 月 31 日期间，外籍个人符合居民个人条件的，可选择享受个人所得税专项附加扣除，也可选择享受住房补贴、语言训练费、子女教育费等津补贴免税优惠政策，但不得同时享受。

■ 其他扣除项目，包括个人缴付符合国家规定的企业年金、职业年金、个人养老金，个人购买符合国家规定的商业健康保险、税收递延型商业养老保险的支出，以及国务院规定可以扣除的其他项目。

■ 自2022年1月1日起，对个人养老金实施递延纳税优惠政策。在缴费环节，个人向个人养老金资金账户的缴费，按照12000元/年的限额标准，在综合所得或经营所得中据实扣除；在投资环节，计入个人养老金资金账户的投资收益暂不征收个人所得税；在领取环节，个人领取的个人养老金不并入综合所得，单独按照3%的税率计算缴纳个人所得税，其缴纳的税款计入"工资、薪金所得"项目。

■ 专项扣除、专项附加扣除和依法确定的其他扣除，以居民个人一个纳税年度的应纳税所得额为限额；一个纳税年度扣除不完的，不得结转以后年度扣除。

■ 财产租赁所得，每次收入不超过4000元的，减除费用800元；4000元以上的，减除20%的费用，其余额为个人所得税应纳税所得额。财产租赁所得，以一个月内取得的收入为一次。

■ 财产转让所得，以转让财产的收入额减除财产原值和合理费用后的余额，为应纳税所得额，按次计算纳税。

■ 在2022年10月1日至2023年12月31日期间，纳税人出售自有住房并在现住房出售后1年内，在同一城市重新购买住房的，可按规定申请退还其出售现住房已缴纳的个人所得税。

■ 自2018年11月1日（含）起，个人转让新三板非原始股的所得，暂免征收个人所得税。

■ 对个人转让新三板挂牌公司原始股取得的所得，按照"财产转让所得"，适用20%的比例税率征收个人所得税。

■ 个人转让限售股，取得现金、实物、有价证券和其他形式的经济利益均应缴纳个人所得税。限售股在解禁前被多次转让的，转让方对每一次转让所得均应按规定缴纳个人所得税。

■ 利息、股息、红利所得和偶然所得，以每次收入额为个人所得税应纳税所得额。利息、股息、红利所得，以支付时取得的收入为一次。偶然所得，以每次取得该项收入为一次。

■ 个人从公开发行和转让市场取得的上市公司股票，持股期限超过1年的，股息、红利所得暂免征收个人所得税；持股期限在1个月以内（含1个月）的，其股息、红利所得全额计入应纳税所得额；1个月以上至1年（含1年）的，暂减按50%计入应纳税所得额。自2019年7月1日起至2024年6月30日止，全国中小企业股份转让系统挂牌公司股息、红利差别化个人所得税政策也按此政策执行。

■ 个人将其所得对教育、扶贫、济困等公益慈善事业进行捐赠，捐赠额未超过纳税人申报的应纳税所得额30%的部分，可以从其个人所得税应纳税所得额中扣除；国务院规定对公益慈善事业捐赠实行全额税前扣除的，从其规定。

■ 2020年1月1日至2021年3月31日，企业和个人直接向承担疫情防治任务的医院捐赠用于应对新冠肺炎疫情的物品，允许在计算企业所得税或个人所得税应纳税所得额时全额扣除。捐赠人凭承担疫情防治任务的医院开具的捐赠接收函办理税前扣除事宜。

■ 2020年1月1日至2021年3月31日，企业和个人通过公益性社会组织或者县级以上人民政府及其部门等国家机关，捐赠用于应对新冠肺炎疫情的现金和物品，允许在计算企业所得税或个人所得税应纳税所得额时全额扣除。

■ 自2020年1月1日起至2023年12月31日，单位发给个人用于预防新型冠状病毒感染的肺炎的药品、医疗用品和防护用品等实物（不包括现金），不计入工资、薪金收入，免征个人所得税。

■ 自2020年1月1日起至2023年12月31日，对参加疫情防治工作的医务人员和防疫工作者按照政府规定标准取得的临时性工作补助和奖金，免征个人所得税；政府规定标准包括各级政府规定的补助和奖金标准；对省级及省级以上人民政府规定的对参与疫情防控人员的临时性工作补助和奖金，比照执行。

■ 扣缴义务人向居民个人支付工资、薪金所得时，应当按照累计预扣法计算预扣税款个人所得税，并按月办理扣缴申报。

■ 居民个人取得全年一次性奖金，在2023年12月31日前，不并入当年综合所得，以全年一次性奖金收入除以 12 个月得到的数额，按照按月换算后的综合所得税率表确定适用税率和速算扣除数，单独计算纳税。

■ 居民个人取得股票期权、股票增值权、限制性股票、股权奖励等股权激励，在 2023 年 12 月 31 日前，不并入当年综合所得，全额单独适用综合所得税率表，计算纳税。

■ 自 2020 年 7 月 1 日起，对一个纳税年度内首次取得工资、薪金所得的居民个人，扣缴义务人在预扣预缴个人所得税时，可按照 5000 元 / 月乘以纳税人当年截至本月月份数计算累计减除费用。正在接受全日制学历教育的学生因实习取得劳务报酬所得的，扣缴义务人预扣预缴个人所得税时，可按照《国家税务总局关于发布〈个人所得税扣缴申报管理办法（试行）〉的公告》（2018 年第 61 号）规定的累计预扣法计算并预扣预缴税款。

■ 自 2021 年 1 月 1 日起，对上一完整纳税年度内每月均在同一单位预扣预缴工资、薪金所得个人所得税且全年工资、薪金收入不超过 6 万元的居民个人，扣缴义务人在预扣预缴本年度工资、薪金所得个人所得税时，累计减除费用自 1 月份起直接按照全年 6 万元计算扣除。即在纳税人累计收入不超过 6 万元的月份，暂不预扣预缴个人所得税；在其累计收入超过 6 万元的当月及年内后续月份再预扣预缴个人所得税。

■ 扣缴义务人向居民个人支付工资、薪金所得时，应当按照累计预扣法计算预扣税款，并按月办理扣缴申报。

■ 预扣预缴税款时，劳务报酬所得、稿酬所得、特许权使用费所得每次收入不超过 4000 元的，减除费用按 800 元计算；每次收入 4000 元以上的，减除费用按收入的 20% 计算。其中，稿酬所得的收入额减按 70% 计算。

■ 扣缴义务人向非居民个人支付工资、薪金所得，劳务报酬所得，稿酬所得和特许权使用费所得时，应当按月或者按次代扣代缴税款。

■ 居民个人取得综合所得，按年计算个人所得税；有扣缴义务人的，由扣缴义务人按月或者按次预扣预缴税款；需要办理汇算清缴的，应当在取得所得的次年 3 月 1 日至 6 月 30 日内向任职、受雇单位所在地主管税务机关办理汇算清缴。

■ 个人所得税纳税人取得经营所得，按年计算个人所得税，由纳税人在月度或者季度终了后 15 日内向经营管理所在地主管税务机关报送纳税申报表，并预缴税款；在取得所得的次年 3 月 31 日前向经营管理所在地主管办理汇算清缴。

■ 除经营所得外，扣缴义务人向个人支付应税所得时，不论纳税人是否属于本单位人员，均应办理全员全额扣缴纳税申报。扣缴义务人每月或者每次预扣、代扣的税款，应当在次月 15 日内缴入国库。扣缴义务人未扣缴税款，纳税人应当在取得所得的次年 6 月 30 日前，缴纳税款。

■ 纳税人自行依法办理个人所得税纳税申报的情形：取得综合所得需要办理汇算清缴；取得应税所得没有扣缴义务人；取得应税所得，扣缴义务人未扣缴税款；取得境外所得；因移居境外注销中国户籍；非居民个人在中国境内从两处以上取得工资、薪金所得。

■ 下列各项个人所得免征个人所得税：（1）省级人民政府、国务院部委和中国人民解放军军以上单位，以及外国组织、国际组织颁发的科学、教育、技术、文化、卫生、体育、环境保护等方面的奖金；（2）国债和国家发行的金融债券利息；（3）按照国家统一规定发给的补贴、津贴；（4）福利费、抚恤金、救济金；（5）保险赔款等。

■ 个人投资者持有 2019—2023 年发行的铁路债券取得的利息收入，减按 50% 计入应纳税所得额计算征收个人所得税。

■ 在省、自治区、直辖市人民政府规定具体幅度和期限内，可以减征个人所得税的情形有：（1）残疾、孤老人员和烈属的所得；（2）因自然灾害遭受重大损失的。

■ 经营所得以每一纳税年度收入总额减除成本、费用以及损失后的余额为应纳税所得额。取得经营所得的个人，没有综合所得的，计算其每一纳税年度的应纳税所得额时，应当减除费用 6 万元、专项扣除、专项附加扣除及依法确定的其他扣除。

■ 2021 年 1 月 1 日至 2024 年 12 月 31 日，个体工商户经营所得年应纳税所得额不超过 100 万元的部分，在现行优惠政策基础上，再减半征收个人所得税。自 2023 年 1 月 1 日至 2027 年 12 月 31 日，对个体工商户年应纳税所得额不超过 200 万元的部分，减半征收个人所得税。个体工商户在享受现行其他个人所得税优惠政策的基础上，可叠加享受本条优惠政策。个体工商户不区分征收方式，均可享受。个体工商户在预缴税款时即可享受。

## 必考点检测训练

### 一、单选

1. 以下企业所得税的表述不正确的是：（　　）。
    A. 企业所得税的居民企业，是指依法在中国境内成立，或者依照外国（地区）法律成立但实际管理机构在中国境内的企业
    B. 居民企业应当就其来源于中国境内、境外的所得缴纳企业所得税
    C. 非居民企业在中国境内设立机构、场所的，就该机构、场所取得的来源于中国境内、境外的所得缴纳企业所得税
    D. 非居民企业在中国境内未设立机构、场所的，或者虽设立机构、场所但取得的所得与其所设机构、场所没有实际联系的，就来源于中国境内的所得缴纳企业所得税

参考答案：C

2. 以下来源于中国境内、境外的所得，确定原则不正确的是：（　　）。
    A. 销售货物所得，按照交易活动发生地确定
    B. 转让财产所得，不动产转让所得按照不动产所在地确定
    C. 转让财产所得，动产转让所得按照交易活动发生地确定
    D. 转让财产所得，权益性投资资产转让所得按照被投资企业所在地确定

参考答案：C

3. 以下来源于中国境内、境外的所得，确定原则不正确的是：（　　）。
    A. 提供劳务所得，按照提供劳务的企业或者机构、场所所在地确定
    B. 股息、红利等权益性投资所得，按照分配所得的企业所在地确定
    C. 利息所得、租金所得、特许权使用费所得，按照负担、支付所得的企业或者机构、场所所在地确定，或者按照负担、支付所得的个人的住所地确定

D. 其他所得，由国务院财政、税务主管部门确定

参考答案：A

4. 以下关于企业所得税的表述不正确的是：（　　）。

A. 应纳税所得额为企业每一纳税年度的收入总额，减除免税收入、各项扣除以及允许弥补的以前年度亏损后的余额

B. 企业应纳税所得额的计算以权责发生制为原则，属于当期的收入和费用，不论款项是否收付，均作为当期的收入和费用；不属于当期的收入和费用，即使款项已经在当期收付，均不作为当期的收入和费用

C. 企业以货币形式和非货币形式从各种来源取得的收入，为收入总额

D. 收入总额包括：（1）销售货物收入；（2）提供劳务收入；（3）转让财产收入；（4）股息、红利等权益性投资收益；（5）利息收入；（6）租金收入；（7）特许权使用费收入；（8）接受捐赠收入；（9）其他收入

参考答案：A

5. 下列关于企业所得税相关表述不正确的是：（　　）。

A. 企业在境内发生的支出项目属于增值税应税项目，对方为依法无需办理税务登记的单位或者从事小额零星经营业务的个人，其支出以税务机关代开的发票或者收款凭证及内部凭证作为税前扣除凭证

B. 企业取得私自印制、伪造、变造、作废、开票方非法取得、虚开、填写不规范等不符合规定的发票，以及取得不符合国家法律、法规等相关规定的其他外部凭证，不得作为税前扣除凭证

C. 企业应在当年度《中华人民共和国企业所得税法》规定的汇算清缴期结束前取得税前扣除凭证

D. 汇算清缴期结束后，税务机关发现企业应当取得而未取得发票、其他外部凭证或者取得不合规发票、不合规其他外部凭证并且告知企业的，企业应当自被告知之日起90日内补开、换开符合规定的发票、其他外部凭证

参考答案：D

6. 下列关于企业所得税相关表述不正确的是：（    ）。

A. 企业发生的职工福利费支出，不超过工资薪金总额 14% 的部分，准予扣除

B. 企业拨缴的职工工会经费，不超过工资薪金总额 2% 的部分，凭《工会经费收入专用收据》或合法、有效的工会经费代收凭据在企业所得税税前扣除

C. 企业发生的职工教育经费支出，不超过工资薪金总额 8% 的部分，准予扣除；超过部分不能在以后纳税年度结转扣除

D. 集成电路设计企业和符合条件软件企业的职工培训费用，按实际发生额计算扣除

参考答案：C

7. 下列关于企业所得税相关表述不正确的是：（    ）。

A. 企业在生产经营活动中发生的合理的借款费用，应区分为收益性支出和资本性支出在税前扣除

B. 非金融企业向非金融企业借款的利息支出，不超过按照金融企业同期同类贷款利率计算的数额的部分，准予税前扣除

C. 企业发生的与生产经营活动有关的业务招待费支出，按照发生额的 60% 扣除，但最高不得超过当年销售（营业）收入的 15%

D. 企业参加雇主责任险、公众责任险等责任保险，按照规定缴纳的保险费，准予在企业所得税税前扣除

参考答案：C

8. 下列关于企业所得税相关表述不正确的是：（    ）。

A. 符合条件的广告费宣传费支出，除国务院财政、税务主管部门另有规定外，不超过当年销售（营业）收入 15% 的部分，准予扣除；超过部分，准予在以后纳税年度结转扣除

B. 对化妆品制造或销售、医药制造和饮料制造、酒类制造企业发生的广告费和业务宣传费支出，不超过当年销售（营业）收入 30% 的部分，准予扣除；超过部分，准予在以后纳税年度结转扣除

C. 对签订广告费和业务宣传费分摊协议（以下简称分摊协议）的关联企业，其中一方发生的不超过当年销售（营业）收入税前扣除

限额比例内的广告费和业务宣传费支出可以在本企业扣除，也可以将其中的部分或全部按照分摊协议归集至另一方扣除

  D．烟草企业的烟草广告费和业务宣传费支出，一律不得在计算应纳税所得额时扣除

参考答案：B

9．企业的各项资产，包括固定资产、生物资产、无形资产、长期待摊费用、投资资产、存货等，以（  ）为计税基础。

  A．重置成本      B．历史成本

  C．公允价值      D．现值

参考答案：B

10．下列关于企业所得税相关表述不正确的是：（  ）。

  A．无形资产按照直线法计算的摊销费用，准予扣除

  B．无形资产的摊销年限不得低于 20 年

  C．作为投资或受让的无形资产，有关法律规定或合同约定了使用年限的，可按规定或者约定的使用年限分期摊销

  D．自创商誉不得计算摊销费用扣除

参考答案：B

11．下列关于企业所得税相关表述不正确的是：（  ）。

  A．已足额提取折旧的固定资产的改建支出，按照固定资产预计尚可使用年限分期摊销

  B．租入固定资产的改建支出，按照合同约定的剩余租赁期限分期摊销

  C．固定资产的大修理支出，按照固定资产尚可使用年限分期摊销

  D．固定资产的大修理支出，是指同时符合下列条件的支出：修理支出达到取得固定资产时的计税基础 50% 以上；修理后固定资产的使用年限延长 3 年以上

参考答案：D

12．下列关于企业所得税相关表述不正确的是：（  ）。

  A．企业对外投资期间，投资资产的成本在计算应纳税所得额时不得扣除

B. 企业在转让或者处置投资资产时，投资资产的成本，准予扣除

C. 企业以前年度发生的资产损失未能在当年税前扣除的，属于实际资产损失，准予追补至该项损失发生年度扣除，其追补确认期限一般不得超过三年

D. 属于法定资产损失，应在申报年度扣除

参考答案：C

13. 下列关于企业所得税相关表述不正确的是：（  ）。

A. 一般企业纳税年度发生的亏损，准予向以后年度结转，用以后年度的所得弥补，但结转年限最长不得超过五年

B. 当年具备高新技术企业或科技型中小企业资格（以下统称资格）的企业，其具备资格年度之前 5 个年度发生的尚未弥补完的亏损，准予结转以后年度弥补，最长结转年限由 5 年延长至 10 年

C. 受疫情影响较大的困难行业企业 2020 年度发生的亏损最长结转年限延长至 8 年

D. 企业在汇总计算缴纳企业所得税时，其境外营业机构的亏损可以抵减境内营业机构的盈利

参考答案：D

14. 下列关于个人所得税专项附加扣除相关表述不正确的是：（  ）。

A. 纳税人在中国境内外接受学历（学位）继续教育的支出，在学历（学位）教育期间按照每月 400 元定额扣除

B. 同一学历（学位）继续教育的扣除期限不能超过 48 个月

C. 纳税人接受技能人员职业资格继续教育、专业技术人员职业资格继续教育的支出，在取得相关证书的当年，按照 3600 元定额扣除

D. 个人接受本科及以下学历（学位）继续教育，符合本办法规定扣除条件的，可以选择由其父母扣除，也可以选择由本人扣除

参考答案：A

15. 下列关于个人所得税专项附加扣除相关表述不正确的是：（  ）。

A. 在一个纳税年度内，纳税人发生的与基本医保相关的医药费用支出，扣除医保报销后个人负担（指医保目录范围内的自付部分）

累计超过15000元的部分，由纳税人在办理年度汇算清缴时，在80000元限额内据实扣除

B. 纳税人发生的医药费用支出可以选择由本人或者其配偶扣除

C. 未成年子女发生的医药费用支出可以选择由其父母一方扣除，也可以选择由双方分别扣除50%，具体扣除方式在一个纳税年度内不能变更

D. 纳税人及其配偶、未成年子女发生的医药费用支出，应按规定分别计算扣除额

参考答案：C

16. 下列关于个人所得税专项附加扣除相关表述不正确的是：（　　）。

A. 自2023年1月1日起，纳税人赡养一位及以上被赡养人的赡养支出，纳税人为独生子女的，按照每月3000元的标准定额扣除

B. 自2023年1月1日起，纳税人赡养一位及以上被赡养人的赡养支出，纳税人为非独生子女的，由其与兄弟姐妹分摊每月2000元的扣除额度，每人分摊的额度不能超过每月1500元

C. 被赡养人是指年满60岁的父母，以及子女均已去世的年满60岁的祖父母、外祖父母

D. 赡养老人的扣除期间为被赡养人年满60周岁的当月至赡养义务终止的当月

参考答案：D

17. 下列关于公益慈善事业捐赠个人所得税相关表述不正确的是：（　　）。

A. 除另有规定外，居民个人发生的公益捐赠支出，在综合所得、经营所得中扣除的，扣除限额分别为当年综合所得、当年经营所得应纳税所得额的30%

B. 除另有规定外，居民个人发生的公益捐赠支出，在分类所得中扣除的，扣除限额为当月分类所得应纳税所得额的30%

C. 居民个人根据各项所得的收入、公益捐赠支出、适用税率等情况，自行决定在综合所得、分类所得、经营所得中扣除的公益捐赠支出的顺序

D. 居民个人取得劳务报酬所得、稿酬所得、特许权使用费所得的，预扣预缴时可以在本次应纳税所得额的 30% 限额内计算扣除

参考答案：D

18. 下列关于个人所得税相关表述不正确的是：（ ）。

   A. 扣缴义务人向居民个人支付工资、薪金所得时，应当按照累计预扣法计算预扣税款，并按月办理扣缴申报

   B. 对上一完整纳税年度内每月均在同一单位预扣预缴工资、薪金所得个人所得税且全年工资、薪金收入不超过 6 万元的居民个人，扣缴义务人在预扣预缴本年度工资、薪金所得个人所得税时，累计减除费用自 1 月份起直接按照全年 6 万元计算扣除

   C. 对一个纳税年度内首次取得工资、薪金所得的居民个人，扣缴义务人在预扣预缴个人所得税时，可按照 5000 元 / 月乘以纳税人当年截至本月月份数计算累计减除费用

   D. 预扣预缴税款时，劳务报酬所得、稿酬所得、特许权使用费所得每次收入的减除费用按收入的 20% 计算

参考答案：D

19. 下列关于个人所得税经营所得相关表述不正确的是：（ ）。

   A. 纳税人取得经营所得，按年计算个人所得税，由纳税人在月度或季度终了后 15 日内，向经营管理所在地主管税务机关办理预缴纳税申报

   B. 在取得所得的次年 3 月 31 日前，向经营管理所在地主管税务机关办理汇算清缴

   C. 从两处以上取得经营所得的，在取得所得的次年 3 月 31 日前，选择向其中一处经营管理所在地主管税务机关办理年度汇总申报

   D. 取得经营所得的个人，没有综合所得的，计算其每一纳税年度的应纳税所得额时，应当减除费用 6 万元、专项扣除、专项附加扣除以及依法确定的其他扣除。专项附加扣除在办理预缴申报时减除

参考答案：D

## 二、多选

1. 收入总额中的下列收入为不征税收入：（　　）。

A. 财政拨款

B. 依法收取并纳入财政管理的行政事业性收费、政府性基金

C. 符合条件的非营利组织的收入

D. 国务院规定的其他不征税收入

参考答案：ABD

2. 企业销售商品同时满足下列条件的，应确认收入的实现：（　　）。

A. 商品销售合同已经签订，企业已将商品所有权相关的主要风险和报酬转移给购货方

B. 企业对已售出的商品既没有保留通常与所有权相联系的继续管理权，又没有实施有效控制

C. 收入的金额能够可靠地计量

D. 已发生或将发生的销售方的成本能够可靠地核算

参考答案：ABCD

3. 下列关于企业所得税相关表述正确的有：（　　）。

A. 非居民企业在中国境内未设立机构、场所的，或者虽设立机构、场所但取得的所得与其所设机构、场所没有实际联系的，取得来源于中国境内的所得，减按 10% 的税率征收企业所得税

B. 非居民企业在中国境内未设立机构、场所的，或者虽设立机构、场所，但取得的所得与其所设机构、场所没有实际联系的，取得来源于中国境内的所得，实行源泉扣缴，以支付人为扣缴义务人

C. 对非居民企业在中国境内取得工程作业和劳务所得应缴纳的所得税，税务机关可以指定工程价款或者劳务费的支付人为扣缴义务人

D. 仅就来源于中国境内所得缴纳企业所得税的非居民企业取得境内股息、红利等权益性投资收益和利息、租金、特许权使用费所

得，以收入全额为应纳税所得额

参考答案：ABCD

4. 下列关于企业所得税相关表述正确的有：（ ）。

A. 企业实际发生的与取得收入有关的、合理的支出，准予在计算应纳税所得额时扣除。这些支出包括成本、费用、税金、损失和其他支出

B. 税前扣除凭证按照来源的不同可以分为内部凭证和外部凭证

C. 主要的外部凭证是发票（包括纸质发票和电子发票），外部凭证还包括财政票据、完税凭证、收款凭证、分割单等

D. 企业从境外购进货物或者劳务发生的支出，以对方开具的发票或者具有发票性质的收款凭证、相关税费缴纳凭证作为税前扣除凭证

参考答案：ABCD

5. 以下支出不得税前扣除的有：（ ）。

A. 向投资者支付的股息、红利

B. 企业所得税税款

C. 税收滞纳金

D. 罚金、罚款和被没收财物的损失

E. 赞助支出

参考答案：ABCDE

6. 下列固定资产不得计算折旧扣除的有：（ ）。

A. 房屋、建筑物以外未投入使用的固定资产

B. 以经营租赁方式租入的固定资产

C. 以融资租赁方式租出的固定资产

D. 已足额提取折旧仍继续使用的固定资产

E. 单独估价作为固定资产入账的土地

参考答案：ABCDE

7. 享受小型微利企业优惠的企业必须同时满足的条件有：（ ）。

A. 从事国家非限制和禁止行业

B. 从业人数不超过 300 人

C. 资产总额不超过 5000 万元

D. 应纳税所得额不超过 300 万元

参考答案：ABCD

8. 下列关于企业所得税相关表述正确的有：（　　）。

A. 国家鼓励的集成电路线宽小于 28 纳米（含），且经营期在 15 年以上的集成电路生产企业或项目，第一年至第十年免征企业所得税

B. 国家鼓励的集成电路线宽小于 65 纳米（含），且经营期在 15 年以上的集成电路生产企业或项目，第一年至第五年免征企业所得税，第六年至第十年按照 25% 的法定税率减半征收企业所得税

C. 国家鼓励的集成电路线宽小于 130 纳米（含），且经营期在 10 年以上的集成电路生产企业或项目，第一年至第二年免征企业所得税，第三年至第五年按照 25% 的法定税率减半征收企业所得税

D. 对于按照集成电路生产企业享受税收优惠政策的，优惠期自获利年度起计算

E. 对于按照集成电路生产项目享受税收优惠政策的，优惠期自项目获利年度起计算，集成电路生产项目需单独进行会计核算、计算所得，并合理分摊期间费用

参考答案：ABCD

9. 总机构和具有主体生产经营职能的二级分支机构，就地分摊缴纳企业所得税。哪些二级分支机构不就地分摊缴纳企业所得税：（　　）。

A. 不具有主体生产经营职能，且在当地不缴纳增值税、营业税的产品售后服务、内部研发、仓储等汇总纳税企业内部辅助性的二级分支机构

B. 上年度认定为小型微利企业的二级分支机构

C. 新设立的二级分支机构

D. 当年撤销的二级分支机构

E. 汇总纳税企业在中国境外设立的不具有法人资格的二级分支机构

参考答案：ABCDE

10. 债务重组、资产收购、股权收购、企业合并和分立同时符合哪些条件的，适用特殊性税务处理：（　　）。

　　A. 具有合理的商业目的，且不以减少、免除或者推迟缴纳税款为主要目的

　　B. 被收购、合并或分立部分的资产或股权比例符合规定的比例

　　C. 企业重组后的连续 12 个月内不改变重组资产原来的实质性经营活动

　　D. 重组交易对价中涉及股权支付金额符合规定比例

　　E. 企业重组中取得股权支付的原主要股东，在重组后连续 12 个月内不得转让所取得的股权

参考答案：ABCDE

11. 下列关于个人所得税相关表述正确的有：（　　）。

　　A. 个人所得税纳税人分为居民个人和非居民个人

　　B. 居民个人应就从中国境内和境外取得的所得缴纳个人所得税

　　C. 非居民个人仅就从中国境内取得的所得缴纳个人所得税

　　D. 个人所得税以所得人为纳税人，以支付所得的单位或个人为扣缴义务人

参考答案：ABCD

12. 个人所得税的税率包括：（　　）。

　　A. 七级超额累进税率　　　　　B. 六级超额累进税率

　　C. 五级超额累进税率　　　　　D. 20% 比例税率

参考答案：ACD

13. 个人所得适用 20% 比例税率的有：（　　）。

　　A. 经营所得　　　　　　　　　B. 利息、股息、红利所得

　　C. 财产租赁所得　　　　　　　D. 财产转让所得

　　E. 偶然所得

参考答案：BCDE

14. 下列关于个人所得税相关表述正确的有：（　　）。

　　A. 非居民个人的工资、薪金所得，以每月收入额减除费用 5000 元及专项扣除后的余额为应纳税所得额

    B. 非居民个人的劳务报酬所得、稿酬所得、特许权使用费所得，以每次收入额为应纳税所得额

    C. 劳务报酬所得、稿酬所得、特许权使用费所得，属于一次性收入的，以取得该项收入为一次

    D. 劳务报酬所得、稿酬所得、特许权使用费所得，属于同一项目连续性收入的，以一个月内取得的收入为一次

参考答案：BCD

15. 下列关于个人所得税相关表述正确的有：（　　）。

    A. 居民个人的综合所得，以每一纳税年度的收入额减除费用60000元以及专项扣除、专项附加扣除和依法确定的其他扣除后的余额，为应纳税所得额

    B. 劳务报酬所得、稿酬所得、特许权使用费所得以收入减除20%的费用后的余额为收入额

    C. 稿酬所得的收入额减按70%计算

    D. 个人所得税专项扣除，包括居民个人按照国家规定的范围和标准缴纳的基本养老保险、基本医疗保险、失业保险、工伤保险等社会保险费和住房公积金等

参考答案：ABC

16. 以下属于个人所得税专项附加扣除的有：（　　）。

    A. 子女教育　　　　　　　　B. 继续教育

    C. 大病医疗　　　　　　　　D. 住房公积金

    E. 3 岁以下婴幼儿照护

参考答案：ABCE

17. 下列关于个人所得税专项附加扣除相关表述正确的有：（　　）。

    A. 自 2023 年 1 月 1 日起，纳税人的子女接受全日制学历教育的相关支出，按每个子女每月 2000 元的标准定额扣除

    B. 年满 3 岁至小学入学前处于学前教育阶段的子女，也可按照子女教育扣除

    C. 子女教育支出的扣除，父母可以选择由其中一方按扣除标准的100% 扣除，也可以选择由双方分别按扣除标准的 50% 扣除，具

体扣除方式在一个纳税年度内不能变更

D. 纳税人子女在中国境外接受教育的，纳税人应当留存境外学校录取通知书、留学签证等相关教育的证明资料备查

参考答案：ABCD

18. 下列关于个人所得税专项附加扣除相关表述正确的有：（　）。

A. 首套住房贷款利息支出，在实际发生贷款利息的年度，按照每月1000元的标准定额扣除，扣除期限最长不超过240个月

B. 纳税人只能享受一次首套住房贷款的利息扣除

C. 经夫妻双方约定，可以选择由其中一方扣除，也可以选择由双方分别扣除50%，具体扣除方式在一个纳税年度内不能变更

D. 夫妻双方婚前分别购买住房发生的首套住房贷款，其贷款利息支出，婚后可以选择其中一套购买的住房，由购买方按扣除标准的100%扣除，也可以由夫妻双方对各自购买的住房分别按扣除标准的50%扣除，具体扣除方式在一个纳税年度内不能变更

参考答案：ABD

19. 纳税人在主要工作城市没有自有住房而发生的住房租金支出，其定额扣除标准包括：（　）。

A. 直辖市、省会（首府）城市、计划单列市以及国务院确定的其他城市，扣除标准为每月1500元

B. 除A项所列城市以外，市辖区户籍人口超过100万的城市，扣除标准为每月1100元

C. 除A项所列城市以外，市辖区户籍人口不超过100万的城市，扣除标准为每月1000元

D. 除A项所列城市以外，市辖区户籍人口不超过100万的城市，扣除标准为每月800元

参考答案：ABD

20. 下列关于个人所得税专项附加扣除相关表述正确的有：（　）。

A. 纳税人的配偶在纳税人的主要工作城市有自有住房的，视同纳税人在主要工作城市有自有住房

B. 纳税人及其配偶在一个纳税年度内不能同时分别享受住房贷款利

息和住房租金专项附加扣除

  C．夫妻双方主要工作城市相同的，可由一方扣除住房租金支出，也可以选择由双方分别扣除50%，具体扣除方式在一个纳税年度内不能变更

  D．住房租金支出由签订租赁住房合同的承租人扣除

参考答案：ABD

21．居民个人的综合所得可以减除的依法确定的其他扣除包括：（   ）。

  A．个人缴付符合国家规定的企业年金、职业年金

  B．个人购买符合国家规定的商业健康保险的支出

  C．个人购买符合国家规定的税收递延型商业养老保险的支出

  D．个人缴付符合国家规定的个人养老金

  E．国务院规定可以扣除的其他项目

参考答案：ABCDE

22．下列关于个人所得税相关表述正确的有：（   ）。

  A．经营所得，以每一纳税年度的收入总额减除成本、费用以及损失后的余额，为应纳税所得额

  B．利息、股息、红利和偶然所得以每次收入额为应纳税所得额

  C．利息、股息、红利所得，以支付利息、股息、红利时取得的收入为一次。偶然所得以每次取得该项收入为一次

  D．财产租赁所得，每次收入不超过4000元的，减除费用800元；4000元以上的，减除20%的费用，其余额为应纳税所得额。财产租赁所得以一个月内取得的收入为一次

  E．财产转让所得，以转让财产的收入额减除财产原值和合理费用后的余额为应纳税所得额

参考答案：ABCDE

23．下列关于个人所得税相关表述正确的有：（   ）。

  A．个人转让股权以股权转让收入减除股权原值和合理费用后的余额为应纳税所得额

  B．个人转让股权收入是指转让方因股权转让而获得的现金、实物、有价证券和其他形式的经济利益

C. 转让方取得与股权转让相关的各种款项，包括违约金、补偿金以及其他名目的款项、资产、权益等，均应当并入股权转让收入

D. 纳税人按照合同约定，在满足约定条件后取得的后续收入应当作为股权转让收入

参考答案：ABCD

24. 股权转让收入应当按照公平交易原则确定。下列情形中主管税务机关可以核定股权转让收入的有：（    ）。

A. 申报的股权转让收入明显偏低且无正当理由的

B. 未按照规定期限办理纳税申报，经税务机关责令限期申报，逾期仍不申报的

C. 转让方无法提供或拒不提供股权转让收入的有关资料

D. 其他应核定股权转让收入的情形

参考答案：ABCD

25. 符合下列哪些条件的股权转让收入明显偏低，视为有正当理由：（    ）。

A. 能出具有效文件，证明被投资企业因国家政策调整，生产经营受到重大影响，导致低价转让股权

B. 继承或将股权转让给其能提供具有法律效力身份关系证明的配偶、父母、子女、祖父母、外祖父母、孙子女、外孙子女、兄弟姐妹以及对转让人承担直接抚养或者赡养义务的抚养人或者赡养人

C. 相关法律、政府文件或企业章程规定，并有相关资料充分证明转让价格合理且真实的本企业员工持有的不能对外转让股权的内部转让

D. 股权转让双方能够提供有效证据证明其合理性的其他合理情形

参考答案：ABCD

26. 下列关于个人所得税相关表述正确的有：（    ）。

A. 福利费、抚恤金、救济金免征个人所得税

B. 免征个人所得税的福利费是指根据国家有关规定，从企业、事业单位、国家机关、社会组织提留的福利费或者工会经费中支付给

个人的生活补助费

C．免征个人所得税的救济金，是指各级人民政府民政部门支付给个人的生活困难补助费

D．按照国家统一规定发给干部、职工的安家费、退职费、基本养老金或者退休费、离休费、离休生活补助费不并入当年综合所得，单独计算个人所得税

参考答案：ABC

27．下列关于个人所得税相关表述正确的有：（ ）。

A．个人从公开发行和转让市场取得的上市公司股票，持股期限超过1年的，股息红利所得暂免征个人所得税

B．个人从公开发行和转让市场取得的上市公司股票，持股期限在1个月以上至1年（含1年）的，股息红利所得暂减按50%计入应纳税所得额

C．个人从公开发行和转让市场取得的上市公司股票，持股期限在1个月以上至1年（含1年）的，股息红利所得暂减按25%计入应纳税所得额

D．个人从公开发行和转让市场取得的上市公司股票，持股期限在1个月以内（含1个月）的，股息红利所得全额计入应纳税所得额

E．个人从公开发行和转让市场取得的上市公司股票，持股期限在1个月以内（含1个月）的，股息红利所得暂减按50%计入应纳税所得额

参考答案：ABD

28．纳税人2022年度取得综合所得符合下列情形，需要办理年度汇算的是：（ ）。

A．已预缴税额大于年度应纳税额且申请退税的

B．年度汇算需补税但综合所得收入全年不超过12万元的

C．综合所得收入全年超过12万元且需要补税金额超过400元的

D．因适用所得项目错误或者扣缴义务人未依法履行扣缴义务，造成纳税年度内少申报或者未申报综合所得的

参考答案：ACD

29. 纳税人在纳税年度内已依法预缴个人所得税且符合下列情形，无需办理年度汇算的有：（　　）。

　　A. 年度汇算需补税但综合所得收入全年不超过 12 万元的

　　B. 年度汇算需补税金额不超过 400 元的

　　C. 已预缴税额与年度汇算应纳税额一致的

　　D. 符合年度汇算退税条件但不申请退税的

*参考答案：ABCD*

## 三、判断

1. 企业各项存货的使用或者销售，其实际成本的计算方法可以在先进先出法、加权平均法、个别计价法、毛利率法中选用一种。计价方法一经选用，不得随意变更。　　　　　　　　　　　　　　　　　　　　　（　　）

*参考答案：×*

【企业各项存货的使用或者销售，其实际成本的计算方法可以在先进先出法、加权平均法、个别计价法中选用一种。计价方法一经选用，不得随意变更。】

2. 国家鼓励的集成电路设计、装备、材料、封装、测试企业和软件企业，自取得第一笔生产经营收入所属纳税年度起，第一年至第二年免征企业所得税，第三年至第五年按照 25% 的法定税率减半征收企业所得税。（　　）

*参考答案：×*

【国家鼓励的集成电路设计、装备、材料、封装、测试企业和软件企业，自获利年度起，第一年至第二年免征企业所得税，第三年至第五年按照 25% 的法定税率减半征收企业所得税。】

3. 国家鼓励的重点集成电路设计企业和软件企业，自获利年度起，第一年至第五年免征企业所得税，接续年度减按 15% 的税率征收企业所得税。（　　）

*参考答案：×*

【国家鼓励的重点集成电路设计企业和软件企业，自获利年度起，第一年至第五年免征企业所得税，接续年度减按 10% 的税率征收企业所得税。】

4. 公司制创业投资企业采取股权投资方式直接或间接投资于种子期、初创期科技型企业（以下简称初创科技型企业）满2年（24个月，下同）的，可以按照投资额的70%在股权持有满2年的当年抵扣该公司制创业投资企业的应纳税所得额；当年不足抵扣的，可以在以后纳税年度结转抵扣。 （ ）

参考答案：×

【公司制创业投资企业采取股权投资方式直接投资于种子期、初创期科技型企业（以下简称初创科技型企业）满2年（24个月，下同）的，可以按照投资额的70%在股权持有满2年的当年抵扣该公司制创业投资企业的应纳税所得额；当年不足抵扣的，可以在以后纳税年度结转抵扣。】

5. 居民企业在中国境内设立不具有法人资格的营业机构的，应当汇总计算并缴纳企业所得税。汇总纳税企业实行"统一计算、分级管理、就地预缴、汇总清算、财政调库"的企业所得税征收管理办法。 （ ）

参考答案：√

6. 除国务院财政、税务主管部门另有规定外，企业在重组过程中，应当在交易发生时确认有关资产的转让所得或者损失，相关资产应当按照交易价格重新确定计税基础。 （ ）

参考答案：√

7. 在中国境内无住所的纳税人，在中国境内居住累计满183天的年度连续不满六年的，经向主管税务机关备案，其来源于中国境外的所得，免予缴纳个人所得税。 （ ）

参考答案：×

【在中国境内无住所的纳税人，在中国境内居住累计满183天的年度连续不满六年的，经向主管税务机关备案，其来源于中国境外且由境外单位或个人支付的所得，免予缴纳个人所得税。】

8. 个人转让股权，个人所得税以受让方所在地税务机关为主管税务机关。 （ ）

参考答案：×

【个人转让股权，个人所得税以被投资企业所在地税务机关为主管税务机关。】

9. 居民个人从中国境外取得的所得，可以从其应纳税额中抵免已在境外缴纳的个人所得税税额，但抵免额不得超过该纳税人境外所得依照《中华人民共和国个人所得税法》规定计算的应纳税额。

参考答案：√

# 第六章　其他税种稽查方法

| | 初级 | 中级 | 高级 |
|---|---|---|---|
| 第一节<br>其他税种<br>稽查方法 | 1. 熟悉城市维护建设税及教育费附加的检查方法<br>2. 熟悉印花税的检查方法<br>3. 熟悉房产税的检查方法<br>4.<br>熟悉契税的检查方法<br>5. 了解土地增值税城镇土地使用税、耕地占用税、资源税、环境保护税、车船税、车辆购置税、烟叶税的检查方法 | 1. 掌握城市维护建设税及教育费附加的检查方法<br>2. 掌握印花税的检查方法<br>3. 掌握房产税的检查方法<br>4. 掌握土地增值税的检查方法<br>5. 掌握契税的检查方法<br>6. 熟悉城镇土地使用税、耕地占用税、资源税、环境保护税、车船税、车辆购置税、烟叶税的检查方法 | 1. 掌握其他税种常见涉税问题<br>2. 掌握涉及其他税种问题专项检查的统筹安排 |

## 必懂复习策略

　　本章主要内容是货劳税和所得税以外的其他税种的税务稽查，包括城市维护建设税及教育费附加、耕地占用税、城镇土地使用税、房产税、印花税、契税、土地增值税、资源税、环境保护税、车船税、车辆购置税和烟叶税的稽查。

　　本章涉及的税种较多，应重点掌握城市维护建设税及教育费附加、城镇土地使用税、房产税、印花税、契税、资源税的稽查。掌握相关税种的纳税人、征税范围、税率和税款计算以及税收优惠等。

　　初级考生应重点关注城市维护建设税及教育费附加、印花税的内容，特别注意印花税新法的变化；中级考生应掌握城市维护建设税及教育费附加、城镇土地使用税、房产税、印花税、契税、资源税的稽查；高级考生在中级基础上还应重点掌握耕地占用税、土地增值税、车船税的稽查。

**必会核心知识**

■ 凡在我国境内缴纳增值税、消费税的单位和个人，都是城市维护建设税和教育费附加的纳税人，都应依法缴纳城市维护建设税和教育费附加。

■ 城市维护建设税的征收范围包括市区、县城、建制镇，以及税法规定的其他地区。

■ 城市维护建设税按纳税人所在地的不同，实行三档地区差别比例税率：（1）纳税人所在地在市区的，税率为7%；（2）纳税人所在地在县城、镇的，税率为5%；（3）纳税人所在地不在市区、县城或镇的，税率为1%。特殊规定除外。

■ 城市维护建设税以纳税人依法实际缴纳的增值税、消费税税额（以下简称两税税额）为计税依据。

■ 依法实际缴纳的增值税税额，是指纳税人依照增值税相关法律法规和税收政策规定计算应当缴纳的增值税税额，加上增值税免抵税额，扣除直接减免的增值税税额和期末留抵退税退还的增值税税额（以下简称留抵退税额）后的金额。依法实际缴纳的消费税税额，是指纳税人依照消费税相关法律法规和税收政策规定计算应当缴纳的消费税税额，扣除直接减免的消费税税额后的金额。应当缴纳的两税税额，不含因进口货物或境外单位和个人向境内销售劳务、服务、无形资产缴纳的两税税额。

■ 对增值税免抵税额征收的城建税，纳税人应在税务机关核准免抵税额的下一个纳税申报期内向主管税务机关申报缴纳。纳税人自收到留抵退税额之日起，应当在下一个纳税申报期从城建税计税依据中扣除。留抵退税额仅允许在按照增值税一般计税方法确定的城建税计税依据中扣除。

■ 因纳税人多缴发生的两税退税，同时退还已缴纳的城建税。两税实行先征后返、先征后退、即征即退的，除另有规定外，不予退还随两税附征的城建税。对出口产品退还增值税、消费税的，不退还已缴纳的城市维护建设税和教育费附加。

■ 直接减免的两税税额不包括实行先征后返、先征后退、即征即退办法退还的两税税额。

■ 出口产品退还增值税、消费税的，不退还已缴纳的城市维护建设税和教育费附加。由于减免增值税、消费税而发生退税的，可同时退还已征收的城市维护建设税和教育费附加。

■ 对进口货物或者境外单位和个人向境内销售劳务、服务、无形资产缴纳的增值税、消费税税额，不征收城市维护建设税。

■ 在中华人民共和国境内占用耕地建设建筑物、构筑物或者从事非农业建设的单位和个人，为耕地占用税的纳税人。

■ 耕地占用税的纳税人：（1）经批准占用耕地的，为农用地转用审批文件中标明的建设用地人；（2）农用地转用审批文件中未标明建设用地人的，为用地申请人；（3）未经批准占用耕地的，为实际用地人。

■ 耕地占用税征税范围：占用耕地建设建筑物、构筑物或从事非农业建设的国家所有和集体所有的耕地。占用其他农用土地建房或从事其他非农业建设，依法征收耕地占用税。

■ 耕地占用税采用地区差别定额税率。耕地占用税计税依据：以纳税人实际占用的属于耕地占用税征税范围的土地面积为计税依据，按应税土地当地适用税额计税，实行一次性征收。耕地占用税应纳税额＝应税土地面积 × 适用税额。应税土地面积包括经批准占用面积和未经批准占用面积，以平方米为单位。

■ 占用基本农田的，应当按照耕地占用税法确定的当地适用税额，加按150%征收耕地占用税，应纳税额＝应税土地面积 × 适用税额 ×150%。

■ 免征耕地占用税：（1）军事设施占用耕地；（2）学校、幼儿园、社会福利机构、医疗机构占用耕地；（3）农村烈士遗属、因公牺牲军人遗属、残疾军人以及符合农村最低生活保障条件的农村居民，在规定用地标准以内新建自用住宅，免征耕地占用税。

■ 减征耕地占用税：（1）铁路线路、公路线路、飞机场跑道、停机坪、港口、航道、水利工程占用耕地，减按每平方米2元的税额征收耕地占用税；（2）农村居民在规定用地标准以内占用耕地新建自用住宅，按照当地适用税额减半征收耕地占用税；其中农村居民经批准搬迁，新建自用住宅占用耕地不超过原宅基地面积的部分，免征耕地占用税。

■ 耕地占用税的纳税义务发生时间为纳税人收到自然资源主管部门办理占用耕地手续的书面通知的当日。纳税人应当自纳税义务发生之日起30日内申报缴纳耕地占用税。

■ 占用耕地建设农田水利设施的，不缴纳耕地占用税。占用园地、林地、草地、农田水利用地、养殖水面、渔业水域滩涂以及其他农用地建设建筑物、构筑物或者从事非农业建设的，依照本法的规定缴纳耕地占用税。占用农用地建设直接为农业生产服务的生产设施的，不缴纳耕地占用税。

■ 纳税人在城市、县城、建制镇和工矿区内使用国家所有和集体所有土地的，缴纳土地使用税。应纳税额＝计税土地面积（平方米）× 适用税额

■ 城镇土地使用税的纳税人包括：（1）拥有土地使用权的单位和个人；（2）拥有土地使用权的单位和个人不在土地所在地的，其纳税人为土地的实际使用人和代管人；（3）土地使用权未确定或权属纠纷未解决的，其实际使用人为纳税人；（4）土地使用权共有的，共有各方都是纳税人；（5）在城镇土地使用税征税范围内承租集体所有建设用地的，纳税人为直接从集体经济组织承租土地的单位和个人。

■ 共同拥有一块土地的使用权，城镇土地使用税的纳税人为拥有土地使用权的个人或单位。应以其实际使用的土地面积占总面积的比例分别计算缴纳土地使用税。

■ 城镇土地使用税计税依据：按纳税人实际占用的土地面积，计量标准为每平方米。

■ 纳税人以出让或转让方式有偿取得土地使用权的，应由受让方从合同约定交付土地时间的次月起缴纳城镇土地使用税；合同未约定交付土地时间的，由受让方从合同签订的次月起缴纳城镇土地使用税。

■ 城镇土地使用税纳税义务发生时间：（1）购置新建商品房，交付使用之次月起；（2）购置存量房，房地产权属登记机关签发房屋权属证书之次月起；（3）出租、出借房产，自交付出租、出借房产之次月起；（4）以出让或转让方式有偿取得土地使用权的，应由受让方从合同约定交付土地时间之次月起；（5）纳税人新征用的耕地，自批准征用之日起满1年时开始；（6）新征用的非耕地，自批准征用次月起。

■ 城镇土地使用税按年计算、分期缴纳。

■ 法定免征城镇土地使用税的优惠：（1）国家机关、人民团体、军队自用的土地；（2）由国家财政部门拨付事业经费的单位自用的土地；（3）宗教寺庙、公园、名胜古迹自用的土地（公园、名胜古迹中附设营业单位使用的土地，按规定缴纳城镇土地使用税）；（4）市政街道、广场、绿化地带等公共用地；（5）直接用于农、林、牧、渔业的生产用地；（6）经批准开山填海整治的土地和改造的废弃土地，使用月份起免征城镇土地使用税5～10年。

■ 企业办各类学校、托儿所、幼儿园自用的土地，免税单位无偿使用纳税单位的土地，城市公交站场、道路客运站场、城市轨道交通系统运营用地，免征城镇土地使用税。

■ 纳税单位无偿使用免税单位的土地，纳税单位应照章缴纳城镇土地使用税。纳税单位与免税单位共同使用、共有使用权土地上的多层建筑，对纳税单位可按其占用的建筑面积占建筑总面积的比例计征城镇土地使用税。

■ 对改造安置住房建设用地免征城镇土地使用税。在商品住房等开发项目中配套建造安置住房的，按改造安置住房建筑面积占总建筑面积的比例免征城镇土地使用税。

■ 企业厂区（包括生产、办公及生活区）以内的绿化用地，应照章征收城镇土地使用税。

■ 对物流企业自有（包括自用和出租）或承租的大宗商品仓储设施用地，减按所属土地等级适用税额标准的50%计征城镇土地使用税。

■ 省、自治区、直辖市税务局确定的城镇土地使用税减免优惠：（1）个人所有的居住房屋及院落用地；（2）房产管理部门在房租调整改革前经租的居民住房用地；（3）免税单位职工家属的宿舍用地；（4）集体和个人办的各类学校、医院、托儿所、幼儿园用地。

■ 房产税的纳税人是指在我国城市、县城、建制镇和工矿区（不包括农村）内拥有房屋产权的单位和个人。

■ 房产税纳税人：（1）产权属国家所有的，由经营管理单位纳税；产权属集体和个人所有的，由集体单位和个人纳税；（2）产权出典的，由承典人纳税；（3）产权所有人、承典人不在房屋所在地的，或者产权未确定及租典纠纷未解决的，由房产代管人或者使用人纳税；（4）纳税单位和个人无租使用房产管理部门、免税单位及纳税单位的房产，应由使用人代为缴纳房产税；（5）纳税单位将应税房产无租出借给免税单位使用的，应由房产所有人缴纳房产税。

■　房产税以房产为征税对象，但独立于房屋之外的建筑物（如围墙等），不征房产税。

■　房产税的征税范围：城市、县城、建制镇和工矿区，不包括农村。

■　房产税的计税依据是房产的计税余值或不含增值税的租金收入。

■　房产税税率采用比例税率，经营自用的房产按照房屋的计税余值的1.2%计征；出租房产的按租金收入的12%计征。房产出租的，计征房产税的租金收入不含增值税；免征增值税的，租金收入不扣减增值税。

■　房产余值，是指依照房产原值一次减除 10%–30% 损耗价值后的余额。按房产余值计税的房产，无论会计上如何核算，房产原值均应包含地价，包括为取得土地使用权支付的价款、开发土地发生的成本费用等；凡以房屋为载体，不可随意移动的附属设备和配套设施，如给排水、采暖、消防、中央空调、电气及智能化楼宇设备等，无论在会计核算中是否单独记账与核算，都应计入房产原值，计征房产税。

■　房产出租的，以不含增值税的房产租金收入为房产税的计税依据。房产的租金收入包括货币收入和实物收入。

■　对于以房产投资联营，投资者参与投资利润分红，共担风险的情况，按房产余值作为计税依据计征房产税；对于以房产投资，收取固定收入，不承担联营风险的情况，实际上是以联营名义取得房产的租金，应由出租方按租金收入计缴房产税。

■　对出租房产，租赁双方签订的租赁合同约定有免收租金期限的，免收租金期间由产权所有人按照房产余值缴纳房产税。

■　从 2008 年 3 月 1 日起，对个人出租住房，不区分用途，按 4% 税率征收房产税。对企事业单位、社会团体以及其他组织按照市场价格向个人出租用于居住的住房，减按 4% 税率征收房产税。

■　下列房产免征房产税：（1）国家机关、人民团体、军队自用的房产。指这些单位本身的办公用房和公务用房；（2）由国家财政部门拨付事业经费的单位自用的房产。指这些单位本身的业务用房；（3）宗教寺庙、公园、名胜古迹自用的房产；（4）个人所有非营业用的房产；（5）经财政部批准免税的其他房产。

■ 非营利性医疗机构、疾病控制机构和妇幼保健机构等卫生机构自用的房产，企业办的各类学校、医院、托儿所、幼儿园自用的房产免征房产税。

■ 按政府规定价格出租的公有住房和廉租住房，暂免征收房产税；对经营公租房的租金收入，免征房产税。为社区提供养老、托育、家政等服务的机构自用或其通过承租、无偿使用等方式取得并用于提供社区养老、托育、家政服务的房产免征房产税。

■ 购置新建商品房，自房屋交付使用之次月起计征房产税；购置存量房，自办理房屋权属转移、变更登记手续、房地产权属登记机关签发房屋权属证书之次月起计征房产税。

■ 出租、出借房产，自交付出租、出借房产之次月起计征房产税。

■ 房地产开发企业自用、出租、出借本企业建造的商品房，自房屋使用或交付之次月起计征房产税；纳税人将原有房产用于生产经营，从生产经营之月起缴纳房产税。

■ 融资租赁的房产，由承租人自融资租赁合同约定开始日的次月起依照房产余值缴纳房产税。合同未约定开始日的，由承租人自合同签订的次月起依照房产余值缴纳房产税。

■ 纳税人自建的房屋，自建成之次月起计征房产税；纳税人委托施工企业建设的房屋，从办理验收手续之次月起征收房产税。

■ 在中华人民共和国境内书立应税凭证、进行证券交易的单位和个人，为印花税的纳税人。在中华人民共和国境外书立在境内使用的应税凭证的单位和个人，应当依照本法规定缴纳印花税。

■ 立合同人、立据人的当事人在两方或两方以上的，各方均为纳税人。证券交易印花税对证券交易的出让方征收，不对受让方征收。

■ 印花税的税目：（1）合同；（2）产权转移书据；（3）营业账簿；（4）证券交易。

■ 合同包括：（1）借款合同；（2）融资租赁合同；（3）买卖合同；（4）承揽合同；（5）建设工程合同；（6）运输合同；（7）技术合同；（8）租赁合同；（9）保管合同；（10）仓储合同；（11）财产保险合同。

■ 产权转移书据包括：（1）土地使用权出让书据；（2）土地使用权、

房屋等建筑物和构筑物所有权转让书据；（3）股权转让书据；（4）商标专用权、著作权、专利权、专有技术使用权转让书据。

■ 印花税的应纳税额按照计税依据乘以适用税率计算。

■ 印花税的计税依据如下：（1）应税合同的计税依据，为合同所列的金额，不包括列明的增值税税款；（2）应税产权转移书据的计税依据，为产权转移书据所列的金额，不包括列明的增值税税款；（3）应税营业账簿的计税依据，为账簿记载的实收资本（股本）、资本公积合计金额；（4）证券交易的计税依据，为成交金额。

■ 采用以货换货方式进行商品交易签订的合同，印花税的计税依据为合同所载的购、销合计金额。

■ 运输合同的计税依据为取得的运费收入，不包括所运货物的金额、装卸费和保险费。

■ 个人出租、承租住房签订的租赁合同免征印花税；自2008年11月1日起，个人销售或者购买住房暂免征收印花税。

■ 下列凭证免征印花税：（1）应税凭证的副本或者抄本；（2）依照法律规定应当予以免税的外国驻华使馆、领事馆和国际组织驻华代表机构为获得馆舍书立的应税凭证；（3）中国人民解放军、中国人民武装警察部队书立的应税凭证；（4）农民、家庭农场、农民专业合作社、农村集体经济组织、村民委员会购买农业生产资料或者销售农产品书立的买卖合同和农业保险合同；（5）无息或者贴息借款合同、国际金融组织向中国提供优惠贷款书立的借款合同；（6）财产所有权人将财产赠与政府、学校、社会福利机构、慈善组织书立的产权转移书据；（7）非营利性医疗卫生机构采购药品或者卫生材料书立的买卖合同；（8）个人与电子商务经营者订立的电子订单。根据国民经济和社会发展的需要，国务院对居民住房需求保障、企业改制重组、破产、支持小型微型企业发展等情形可以规定减征或者免征印花税，报全国人民代表大会常务委员会备案。

■ 印花税的纳税义务发生时间为纳税人书立应税凭证或者完成证券交易的当日；证券交易印花税扣缴义务发生时间为证券交易完成的当日。

■ 纳税人为单位的，应当向其机构所在地的主管税务机关申报缴纳印花税；纳税人为个人的，应当向应税凭证书立地或者纳税人居住地的主管税务机关申报缴纳印花税；不动产产权发生转移的，纳税人应当向不动产所在地的主管税务机关申报缴纳印花税。

■ 在中华人民共和国境内转移土地、房屋权属，承受的单位和个人为契税的纳税人。

■ 契税征税范围：（1）国有土地使用权出让；（2）土地使用权转让，包括出售、赠与和交换；（3）房屋买卖；（4）房屋赠与；（5）房屋交换。以作价投资（入股）、偿还债务、划转、奖励等方式转移土地、房屋权属的，应当征收契税。

■ 契税实行3%–5%的税率。

■ 契税的计税依据：（1）土地使用权出让、出售，房屋买卖，为土地、房屋权属转移合同确定的成交价格，包括应付的货币以及实物、其他经济利益对应的价款；（2）土地使用权互换、房屋互换，为所互换的土地使用权、房屋价格的差额；（3）土地使用权赠与、房屋赠与以及其他没有价格的转移土地、房屋权属行为，为税务机关参照土地使用权出售、房屋买卖的市场价格依法核定的价格。

■ 纳税人申报的成交价格、互换价格差额明显偏低且无正当理由的，由税务机关依照《中华人民共和国税收征收管理法》的规定核定。

■ 营改增后，计征契税的成交价格不含增值税。采取分期付款方式购买房屋附属设施土地使用权、房屋所有权的，应按合同规定的总价款计征契税。

■ 房屋附属设施（包括停车位、车库）与房屋为同一不动产单元的，计税依据为承受方应交付的总价款，并适用与房屋相同的税率；房屋附属设施与房屋为不同不动产单元的，计税依据为转移合同确定的成交价格，并按当地确定的适用税率计税。

■ 免征契税：（1）国家机关、事业单位、社会团体、军事单位承受土地、房屋用于办公、教学、医疗、科研和军事设施的；（2）非营利性的学校、医疗机构、社会福利机构承受土地、房屋权属用于办公、教学、医疗、科研、养老、救助；（3）承受荒山、荒地、荒滩土地使用权，并用于农、林、牧、渔业生产；（4）婚姻关系存续期间夫妻之间变更土地、房屋权属；（5）法定继承人通过继承承受土地、房屋权属；（6）依照法律规定应当予以免税的外国驻华使馆、领事馆和国际组织驻华代表机构承受土地、房屋权属。

■　因土地、房屋被县级以上人民政府征收、征用，重新承受土地、房屋权属，或者因不可抗力灭失住房，重新承受住房权属的，由省、自治区、直辖市决定免征或者减征契税。

■　契税的纳税义务发生时间，为纳税人签订土地、房屋权属转移合同的当日，或者纳税人取得其他具有土地、房屋权属转移合同性质凭证的当日。纳税人应当在依法办理土地、房屋权属登记手续前申报缴纳契税。

■　转让国有土地使用权、地上的建筑物及其附着物并取得收入的单位和个人，为土地增值税的纳税义务人。

■　土地增值税征税范围：（1）转让国有土地使用权；（2）地上的建筑物及其附着物连同国有土地使用权一并转让；（3）存量房地产的买卖。

■　房地产的继承、赠与、出租，房地产的代建、重新评估，不属于土地增值税的征税范围。

■　房地产"赠与"指：（1）房产、土地使用权所有人将房屋产权、土地使用权赠与直系亲属或承担直接赡养义务人的；（2）房产、土地使用权所有人通过中国境内非营利的社会团体、国家机关将房屋产权、土地使用权赠与教育、民政和其他社会福利、公益事业的。

■　对房地产的抵押行为，在抵押期间内不征收土地增值税。但对于抵押期满以房地产抵债而发生房地产权属转让的，应列入土地增值税的征税范围。

■　房地产的交换属于土地增值税的征税范围。但个人之间互换自有居住用房地产的，经当地税务机关核实，可以免征土地增值税。

■　合作建房，对于一方出地，一方出资金，双方合作建房，建成后按比例分房自用的，暂免征收土地增值税；建成后转让的，应征收土地增值税。

■　土地增值税实行最低30%、最高60%的四级超率累进税率。

■　应纳土地增值税税额＝转让房地产增值额 × 适用税率 − 扣除项目金额 × 速算扣除系数

■　纳税人转让房地产所取得的不含增值税的收入，包括货币收入、实物收入和其他收入在内的全部价款及有关的经济收益。

■　房地产开发企业出售开发的房地产扣除项目：（1）取得土地使用权

所支付的金额；（2）开发土地和新建房及配套设施的成本；（3）开发土地和新建房及配套设施的费用；（4）与转让房地产有关的税金；（5）财政部确定的其他扣除项目。

■ 取得土地使用权所支付的金额包括：（1）纳税人为取得土地使用权所支付的地价款；（2）纳税人在取得土地使用权时按国家统一规定缴纳的有关费用。

■ 房开企业为取得土地使用权所支付的契税，计入"取得土地使用权所支付的金额"扣除。

■ 土地增值税增值额扣除的房地产开发成本包括：土地的征用及拆迁补偿费、前期工程费、建筑安装工程费、基础设施费、公共配套设施费、开发间接费用等。

■ 房地产开发企业销售已装修的房屋，其装修费用可以计入房地产开发成本。房地产开发企业的预提费用、逾期开发缴纳的土地闲置费不得扣除。

■ 房地产开发企业计算土地增值税时，建筑安装施工企业就质量保证金对房地产开发企业开具发票的，按发票所载金额予以扣除；未开具发票的，扣留的质保金不得计算扣除。

■ 纳税人能够按转让房地产项目计算分摊利息支出，并能提供金融机构贷款证明的，其允许扣除的房地产开发费用＝利息＋（取得土地使用权所支付的金额＋房地产开发成本）×5%以内（利息最高不能超过按商业银行同类同期贷款利率计算的金额）；纳税人不能按转让房地产项目计算分摊利息支出或不能提供金融机构贷款证明的，其允许扣除的房地产开发费用＝（取得土地使用权所支付的金额＋房地产开发成本）×10%以内。

■ 出售旧房或旧建筑物能提供评估价格的，扣除项目：（1）取得土地使用权所支付的地价款；（2）房屋及建筑物的评估价格；（3）与转让房地产有关的税金；（4）评估费用。

■ 旧房及建筑物的评估价格，是指在转让已使用的房屋及建筑物时，由政府批准设立的房地产评估机构评定的重置成本价乘以成新度折扣率后的价格。在计算土地增值税时，评估价格主要用于以下几种情形：（1）出售旧房及建筑物的；（2）隐瞒、虚报房地产成交价格的；（3）提供扣除项目金额不实的；（4）转让房地产的成交价格低于房地产评估价格，又无正当理由的。

■　出售旧房或旧建筑物不能取得评估价格，但能提供购房发票的，经当地税务部门确认，可按发票所载金额并从购买年度起至转让年度止每年加计 5% 计算扣除。扣除项目：（1）购房发票金额及发票加计扣除金额；（2）购房契税；（3）与转让房地产有关的税金。

■　土地增值税按照纳税人转让房地产所取得的增值额和规定的税率计算征收。计算公式：应纳税额 $=\sum$（每级距的土地增值额 × 适用税率）

■　纳税人在项目全部竣工结算前转让房地产取得的收入，由于涉及成本确定等原因而无法计算土地增值税的，可以预征土地增值税，待该项目全部竣工办理结算后再进行清算。

■　土地增值税预征的计征依据 = 预收款 − 应预缴增值税税款。

■　纳税人符合下列条件之一的，应进行土地增值税的清算：（1）房地产开发项目全部竣工、完成销售的；（2）整体转让未竣工决算房地产开发项目的；（3）直接转让土地使用权的。

■　纳税人符合下列情形之一的，主管税务机关可要求进行土地增值税清算：（1）已竣工验收的房地产开发项目，已转让的房地产建筑面积占整个项目可售建筑面积的比例在 85% 以上，或该比例虽未超过 85%，但剩余的可售建筑面积已经出租或自用的；（2）取得销售（预售）许可证满 3 年仍未销售完毕的；（3）纳税人申请注销税务登记但未办理土地增值税清算手续的；（4）省税务机关规定的其他情况。

■　房地产开发企业开发建造的与土地增值税清算项目配套的公共设施，其处理原则如下：（1）建成后产权属于全体业主所有的，其成本、费用可以扣除；（2）建成后无偿移交给政府、公用事业单位用于非营利性社会公共事业的，其成本、费用可以扣除；（3）建成后有偿转让的，应计算收入，并准予扣除成本、费用。

■　纳税人建造普通标准住宅出售，其增值额未超过扣除项目金额 20% 的，免征土地增值税；超过 20% 的，应就其全部增值额按规定计税。对纳税人既建造普通标准住宅又从事其他房地产开发的，应分别核算增值额。不分别核算增值额或不能准确核算增值额的，其普通标准住宅不能适用免征土地增值税的规定。

■ 从2008年11月1日起，对居民个人销售住房，暂免征收土地增值税。

■ 对企、事业单位，社会团体及其他组织转让旧房作为改造安置住房或公共租赁住房房源，且增值额未超过扣除项目金额20%的，免征土地增值税。

■ 因国家建设需要依法征用、收回的房地产，免征土地增值税；因城市实施规划、国家建设的需要而搬迁，由纳税人自行转让原房地产的，免征土地增值税。

■ 在中华人民共和国领域和中华人民共和国管辖的其他海域开发应税资源的单位和个人，为资源税的纳税人。纳税人开采或者生产应税产品自用的，应当依照规定缴纳资源税；但是，纳税人开采或者生产应税产品自用于连续生产应税产品的，不缴纳资源税。

■ 资源税仅对在中国境内开发应税资源的单位和个人征收，进口的矿产品和盐不征收资源税。

■ 资源税的征收范围：（1）能源矿产；（2）金属矿产；（3）非金属矿产；（4）水气矿产；（5）盐。

■ 资源税征税方式：从价计征为主、从量计征为辅。计税依据为应税产品的销售额或销售量。

■ 纳税人开采或者生产不同税目应税产品的，应当分别核算不同税目应税产品的销售额或者销售数量；未分别核算或者不能准确提供不同税目应税产品的销售额或者销售数量的，从高适用税率。

■ 纳税人外购应税产品与自采应税产品混合销售或者混合加工为应税产品销售的，在计算应纳资源税产品销售额或者销售数量时，准予扣减外购应税产品的购进金额或数量；当期不足扣减的，可结转下期扣减。

■ 有下列情形之一的，免征资源税：（1）开采原油以及在油田范围内运输原油过程中用于加热的原油、天然气；（2）煤炭开采企业因安全生产需要抽采的煤成（层）气。

■ 减征资源税：（1）从低丰度油气田开采的原油、天然气减征20%资源税；（2）高含硫天然气、三次采油和从深水油气田开采的原油、天然气，减征30%资源税；（3）稠油、高凝油减征40%资源税；（4）从衰竭期矿山开采的矿产品，减征30%资源税。

■　纳税人应当向应税产品开采地或者生产地的税务机关申报缴纳资源税。资源税按月或者按季申报缴纳；不能按固定期限计算缴纳的，可以按次申报缴纳。纳税人按月或者按季申报缴纳的，应当自月度或者季度终了之日起 15 日内，向税务机关办理纳税申报并缴纳税款；按次申报缴纳的，应当自纳税义务发生之日起 15 日内，向税务机关办理纳税申报并缴纳税款。

■　自 2022 年 1 月 1 日至 2024 年 12 月 31 日，由省、自治区、直辖市人民政府根据本地区实际情况，以及宏观调控需要确定，对增值税小规模纳税人可以在 50% 的税额幅度内减征资源税、城市维护建设税、房产税、城镇土地使用税、印花税（不含证券交易印花税）、耕地占用税和教育费附加、地方教育附加。增值税小规模纳税人已依法享受资源税、城市维护建设税、房产税、城镇土地使用税、印花税、耕地占用税、教育费附加、地方教育附加其他优惠政策的，可叠加享受此项优惠政策。

■　自 2022 年 1 月 1 日至 2024 年 12 月 31 日，由省、自治区、直辖市人民政府根据本地区实际情况，以及宏观调控需要确定，对小型微利企业可以在 50% 的税额幅度内减征资源税、城市维护建设税、房产税、城镇土地使用税、印花税（不含证券交易印花税）、耕地占用税和教育费附加、地方教育附加。小型微利企业已依法享受资源税、城市维护建设税、房产税、城镇土地使用税、印花税、耕地占用税、教育费附加、地方教育附加其他优惠政策的，可叠加享受此项优惠政策。

■　在中华人民共和国领域和中华人民共和国管辖的其他海域，直接向环境排放应税污染物的企业事业单位和其他生产经营者为环境保护税的纳税人，应当依法缴纳环境保护税。

■　应税污染物，包括大气污染物、水污染物、固体废物和噪声。有下列情形之一的，不属于直接向环境排放污染物，不缴纳相应污染物的环境保护税：（1）企业事业单位和其他生产经营者向依法设立的污水集中处理、生活垃圾集中处理场所排放应税污染物的；（2）企业事业单位和其他生产经营者在符合国家和地方环境保护标准的设施、场所贮存或者处置固体废物的。

■　依法设立的城乡污水集中处理、生活垃圾集中处理场所超过国家和地方规定的排放标准向环境排放应税污染物的，应当缴纳环境保护税。企业事业单位和其他生产经营者贮存或者处置固体废物不符合国家和地方环境保护标准的，应当缴纳环境保护税。

■ 环境保护税税目：大气污染物、水污染物、固体废物和噪声四大类。

■ 环境保护税税率：采用定额税率。

■ 应税污染物的计税依据，按照下列方法确定：（1）应税大气污染物按照污染物排放量折合的污染当量数确定；（2）应税水污染物按照污染物排放量折合的污染当量数确定；（3）应税固体废物按照固体废物的排放量确定；（4）应税噪声按照超过国家规定标准的分贝数确定。

■ 应税大气污染物、水污染物、固体废物的排放量和噪声的分贝数，按照下列方法和顺序计算：（1）纳税人安装使用符合国家规定和监测规范的污染物自动监测设备的，按照污染物自动监测数据计算；（2）纳税人未安装使用污染物自动监测设备的，按照监测机构出具的符合国家有关规定和监测规范的监测数据计算；（3）因排放污染物种类多等原因不具备监测条件的，按照国务院环境保护主管部门规定的排污系数、物料衡算方法计算；（4）不能按照本条第一项至第三项规定的方法计算的，按照省、自治区、直辖市人民政府环境保护主管部门规定的抽样测算的方法核定计算。

■ 环境保护税应纳税额按照下列方法计算：（1）应税大气污染物的应纳税额为污染当量数乘以具体适用税额；（2）应税水污染物的应纳税额为污染当量数乘以具体适用税额；（3）应税固体废物的应纳税额为固体废物排放量乘以具体适用税额；（4）应税噪声的应纳税额为超过国家规定标准的分贝数对应的具体适用税额。

■ 下列情形，暂予免征环境保护税：（1）农业生产（不包括规模化养殖）排放应税污染物的；（2）机动车、铁路机车、非道路移动机械、船舶和航空器等流动污染源排放应税污染物的；（3）依法设立的城乡污水集中处理、生活垃圾集中处理场所排放相应应税污染物，不超过国家和地方规定的排放标准的；（4）纳税人综合利用的固体废物，符合国家和地方环境保护标准的；（5）国务院批准免税的其他情形。

■ 减征环境保护税：（1）纳税人排放应税大气污染物或者水污染物的浓度值低于国家和地方规定的污染物排放标准30%的，减按75%征收环境保护税；（2）低于国家和地方规定的污染物排放标准50%的，减按50%征收环境保护税。

■　环境保护税纳税义务发生时间为纳税人排放应税污染物的当日。纳税人应当向应税污染物排放地的税务机关申报缴纳环境保护税。

■　环境保护税按月计算，按季申报缴纳。不能按固定期限计算缴纳的，可以按次申报缴纳。纳税人按季申报缴纳的，应当自季度终了之日起15日内，向税务机关办理纳税申报并缴纳税款。纳税人按次申报缴纳的，应当自纳税义务发生之日起15日内，向税务机关办理纳税申报并缴纳税款。

■　纳税人申报缴纳时，应当向税务机关报送所排放应税污染物的种类、数量，大气污染物、水污染物的浓度值，以及税务机关根据实际需要要求纳税人报送的其他纳税资料。

■　在中华人民共和国境内属于《车船税税目税额表》规定的车辆、船舶（以下简称车船）的所有人或者管理人，为车船税的纳税人。应当依照《中华人民共和国车船税法》的规定缴纳车船税。经批准临时入境的外国车船和香港特别行政区、澳门特别行政区、台湾地区的车船，不征收车船税。

■　车船税的征税范围中规定的车辆、船舶是指：（1）依法应当在车船管理部门登记的机动车辆和船舶；（2）依法不需要在车船管理部门登记、在单位内部场所行驶或作业的机动车辆和船舶；（3）境内单位和个人租入外国籍船舶的，不征收车船税。境内单位和个人将船舶出租到境外的，应依法征收车船税。

■　车船税的征收范围：乘用车〔按发动机汽缸容量（排气量）分档〕、商用车、挂车、其他车辆（专用作业车，轮式专用机械车，不包括拖拉机）、摩托车、船舶。

■　车船税的计税单位：乘用车：发动机汽缸容量（排气量）；客车：每辆；货车：整备质量每吨；挂车：整备质量每吨；其他车辆：整备质量每吨；机动船舶：净吨位每吨；游艇：艇身长度每米。

■　已经缴纳车船税的车船，因质量原因，车船被退回生产企业或者经销商的，纳税人可以向纳税所在地的主管税务机关申请退还自退货月份起至该纳税年度终了期间的税款。

■　车船税法定减免：（1）捕捞、养殖渔船免征车船税；（2）军队、武装警察部队专用的车船免征车船税；（3）警用车船免征车船税；（4）依照法律规定应当予以免税的外国驻华使领馆、国际组织驻华代表机构及其有关人员的车船，免征车船税；（5）对节能汽车，减半征收车船税；（6）对新能源车船，免征车船税。

■ 对节约能源、使用新能源的车船可以减征或者免征车船税；对受严重自然灾害影响纳税困难以及有其他特殊原因确需减税、免税的，可以减征或者免征车船税。

■ 省、自治区、直辖市人民政府根据当地实际情况，可以对公共交通车船、农村居民拥有并主要在农村地区使用的摩托车、三轮汽车和低速载货汽车定期减征或者免征车船税。

■ 国家综合性消防救援车辆由部队号牌改挂应急救援专用号牌的，免征改挂当年车船税。

■ 车船税特定减免：（1）按照规定缴纳船舶吨税的机动船舶，自车船税法实施之日起5年内免征车船税；（2）依法不需要在车船登记管理部门登记的机场、港口、铁路站场内部行驶或作业的车船，自《中华人民共和国车船税法》实施之日起5年内免征车船税。

■ 车船税纳税义务发生时间：取得车船所有权或管理权的当月，以购买车船的发票或其他证明文件所载日期的当月为准。

■ 从事机动车第三者责任强制保险业务的保险机构为机动车车船税的扣缴义务人，应当在收取保险费时依法代收车船税，并出具代收税款凭证。

■ 车船税的纳税地点为车船的登记地或者车船税扣缴义务人所在地。依法不需要办理登记的车船，车船税的纳税地点为车船的所有人或者管理人所在地。

■ 车船税按年申报，分月计算，一次性缴纳。纳税年度为公历1月1日至12月31日。车船税纳税义务发生时间为取得车船所有权或者管理权的当月。购置的新车船，购置当年的应纳税额自纳税义务发生的当月起按月计算。应纳税额为年应纳税额除以12再乘以应纳税月份数。

■ 在中华人民共和国境内购置汽车、有轨电车、汽车挂车、排气量超过150毫升的摩托车（以下统称应税车辆）的单位和个人，为车辆购置税的纳税人。

■ 地铁、轻轨等城市轨道交通车辆，装载机、平地机、挖掘机、推土机等轮式专用机械车，以及起重机（吊车）、叉车、电动摩托车，不属于应税车辆。

■ 购置是指以各种方式获得并自用，包括：（1）购买并自用行为；（2）进口并自用行为；（3）自产并自用行为；（4）受赠并自用行为；（5）获奖并自用行为；（6）以拍卖、抵债、走私、罚没等方式取得并自用的行为。

■ 车辆购置税的税率为10%。车辆购置税的应纳税额按照应税车辆的计税价格乘以税率计算。

■ 应税车辆的计税价格，按照下列规定确定：（1）纳税人购买自用应税车辆的计税价格，为纳税人实际支付给销售者的全部价款，依据纳税人购买应税车辆时相关凭证载明的价格确定，不包括增值税税款；（2）纳税人进口自用应税车辆的计税价格，为关税完税价格加上关税和消费税；（3）纳税人自产自用应税车辆的计税价格，按照纳税人生产的同类应税车辆的销售价格确定，不包括增值税税款；没有同类应税车辆销售价格的，按照组成计税价格确定，组成计税价格＝成本×（1＋成本利润率），属于应征消费税的应税车辆，其组成计税价格中应加计消费税税额；（4）纳税人以受赠、获奖或者其他方式取得自用应税车辆的计税价格，按照购置应税车辆时相关凭证载明的价格确定，不包括增值税税款。

■ 下列车辆免征车辆购置税：（1）依照法律规定应当予以免税的外国驻华使馆、领事馆和国际组织驻华机构及其有关人员自用的车辆；（2）中国人民解放军和中国人民武装警察部队列入装备订货计划的车辆；（3）悬挂应急救援专用号牌的国家综合性消防救援车辆；（4）设有固定装置的非运输专用作业车辆；（5）城市公交企业购置的公共汽电车辆，公共汽电车辆是指按规定的线路、站点票价营运，用于公共交通服务，为运输乘客设计和制造的车辆，包括公共汽车、无轨电车和有轨电车；（6）回国服务的在外留学人员用现汇购买1辆个人自用国产小汽车和长期来华定居专家进口1辆自用小汽车；（7）防汛部门和森林消防部门用于指挥、检查、调度、报汛（警）、联络的由指定厂家生产的设有固定装置的指定型号的车辆；（8）购置的新能源汽车；（9）中国妇女发展基金会"母亲健康快车"项目的流动医疗车；（10）北京2022年冬奥会和冬残奥会组织委员会新购置车辆，一次性免征车辆购置税。

■ 减征规定：自 2018 年 7 月 1 日至 2021 年 6 月 30 日，对购置挂车减半征收车辆购置税。

■ 车辆购置税实行一次性征收。购置已征车辆购置税的车辆，不再征收车辆购置税。

■ 车辆购置税纳税申报地点：（1）购置应税车辆：车辆登记地的主管税务机关；（2）购置不需要办理车辆登记的应税车辆：纳税人所在地的主管税务机关。

■ 车辆购置税纳税义务发生时间为纳税人购置应税车辆的当日；纳税申报时间：自纳税义务发生之日起 60 日内申报缴纳；纳税人应当在向公安机关交通管理部门办理车辆注册登记前，缴纳车辆购置税。

■ 免税、减税车辆因转让、改变用途等原因不再属于免税、减税范围的，纳税人应当在办理车辆转移登记或者变更登记前缴纳车辆购置税。计税价格以免税、减税车辆初次办理纳税申报时确定的计税价格为基准，每满 1 年扣减 10%。

■ 纳税人将已征车辆购置税的车辆退回车辆生产企业或者销售企业的，以已缴税款为基准，自缴纳税款之日至申请退税之日，每满 1 年扣减 10%。

■ 在中华人民共和国境内，依照《中华人民共和国烟草专卖法》的规定收购烟叶的单位为烟叶税的纳税人。烟叶是指烤烟叶、晾晒烟叶。

■ 烟叶税的应纳税额按照纳税人收购烟叶实际支付的价款总额乘以税率计算。烟叶税的税率为 20%。

■ 纳税人收购烟叶实际支付的价款总额包括纳税人支付给烟叶生产销售单位和个人的烟叶收购价款和价外补贴。其中，价外补贴统一按烟叶收购价款的 10% 计算。

■ 烟叶税应纳税额 = 收购烟叶实际支付价款总额 × 税率（20%）；实际支付价款总额 = 收购价款 ×（1+10%）；应纳税额 = 收购价款 ×（1+10%）× 20%

■ 烟叶税纳税义务时间为纳税人收购烟叶的当天，纳税地点为烟叶收购地的主管税务机关。

必考点检测训练

## 一、单选

1. 以下关于车辆购置税的表述不正确的是：（　　）。

A. 纳税人购买自用应税车辆的计税价格，为纳税人实际支付给销售者的全部价款，不包括增值税税款

B. 纳税人进口自用应税车辆的计税价格，为关税完税价格加上关税和消费税

C. 纳税人自产自用应税车辆的计税价格，按照纳税人生产的同类应税车辆的组成计税价格确定，不包括增值税税款

D. 纳税人以受赠、获奖或者其他方式取得自用应税车辆的计税价格，按照购置应税车辆时相关凭证载明的价格确定，不包括增值税税款

参考答案：C

2. 下列关于土地增值税相关表述不正确的是：（　　）。

A. 开发土地和新建房及配套设施的费用，是指与房地产开发项目有关的销售费用、管理费用、财务费用

B. 凡能按转让房地产项目计算分摊利息并提供金融机构证明的，允许据实扣除，但最高不能超过取得土地使用权支付的金额和房地产开发成本金额之和的 5%

C. 对于利息支出以外的其他房地产开发费用，按取得土地使用权支付的金额和房地产开发成本金额之和的 5% 以内计算扣除

D. 凡不能按转让房地产项目计算分摊利息支出或不能提供金融机构证明的，房地产开发费用按取得土地使用权支付的金额和房地产开发成本金额之的 10% 以内计算扣除

参考答案：B

3. 计算土地增值税税额，可按增值额乘以适用的税率减去扣除项目金额

乘以速算扣除系数的简便方法计算，下列具体公式有误的是：（　）。

  A. 增值额未超过扣除项目金额 50%，土地增值税税额 = 增值额 ×30%

  B. 增值额超过扣除项目金额 50%，未超过 100% 的，土地增值税税额 = 增值额 ×40%– 扣除项目金额 ×5%

  C. 增值额超过扣除项目金额 100%，未超过 200% 的，土地增值税税额 = 增值额 ×50%– 扣除项目金额 ×20%

  D. 增值额超过扣除项目金额 200%，土地增值税税额 = 增值额 ×60%– 扣除项目金额 ×35%

参考答案：C

4. 下列关于土地增值税的表述不正确的是：（　）。

  A. 因国家建设需要依法征用、收回的房地产，免征土地增值税。因国家建设需要依法征用、收回的房地产，是指因城市实施规划、国家建设的需要而被政府批准征用的房产或收回的土地使用权

  B. 纳税人建造普通标准住宅出售，增值额未超过扣除项目金额之和 20% 的免征土地增值税

  C. 纳税人建造普通标准住宅出售，增值额超过扣除项目金额之和 20% 的，应就其超过部分增值额按规定计税

  D. 个人销售住房暂免征收土地增值税

参考答案：C

5. 下列关于资源税的表述不正确的是：（　）。

  A. 纳税人开采原油以及在油田范围内运输原油过程中用于加热的原油、天然气，免征资源税

  B. 煤炭开采企业因安全生产需要抽采的煤成（层）气，减半征收资源税

  C. 由省、自治区、直辖市人民政府根据本地区实际情况，以及宏观调控需要确定，对增值税小规模纳税人可以在 50% 的税额幅度内减征资源税

  D. 由省、自治区、直辖市人民政府根据本地区实际情况，以及宏观调控需要确定，对小型微利企业可以在 50% 的税额幅度内减征

资源税

参考答案：B

6. 下列关于资源税的表述不正确的是：（ ）。

    A. 从低丰度油气田开采的原油、天然气，减征 20% 资源税

    B. 高含硫天然气、三次采油和从深水油气田开采的原油、天然气，减征 30% 资源税

    C. 稠油、高凝油减征 40% 资源税

    D. 从衰竭期矿山开采的矿产品，减半征收资源税

参考答案：D

7. 下列关于环境保护税的表述不正确的是：（ ）。

    A. 在环境保护税中，应税大气污染物、水污染物的污染当量数，以该污染物的排放量除以该污染物的污染当量值计算

    B. 每一排放口或者没有排放口的应税大气污染物，按照污染当量数从大到小排序，对前三项污染物征收环境保护税

    C. 每一排放口的应税水污染物，按照污染当量数从大到小排序，对前三项污染物征收环境保护税

    D. 从两个以上排放口排放应税污染物的，对每一排放口排放的应税污染物分别计算征收环境保护税

参考答案：C

8. 下列关于环境保护税的表述不正确的是：（ ）。

    A. 农业生产（不包括规模化养殖）排放应税污染物的，免征环境保护税

    B. 机动车、铁路机车、非道路移动机械、船舶和航空器等流动污染源排放应税污染物的，免征环境保护税

    C. 依法设立的城乡污水集中处理、生活垃圾集中处理场所排放相应应税污染物，不超过国家和地方规定的排放标准的，免征环境保护税

    D. 纳税人综合利用的固体废物，符合国家和地方环境保护标准的，减按 50% 征收环境保护税

参考答案：D

9. 以下关于证券交易印花税的表述有误的是：（    ）。

A. 证券交易印花税对证券交易的出让方征收，不对受让方征收

B. 证券交易无转让价格的，按照办理过户登记手续时该证券前一个交易日收盘价计算确定计税依据；无收盘价的，按照证券面值计算确定计税依据

C. 证券登记结算机构为证券交易印花税的扣缴义务人，应当向其机构所在地的主管税务机关申报解缴税款以及银行结算的利息

D. 证券交易印花税按周解缴，证券交易印花税扣缴义务人应当自每周终了之日起三日内申报解缴税款以及银行结算的利息

参考答案：D

10. 下列关于印花税计税依据的表述有误的是：（    ）。

A. 应税合同的计税依据，为合同所列的金额，不包括列明的增值税税款

B. 应税产权转移书据的计税依据，为产权转移书据所列的金额，不包括列明的增值税税款

C. 应税营业账簿的计税依据，为账簿记载的实收资本（股本）、资本公积、盈余公积合计金额

D. 证券交易的计税依据，为成交金额

参考答案：C

11. 下列关于房产税的表述有误的是：（    ）。

A. 房产税由产权所有人缴纳

B. 产权属于全民所有的，不缴纳房产税

C. 产权出典的，由承典人缴纳

D. 产权所有人、承典人不在房产所在地的，或者产权未确定及租典纠纷未解决的，由房产代管人或者使用人缴纳

参考答案：B

12. 下列关于房产税的表述有误的是：（    ）。

A. 从价计征房产税的，房产税依照房产原值一次减除20%～30%后的余值计算缴纳

B. 对依照房产原值计税的房产，不论是否记载在会计账簿固定资产

科目中，均应按照房屋原价计算缴纳房产税

C. 按房产余值计税的房产，无论会计上如何核算，房产原值均应包含地价，包括为取得土地使用权支付的价款、开发土地发生的成本费用等

D. 凡以房屋为载体，不可随意移动的附属设备和配套设施，无论在会计核算中是否单独记账与核算，都应计入房产原值，计征房产税

参考答案：A

13. 下列关于房产税的表述有误的是：（　　）。

A. 纳税人将原有房产用于生产经营，从生产经营之次月起缴纳房产税

B. 纳税人自行新建房屋用于生产经营，从建成之次月起缴纳房产税

C. 纳税人委托施工企业建设的房屋，从办理验收手续之次月起缴纳房产税

D. 纳税人购置新建商品房，自房屋交付使用之次月起缴纳房产税

参考答案：A

14. 下列关于城镇土地使用税的表述有误的是：（　　）。

A. 对单独建造的地下建筑用地，按应征税款的50%征收城镇土地使用税

B. 经批准开山填海整治的土地和改造的废弃土地，从使用的月份起免缴土地使用税

C. 企业的铁路专用线、公路等用地，在厂区以外与社会公用地段未加隔离的，暂免征收城镇土地使用税

D. 在厂区以外的公共绿化用地和向社会开放的公园用地，暂免征收城镇土地使用税

参考答案：B

15. 下列关于耕地占用税的表述有误的是：（　　）。

A. 占用耕地建设农田水利设施的，不缴纳耕地占用税

B. 占用园地、林地、草地、农田水利用地、养殖水面、渔业水域滩涂以及其他农用地建设建筑物、构筑物或者从事非农业建设的，依法缴纳耕地占用税

C. 纳税人因建设项目施工或者地质勘查临时占用耕地，不缴纳耕地占用税

D. 纳税人在批准临时占用耕地期满之日起一年内依法复垦，恢复种植条件的，全额退还已经缴纳的耕地占用税

参考答案：C

16. 下列关于耕地占用税的表述有误的是：（  ）。

A. 耕地占用税以纳税人实际占用的耕地面积为计税依据，按照规定的适用税额一次性征收，应纳税额为纳税人实际占用的耕地面积（平方米）乘以适用税额

B. 占用基本农田的，按确定的当地适用税额加按 150% 征收

C. 免征或者减征耕地占用税后，纳税人改变原占地用途，不再属于免征或者减征耕地占用税情形的，应当按照当地适用税额补缴耕地占用税

D. 耕地占用税的纳税义务发生时间为纳税人收到自然资源主管部门办理占用耕地手续的书面通知的当日。纳税人应当自纳税义务发生之日起 15 日内申报缴纳耕地占用税

参考答案：D

17. 以下车船税的计税单位有误的是：（  ）。

A. 乘用车、商用车、摩托车以"每辆"为计税单位

B. 货车、挂车、其他车辆以"整备质量每吨"为计税单位

C. 机动船舶以"净吨位每吨"为计税单位

D. 游艇以"艇身长度每米"为计税单位

参考答案：A

18. 下列关于车船税的表述有误的是：（  ）。

A. 捕捞、养殖渔船免征车船税

B. 对节能汽车，减半征收车船税

C. 对新能源车船，免征车船税

D. 国家综合性消防救援车辆由部队号牌改挂应急救援专用号牌的，免征车船税

参考答案：D

19．下列关于车辆购置税的表述有误的是：（　　）。

A．在中华人民共和国境内购置汽车、有轨电车、汽车挂车、排气量超过 150 毫升的摩托车（以下统称应税车辆）的单位和个人，为车辆购置税的纳税人

B．购置，是指以购买、进口、自产、受赠、获奖或者其他方式取得并自用应税车辆的行为

C．地铁、轻轨等城市轨道交通车辆，装载机、平地机、挖掘机、推土机等轮式专用机械车，以及起重机（吊车）、叉车、电动摩托车，不属于应税车辆

D．车辆购置税的纳税义务发生时间为纳税人购置应税车辆的当日。纳税人应当自纳税义务发生之日起 30 内申报缴纳车辆购置税

参考答案：D

20．下列关于车辆购置税应税车辆计税价格的表述有误的是：（　　）。

A．纳税人购买自用应税车辆的计税价格，为纳税人实际支付给销售者的全部价款，不包括增值税税款

B．纳税人进口自用应税车辆的计税价格，为关税完税价格加上关税和消费税

C．纳税人自产自用应税车辆的计税价格，按照纳税人生产应税车辆的成本采用成本加成法确定，不包括增值税税款

D．纳税人以受赠、获奖或者其他方式取得自用应税车辆的计税价格，按照购置应税车辆时相关凭证载明的价格确定，不包括增值税税款

参考答案：C

21．下列关于契税的表述有误的是：（　　）。

A．契税税率为 3% 至 5%

B．契税的具体适用税率，由省、自治区、直辖市人民政府在契税法规定的税率幅度内提出，报同级人民代表大会常务委员会决定，并报全国人民代表大会常务委员会和国务院备案

C．纳税人改变有关土地、房屋的用途，或者有其他不再属于规定的免征、减征契税情形的，应当缴纳已经免征、减征的税款

D. 在依法办理土地、房屋权属登记前，权属转移合同、权属转移合同性质凭证不生效、无效、被撤销或者被解除的，纳税人已缴纳的契税税款不予退还

参考答案：D

22. 下列关于烟叶税的表述有误的是：（　　）。

A. 烟叶，是指烤烟叶、晾晒烟叶

B. 烟叶税的税率为 10%

C. 烟叶税的应纳税额按照纳税人收购烟叶实际支付的价款总额乘以税率计算

D. 纳税人收购烟叶实际支付的价款总额包括纳税人支付给烟叶生产销售单位和个人的烟叶收购价款和价外补贴。其中，价外补贴统一按烟叶收购价款的 10% 计算

参考答案：B

23. 下列关于城市维护建设税计税依据的表述有误的是：（　　）。

A. 依法实际缴纳的两税税额，是指纳税人依照增值税、消费税相关法律法规和税收政策规定计算的应当缴纳的两税税额，加上增值税免抵税额，扣除直接减免的两税税额和期末留抵退税退还的增值税税额后的金额

B. 不含因进口货物或境外单位和个人向境内销售劳务、服务、无形资产缴纳的两税税额

C. 扣除的直接减免的两税税额，是指依照增值税、消费税相关法律法规和税收政策规定，直接减征或免征的两税税额

D. 扣除的直接减免的两税税额，包括实行先征后返、先征后退、即征即退办法退还的两税税额

参考答案：D

## 二、多选

1. 免征车辆购置税的有：（　　）。

    A. 依照法律规定应当予以免税的外国驻华使馆、领事馆和国际组织驻华机构及其有关人员自用的车辆

    B. 中国人民解放军和中国人民武装警察部队列入装备订货计划的车辆

    C. 悬挂应急救援专用号牌的国家综合性消防救援车辆

    D. 设有固定装置的非运输专用作业车辆

    E. 城市公交企业购置的公共汽电车辆

    参考答案：ABCDE

2. 房地产开发企业出售新建房及配套设施，计算土地增值税增值额的扣除项目包括：（　　）。

    A. 取得土地使用权所支付的金额

    B. 房地产开发成本

    C. 房地产开发费用

    D. 与转让房地产有关的税金

    E. 财政部确定的其他扣除项目（对从事房地产开发的纳税人允许按取得土地使用权所支付的金额、房地产开发成本之和，加计20%的扣除）

    参考答案：ABCDE

3. 下列属于土地增值税中房地产开发成本的有：（　　）。

    A. 土地征用及拆迁补偿费

    B. 前期工程费

    C. 建筑安装工程费

    D. 公共配套设施费

    E. 开发间接费用

    参考答案：ABCDE

4. 下列属于土地增值税中房地产开发费用的有：（　　）。

    A. 与房地产开发项目有关的销售费用

    B. 与房地产开发项目有关的管理费用

    C. 与房地产开发项目有关的财务费用

    D. 与房地产开发项目有关的开发间接费用

参考答案：ABC

5. 转让旧房的土地增值税增值额扣除项目包括：（　　）。

    A. 房屋及建筑物的评估价格

    B. 取得土地使用权所支付的地价款

    C. 按国家统一规定交纳的有关费用

    D. 在转让环节缴纳的税金

参考答案：ABCD

6. 下列关于土地增值税清算的表述正确的有：（　　）。

    A. 主管税务机关受理纳税人清算资料后，应在一定期限内及时组织清算审核

    B. 清算审核时，应审核房地产开发项目是否以国家有关部门审批、备案的项目为单位进行清算

    C. 清算审核时，应审核对于分期开发的项目，是否以分期项目为单位清算

    D. 清算审核时，应审核对不同类型的房地产是否分别计算增值额、增值率，缴纳土地增值税

参考答案：ABCD

7. 计入资源税销售额中的相关运杂费用，凡取得增值税发票或者其他合法有效凭据的，准予从销售额中扣除。相关运杂费用包括：（　　）。

    A. 应税产品从坑口或者洗选（加工）地到车站、码头或者购买方指定地点的运输费用

    B. 建设基金

    C. 包装费用

    D. 随运销产生的装卸、仓储、港杂费用

参考答案：ABD

8. 以下纳税人自用应税产品的情形应当缴纳资源税的有：（　　）。

    A. 以应税产品用于非货币性资产交换

　　B．以应税产品用于样品

　　C．以应税产品用于利润分配

　　D．以应税产品用于连续生产非应税产品

参考答案：ABCD

9．环境保护税的计税依据，下列确定方法正确的有：（　　）。

　　A．应税大气污染物按照污染物排放量折合的污染当量数确定

　　B．应税水污染物按照污染物排放量折合的污染当量数确定

　　C．应税固体废物按照固体废物的排放量确定

　　D．应税噪声按照超过国家规定标准的分贝数确定

参考答案：ABCD

10．纳税人有下列哪些情形之一的，以其当期应税大气污染物、水污染物的产生量作为污染物的排放量：（　　）。

　　A．未依法安装使用污染物自动监测设备或者未将污染物自动监测设备与环境保护主管部门的监控设备联网

　　B．损毁或者擅自移动、改变污染物自动监测设备

　　C．篡改、伪造污染物监测数据

　　D．通过暗管、渗井、渗坑、灌注或者稀释排放以及不正常运行防治污染设施等方式违法排放应税污染物

　　E．进行虚假纳税申报

参考答案：ABCDE

11．固体废物的排放量为当期应税固体废物的产生量减去当期应税固体废物（　　）的余额。

　　A．贮存量　　　　　　　　　　B．处置量

　　C．综合利用量　　　　　　　　D．销售量

参考答案：ABC

12．下列关于环境保护税应纳税额计算方法表述正确的有：（　　）。

　　A．应税大气污染物的应纳税额为污染当量数乘以具体适用税额

　　B．应税水污染物的应纳税额为污染当量数乘以具体适用税额

　　C．应税固体废物的应纳税额为固体废物排放量乘以具体适用税额

　　D．应税噪声的应纳税额为超过国家规定标准的分贝数对应的具体适

用税额

参考答案：ABCD

13. 下列关于环境保护税的表述正确的有：（　　）。

    A. 纳税人排放应税大气污染物或者水污染物的浓度值低于国家和地方规定的污染物排放标准 30% 的，减按 75% 征收环境保护税

    B. 纳税人排放应税大气污染物或者水污染物的浓度值低于国家和地方规定的污染物排放标准 30% 的，减按 50% 征收环境保护税

    C. 纳税人排放应税大气污染物或者水污染物的浓度值低于国家和地方规定的污染物排放标准 50% 的，减按 50% 征收环境保护税

    D. 纳税人排放应税大气污染物或者水污染物的浓度值低于国家和地方规定的污染物排放标准 50% 的，减按 25% 征收环境保护税

参考答案：AC

14. 下列关于环境保护税的表述正确的有：（　　）。

    A. 环境保护税纳税义务发生时间为纳税人排放应税污染物的当日

    B. 纳税人应当向应税污染物排放地的税务机关申报缴纳环境保护税

    C. 环境保护税按月计算，按季申报缴纳

    D. 不能按固定期限计算缴纳的，可以按次申报缴纳

参考答案：ABCD

15. 在中华人民共和国境外书立在境内使用的应税凭证，以下哪些情形应当按规定缴纳印花税：（　　）。

    A. 应税凭证的标的为不动产的，该不动产在境内

    B. 应税凭证的标的为股权的，该股权为中国居民企业的股权

    C. 应税凭证的标的为动产或者商标专用权、著作权、专利权、专有技术使用权的，其销售方或者购买方在境内，但不包括境外单位或者个人向境内单位或者个人销售完全在境外使用的动产或者商标专用权、著作权、专利权、专有技术使用权

    D. 应税凭证的标的为服务的，其提供方或者接受方在境内，但不包括境外单位或者个人向境内单位或者个人提供完全在境外发生的服务

参考答案：ABCD

16. 以下关于印花税的表述正确的有：（　　）。

A. 印花税的应纳税额按照计税依据乘以适用税率计算

B. 同一应税凭证载有两个以上税目事项并分别列明金额的，按照各自适用的税目税率分别计算应纳税额

C. 同一应税凭证载有两个以上税目事项未分别列明金额的，从高适用税率

D. 同一应税凭证由两方以上当事人书立的，按照各自涉及的金额分别计算应纳税额

参考答案：ABCD

17. 下列凭证免征印花税的有：（　　）。

A. 依照法律规定应当予以免税的外国驻华使馆、领事馆和国际组织驻华代表机构为获得馆舍书立的应税凭证

B. 中国人民解放军、中国人民武装警察部队书立的应税凭证

C. 农民、家庭农场、农民专业合作社、农村集体经济组织、村民委员会购买农业生产资料或者销售农产品书立的买卖合同和农业保险合同

D. 财产所有权人将财产赠与政府、学校、社会福利机构、慈善组织书立的产权转移书据

E. 非营利性医疗卫生机构采购药品或者卫生材料书立的买卖合同

参考答案：ABCDE

18. 以下关于印花税的表述正确的有：（　　）。

A. 纳税人为单位的，应当向其机构所在地的主管税务机关申报缴纳印花税

B. 纳税人为个人的，应当向应税凭证书立地或者纳税人居住地的主管税务机关申报缴纳印花税

C. 不动产产权发生转移的，纳税人应当向不动产所在地的主管税务机关申报缴纳印花税

D. 纳税人为境外单位或者个人，在境内有代理人的，以其境内代理人为扣缴义务人

E. 纳税人为境外单位或者个人，在境内没有代理人的，以书立应税

凭证的另一方为扣缴义务人

参考答案：ABCD

19. 下列关于房产税的表述正确的有：（　　）。

A. 房产出租的，以房产租金收入为房产税的计税依据。租金收入不含增值税

B. 应纳税额＝租金收入×12%

C. 对个人按市场价格出租的居民住房，可暂减按 4% 的税率征收房产税

D. 对企事业单位、社会团体以及其他组织向个人、专业化规模化住房租赁企业出租住房的，减按 4% 的税率征收房产税

参考答案：ABCD

20. 下列房产免纳房产税的有：（　　）。

A. 国家机关、人民团体、军队自用的房产

B. 由国家财政部门拨付事业经费的单位自用的房产

C. 宗教寺庙、公园、名胜古迹自用的房产

D. 个人所有非营业用的房产

参考答案：ABCD

21. 下列关于房产税的表述正确的有：（　　）。

A. 纳税人购置存量房，自办理房屋权属转移、变更登记手续，房地产权属登记机关签发房屋权属证书之次月起，缴纳房产税

B. 纳税人出租、出借房产，自交付出租、出借房产之次月起缴纳房产税

C. 房地产开发企业自用、出租、出借本企业建造的商品房，自房屋使用或交付之次月起缴纳房产税

D. 纳税人因房产的实物或权利状态发生变化而依法终止房产税纳税义务的，其应纳税款的计算应截止到房产的实物或权利状态发生变化的当月末

参考答案：ABCD

22. 下列关于城镇土地使用税的表述正确的有：（　　）。

A. 土地使用税由拥有土地使用权的单位或个人缴纳

B. 拥有土地使用权的纳税人不在土地所在地的，由代管人或实际使用人纳税

C. 土地使用权未确定或权属纠纷未解决的，由实际使用人纳税

D. 土地使用权共有的，由共有各方分别纳税

参考答案：ABCD

23. 下列关于城镇土地使用税的表述正确的有：（　　）。

A. 城镇土地使用税以纳税人实际占用的土地面积为计税依据，依照规定税额计算征收

B. 纳税人实际占用的土地面积，是指由省、自治区、直辖市人民政府确定的单位组织测定的土地面积

C. 尚未组织测量，但纳税人持有政府部门核发的土地使用证书的，以证书确认的土地面积为准

D. 尚未核发土地使用证书的，应由纳税人据实申报土地面积

参考答案：ABCD

24. 下列土地免缴土地使用税的有：（　　）。

A. 由国家财政部门拨付事业经费的单位自用的土地

B. 宗教寺庙、公园、名胜古迹自用的土地

C. 市政街道、广场、绿化地带等公共用地

D. 直接用于农、林、牧、渔业的生产用地

参考答案：ABCD

25. 下列关于城镇土地使用税的表述正确的有：（　　）。

A. 纳税人购置新建商品房，自房屋交付使用之次月起，缴纳城镇土地使用税

B. 纳税人购置存量房，自办理房屋权属转移、变更登记手续，房地产权属登记机关签发房屋权属证书之次月起，缴纳城镇土地使用税

C. 出租、出借房产，自交付出租、出借房产之次月起，缴纳城镇土地使用税

D. 纳税人新征用的耕地，自批准征用次月起缴纳城镇土地使用税

E. 纳税人新征用的非耕地，自批准征用之日起满 1 年后的次月开始

缴纳城镇土地使用税

*参考答案：ABC*

26. 下列关于耕地占用税的表述正确的有：（　　）。

A. 军事设施、学校、幼儿园、社会福利机构、医疗机构占用耕地，免征耕地占用税

B. 铁路线路、公路线路、飞机场跑道、停机坪、港口、航道、水利工程占用耕地，免征耕地占用税

C. 农村居民在规定用地标准以内占用耕地新建自用住宅，按照当地适用税额减半征收耕地占用税；其中农村居民经批准搬迁，新建自用住宅占用耕地不超过原宅基地面积的部分，免征耕地占用税

D. 农村烈士遗属、因公牺牲军人遗属、残疾军人以及符合农村最低生活保障条件的农村居民，在规定用地标准以内新建自用住宅，免征耕地占用税

*参考答案：ACD*

27. 下列关于车船税的表述正确的有：（　　）。

A. 在中华人民共和国境内属于《车船税税目税额表》规定的车辆、船舶的所有人或者管理人，为车船税的纳税人

B. 车船税按年申报，分月计算，一次性缴纳

C. 购置的新车船，购置当年的车船税应纳税额自纳税义务发生的当月起按月计算，计算公式为：应纳税额 =（年应纳税额 ÷12）× 应纳税月份数；应纳税月份数 =12– 纳税义务发生时间（取月份）+1

D. 车船税纳税义务发生时间为取得车船所有权或者管理权的当月，以购买车船的发票或其他证明文件所载日期的当月为准

*参考答案：ABCD*

28. 下列车船免征车船税的有：（　　）。

A. 军队、武装警察部队专用的车船

B. 警用车船

C. 悬挂应急救援专用号牌的国家综合性消防救援车辆和国家综合性消防救援专用船舶

D. 依照法律规定应当予以免税的外国驻华使领馆、国际组织驻华代

表机构及其有关人员的车船

参考答案：ABCD

29．下列关于车辆购置税的表述正确的有：（　　）。

A．车辆购置税实行一次性征收

B．购置已征车辆购置税的车辆，不再征收车辆购置税

C．车辆购置税的税率为 10%

D．车辆购置税的应纳税额按照应税车辆的计税价格乘以税率计算

参考答案：ABCD

30．下列车辆免征车辆购置税的有：（　　）。

A．依照法律规定应当予以免税的外国驻华使馆、领事馆和国际组织驻华机构及其有关人员自用的车辆

B．中国人民解放军和中国人民武装警察部队列入装备订货计划的车辆

C．悬挂应急救援专用号牌的国家综合性消防救援车辆

D．设有固定装置的非运输专用作业车辆

参考答案：ABCD

31．在中华人民共和国境内转移土地、房屋权属，承受的单位和个人应缴纳契税，包括的情形有：（　　）。

A．土地使用权出让，土地使用权转让，包括出售、赠与、互换

B．土地承包经营权和土地经营权的转移

C．房屋买卖、赠与、互换

D．以作价投资（入股）、偿还债务、划转、奖励等方式转移土地、房屋权属

参考答案：ACD

32．下列关于契税计税依据的表述正确的有：（　　）。

A．土地使用权出让、出售，房屋买卖，为土地、房屋权属转移合同确定的成交价格，包括应交付的货币以及实物、其他经济利益对应的价款

B．土地使用权互换、房屋互换，为所互换的土地使用权、房屋价格的差额

C. 土地使用权赠与、房屋赠与以及其他没有价格的转移土地、房屋权属行为，为税务机关参照土地使用权出售、房屋买卖的市场价格依法核定的价格

D. 契税的计税依据不包括增值税

参考答案：ABCD

33. 下列关于契税的表述正确的有：（　　）。

A. 婚姻关系存续期间夫妻之间变更土地、房屋权属免征契税

B. 法定继承人通过继承承受土地、房屋权属免征契税

C. 夫妻因离婚分割共同财产发生土地、房屋权属变更的，免征契税

D. 城镇职工按规定第一次购买公有住房的，免征契税

参考答案：ABCD

34. 下列情形免征契税的有：（　　）。

A. 国家机关、事业单位、社会团体、军事单位承受土地、房屋权属用于办公、教学、医疗、科研、军事设施

B. 非营利性的学校、医疗机构、社会福利机构承受土地、房屋权属用于办公、教学、医疗、科研、养老、救助

C. 承受荒山、荒地、荒滩土地使用权用于农、林、牧、渔业生产

D. 依照法律规定应当予以免税的外国驻华使馆、领事馆和国际组织驻华代表机构承受土地、房屋权属

参考答案：ABCD

35. 下列关于烟叶税的表述正确的有：（　　）。

A. 在中华人民共和国境内，依照《中华人民共和国烟草专卖法》的规定收购烟叶的单位为烟叶税的纳税人

B. 纳税人应当向烟叶收购地的主管税务机关申报缴纳烟叶税

C. 烟叶税的纳税义务发生时间为纳税人收购烟叶的当日

D. 烟叶税按月计征，纳税人应当于纳税义务发生月终了之日起15日内申报并缴纳税款

参考答案：ABCD

36. 城市维护建设税税率包括：（　　）。

A. 纳税人所在地在市区的，税率为7%

B. 纳税人所在地在县城、镇的，税率为 5%

C. 纳税人所在地在县城、镇的，税率为 3%

D. 纳税人所在地不在市区、县城或者镇的，税率为 1%

参考答案：ABD

37. 下列关于城市维护建设税的表述正确的有：（ ）。

A. 在中华人民共和国境内缴纳增值税、消费税的单位和个人，为城市维护建设税的纳税人

B. 城市维护建设税的应纳税额按照计税依据乘以具体适用税率计算

C. 城市维护建设税的纳税义务发生时间与增值税、消费税的纳税义务发生时间一致，分别与增值税、消费税同时缴纳

D. 城市维护建设税的扣缴义务人为负有增值税、消费税扣缴义务的单位和个人，在扣缴增值税、消费税的同时扣缴城市维护建设税

参考答案：ABCD

## 三、判断

1. 土地增值税的计税依据为纳税人转让房地产所取得的增值额。纳税人转让房地产所取得的收入减除规定扣除项目金额后的余额，为增值额。（ ）

参考答案：√

2. 纳税人在项目全部竣工结算前转让房地产取得的收入，由于涉及成本确定或其他原因，而无法据以计算土地增值税的，可以预征土地增值税，待该项目全部竣工、办理结算后再进行清算，多退少补。 （ ）

参考答案：√

3. 对于主管税务机关确定需要进行清算的项目，由主管税务机关下达清算通知，纳税人应当在收到清算通知之日起 60 日内办理清算手续并提供相应的清算资料。 （ ）

参考答案：×

【对于主管税务机关确定需要进行清算的项目，由主管税务机关下达清算通知，纳税人应当在收到清算通知之日起 90 日内办理清算手续并提供相应的清算。】

4. 土地增值税核定征收率原则上不得低于 3%，各省级税务机关要结合本地实际，区分不同房地产类型制定核定征收率。 （ ）

参考答案：×

【土地增值税核定征收率原则上不得低于 5%，各省级税务机关要结合本地实际，区分不同房地产类型制定核定征收率。】

5. 资源税的应纳税额，按照从价定率或者从量定额的办法，分别以应税产品的销售额乘以纳税人具体适用的比例税率或者以应税产品的销售数量乘以纳税人具体适用的定额税率计算。 （ ）

参考答案：√

6. 从价定率征收资源税的应税产品，资源税计税依据为销售额。销售额为纳税人销售应税产品向购买方收取的全部价款和价外费用，包括收取的增值税销项税额。 （ ）

参考答案：×

【从价定率征收资源税的应税产品，资源税计税依据为销售额。销售额为纳税人销售应税产品向购买方收取的全部价款和价外费用，但不包括收取的增值税销项税额。】

7. 纳税人外购应税产品与自采应税产品混合销售或者混合加工为应税产品销售的，在计算应税产品销售额或者销售数量时，准予扣减外购应税产品的购进金额或者购进数量；当期不足扣减的，可结转下期扣减。纳税人应当准确核算外购应税产品的购进金额或者购进数量，未准确核算的，由主管税务机关核定外购应税产品的购进金额或者购进数量。 （ ）

参考答案：×

【纳税人外购应税产品与自采应税产品混合销售或者混合加工为应税产品销售的，在计算应税产品销售额或者销售数量时，准予扣减外购应税产品的购进金额或者购进数量；当期不足扣减的，可结转下期扣减。纳税人应当准确核算外购应税产品的购进金额或者购进数量，未准确核算的，一并计算缴纳资源税。】

8. 纳税人非法倾倒应税固体废物或者进行虚假纳税申报的，以其当期应税固体废物的产生量作为固体废物的排放量。 （ ）

参考答案：√

9. 采用委托贷款方式书立的借款合同纳税人为委托人和借款人。（　）

参考答案：×

【采用委托贷款方式书立的借款合同纳税人为受托人和借款人，不包括委托人。】

10. 企业之间书立的确定买卖关系、明确买卖双方权利义务的订单、要货单等单据，且未另外书立买卖合同的，不需要缴纳印花税。　　（　）

参考答案：×

【企业之间书立的确定买卖关系、明确买卖双方权利义务的订单、要货单等单据，且未另外书立买卖合同的，应当按规定缴纳印花税。】

11. 个人与电子商务经营者订立的电子订单免征印花税。

参考答案：√

12. 纳税人将已征车辆购置税的车辆退回车辆生产企业或者销售企业的，可以向主管税务机关申请退还车辆购置税。退税额以已缴税款为基准，自缴纳税款之日至申请退税之日，每满一年扣减20%。　　（　）

参考答案：×

【纳税人将已征车辆购置税的车辆退回车辆生产企业或者销售企业的，可以向主管税务机关申请退还车辆购置税。退税额以已缴税款为基准，自缴纳税款之日至申请退税之日，每满一年扣减10%。】

# 第七章　涉税违法行为的检查与定性

必知考试大纲

|  | 初级 | 中级 | 高级 |
|---|---|---|---|
| 第一节 偷逃税行为的检查与定性 | 1. 了解偷逃税行为的类型<br>2. 了解偷逃税案件的查前准备及检查方法<br>3. 了解偷逃税案件的定性处理依据 | 1. 熟悉偷逃税行为的类型、特征、手段<br>2. 熟悉偷逃税案件的查前准备、证据收集及检查方法<br>3. 熟悉偷逃税案件的定性处理具体要求 | 1. 掌握偷逃税行为的类型、特征、手段<br>2. 掌握偷逃税案件检查和定性处理的总体要求<br>3. 掌握年度查处重点行业和领域的总体要求 |
| 第二节 虚开发票行为的检查与定性 | 1. 了解虚开发票行为的类型<br>2. 了解虚开发票案件的查前准备及检查方法<br>3. 了解虚开发票案件的定性处理依据 | 1. 熟悉虚开发票行为的类型、特征、手段<br>2. 熟悉虚开发票案件的查前准备、证据收集及检查方法<br>3. 熟悉虚开发票案件的定性处理具体要求 | 1. 掌握虚开发票行为的类型、特征、手段<br>2. 掌握虚开发票案件检查和定性处理的总体要求<br>3. 掌握年度查处重点行业和领域的总体要求 |
| 第三节 骗取出口退税行为的检查与定性 | 1. 了解骗取出口退税行为的类型<br>2. 了解骗取出口退税案件的查前准备及检查方法<br>3. 了解骗取出口退税案件的定性处理依据 | 1. 熟悉骗取出口退税行为的类型、特征、手段<br>2. 熟悉骗取出口退税案件的查前准备、证据收集及检查方法<br>3. 熟悉骗取出口退税案件的定性处理具体要求 | 1. 掌握骗取出口退税行为的类型、特征、手段<br>2. 掌握骗取出口退税案件检查和定性处理的总体要求<br>3. 掌握年度查处重点行业和领域的总体要求 |

续表

| | 初级 | 中级 | 高级 |
|---|---|---|---|
| 第四节 其他涉税 违法行为 的检查与 定性 | 1. 了解其他涉税违法行为的类型<br>2. 了解其他涉税违法案件的查前准备及检查方法<br>3. 了解其他涉税违法案件的定性处理依据 | 1. 熟悉其他涉税违法行为的类型、特征、手段<br>2. 熟悉其他涉税违法案件的查前准备、证据收集及检查方法<br>3. 熟悉其他涉税违法案件的定性处理具体要求 | 1. 掌握其他涉税违法行为的类型、特征、手段<br>2. 掌握其他涉税违法案件检查和定性处理的总体要求<br>3. 掌握年度查处重点行业和领域的总体要求 |

**必懂复习策略**

　　本章主要内容是涉税违法行为的检查与定性，包括偷逃税行为的检查与定性、虚开发票行为的检查与定性、骗取出口退税行为的检查与定性。其中虚开发票行为的检查与定性应重点掌握。2023 版新大纲增加了其他涉税违法行为的检查与定性，并把原骗税行为的检查与定性调整为骗取出口退税行为的检查与定性，考生在备考时需参考相关资料补充学习。

　　本章主要学习涉税违法行为的主要特征、手段，相关税务稽查工作的查前准备、证据收集及检查方法和定性处理。

　　初级考生以了解为主，能够对税收违法行为的性质有基本判断；中级考生应熟悉相关内容，准确判断税收违法行为的性质；高级考生应全面掌握相关内容，把握涉税违法行为检查和定性的方向。

**必会核心知识**

■ 偷税行为的认定：被查对象伪造、变造、隐匿、擅自销毁账簿、记账凭证，或在账簿上多列支出或者不列、少列收入，或经税务机关通知申报而拒不申报或者进行虚假的纳税申报，不缴或者少缴应纳税款的，是偷税。被查对象采取欺骗、隐瞒手段，故意不缴、少缴税款的，应当认定为偷税。被查对象未采取欺骗、隐瞒手段，只是因理解税收政策不准确、计算错误等失误导致未缴、少缴税款的，依法追缴税款、滞纳金，不定性为偷税。

■ 逃避追缴欠税主观故意的认定：被查对象明知自己欠缴税款，为了逃避税务机关追缴欠税而转移、隐匿财产。逃避追缴欠税手段的认定：负有纳税义务的单位和个人，超过法律规定的或者税务机关核定的纳税期限，没有按时缴纳税款，并在税务机关追缴税款期间，采取转移或者隐匿财产的手段，妨碍税务机关追缴欠缴税款的行为。

■ 下列开具与实际经营业务情况不符的发票为虚开发票行为：（1）为他人、为自己开具；（2）让他人为自己开具；（3）介绍他人开具。

■ 虚开发票行为的主要特征：团伙化、专业化、隐蔽化。

■ 虚开发票行为的手段：（1）暴力虚开；（2）多层洗票虚开；（3）"货票分离式"虚开；（4）"富余票"虚开；（5）海关进口增值税专用缴款书骗抵虚开；（6）虚开农产品收购发票。

■ 虚开发票手段疑点分析的特征主要有：供货企业上游企业存在虚开风险，如存在多道商贸企业"洗票"现象，不符合正常经营逻辑；异地进货，放弃就近市场、货物原产地市场，从异地购进货物，不考虑运输成本；供货企业或上游企业存在农产品收购发票、"富余票""黄金票""空壳企业"、非正常企业等虚开风险；出口企业的进项发票金额跟运输费用等不匹配；生产型出口企业领用的原材料重量或体积跟报关单逻辑不相符等。

■ 虚开发票案件查前分析基本内容：（1）企业登记信息分析；（2）人员信息分析；（3）发票流分析；（4）征管信息分析；（5）财务指标分析；（6）第三方信息。

■ 虚开发票案件发票流的检查须从发票的真伪、票面信息的汇总比对以及流转过程的逻辑性等三个方面进行检查。

■ 虚开发票案件资金流检查主要包括：（1）现金结算的检查；（2）转账结算的检查；（3）承兑汇票结算的检查；（4）虚假债权、债务的检查；（5）虚开发票手续费的检查。

■ 虚开发票的，由税务机关没收违法所得；虚开金额在1万元以下的，可并处5万元以下的罚款；超过1万元的，并处5万元以上50万元以下的罚款；构成犯罪的，依法追究刑事责任。

■ 如果受票方接受的虚开增值税专用发票是其主动联系开票方或中间人开具，或虽不是其主动联系，但有证据表明受票方知道或者应当知道发票是伪造、变造、非法取得而受让，则可以认定受票方属于恶意接受虚开。

■ 善意接受虚开发票：如纳税人不知道或者不应当知道取得的发票是伪造、变造、非法取得而受让的，受票方既不存在"让他人为自己虚开"，也不存在偷税、骗税的主观故意，不能对其给予处罚。

■ 善意取得虚开增值税专用发票抵扣进项税额行为的认定应同时满足下列条件：（1）货物、不动产、无形资产购销，提供或者接受应税劳务、应税服务；（2）销售方使用的是其所在省（自治区、直辖市和计划单列市）的专用发票；（3）专用发票注明的销售方名称、印章、货物数量、金额及税额等全部内容与实际相符；（4）没有证据表明购货方知道销售方提供的专用发票是以非法手段获得的。

■ 纳税人善意取得虚开的增值税专用发票，如能重新取得合法、有效的专用发票，准许其抵扣增值税进项税款。

■ 善意取得虚开增值税专用发票的处理：（1）没有证据表明购货方知道销售方提供的专用发票是以非法手段获得的，对购货方不以偷税或者骗取出口退税论处，但应按有关规定不予抵扣进项税款或不予出口退税；（2）购货方已经抵扣的进项税款或取得的出口退税，应依法追缴；（3）有证据表明购货方在进项税款得到抵扣或获得出口退税前知道该专用发票是销售方以非法手段获得的，对购货方应当按偷税、骗取出口退税处理。

■ 走逃（失联）企业通过虚假、欺骗手段注册登记为一般纳税人，领取开具增值税专用发票，提供给受票方认证抵扣，在纳税申报期前走逃、失联，其特点为：注册法人代表与实际控制人并不相符，注册法人代表年纪过小或过大，其户籍登记地与企业注册地并不一致。

■　对走逃（失联）企业涉嫌虚开增值税专用发票案件检查需收集的资料包括：（1）基本证据；（2）征管信息相关情况及证据；（3）增值税专用发票相关情况及证据；（4）资金流相关情况及证据；（5）生产经营真实性核定情况；（6）其他情况及证据资料。

■　走逃（失联）企业涉嫌虚开增值税专用发票案件的基本证据：（1）主管税务机关核实确认并出具企业未按规定按期办理各类纳税申报及地址变更等涉税事项的已失联证明；（2）检查人员实地核查企业的注册登记地址和生产经营地址，制作现场检查笔录，通过经营场所照片、证人证言、物业相关证据，证实在经营注册地址未能找到企业，或企业经营注册地址根本不存在；（3）检查人员通过已知的联系人及联系方式联系企业相关人员的录像（视频）、电话录音、电话笔录或第三方人员的证人证言。能够联系到企业代理记账、报税人员等的，取得相关人员的笔录或其他证明材料；（4）其他相关情形和判定材料。

■　对主管税务机关已经依法认定为非正常户的被查企业，税务稽查部门在取得主管税务机关相关认定证明资料后，可直接判定被查对象为走逃（失联）企业。对主管税务机关尚未认定为非正常户或处于正常状态的被查企业，税务稽查部门应根据文件的相关规定在搜集并取得证据资料后，判定其是否为走逃（失联）企业。

■　增值税一般纳税人取得的增值税专用发票列入异常凭证范围的，应按照以下规定处理：（1）尚未申报抵扣增值税进项税额的，暂不允许抵扣。已经申报抵扣增值税进项税额的，除另有规定外，一律作进项税额转出处理。（2）尚未申报出口退税或者已申报但尚未办理出口退税的，除另有规定外，暂不允许办理出口退税。适用增值税免抵退税办法的纳税人已经办理出口退税的，应根据列入异常凭证范围的增值税专用发票上注明的增值税额作进项税额转出处理；适用增值税免退税办法的纳税人已经办理出口退税的，税务机关应按照现行规定对列入异常凭证范围的增值税专用发票对应的已退税款追回。纳税人因骗取出口退税停止出口退（免）税期间取得的增值税专用发票列入异常凭证范围的，按照第（1）项规定执行。

■ 消费税纳税人取得的增值税专用发票列入异常凭证范围的，以外购或委托加工收回的已税消费品为原料连续生产应税消费品，尚未申报扣除原料已纳消费税税款的，暂不允许抵扣；已经申报抵扣的，冲减当期允许抵扣的消费税税款，当期不足冲减的应当补缴税款。

■ 纳税人对税务机关认定的异常凭证存有异议，可以向主管税务机关提出核实申请。经税务机关核实，符合现行增值税进项税额抵扣或出口退税相关规定的，纳税人可继续申报抵扣或者重新申报出口退税；符合消费税抵扣规定且已缴纳消费税税款的，纳税人可继续申报抵扣消费税税款。

■ 骗取出口退税主观故意的认定：骗取出口退税主观故意，是指被查对象明知自己不符合出口退税条件，为了骗取国家出口退税款，而实施假报出口或者其他欺骗手段。有进出口经营权的被查对象，明知他人意欲骗取国家出口退税款，仍违反国家有关进出口经营的规定，允许他人自带客户、自带货源、自带汇票并自行报关，骗取国家出口退税款的，应当认定为具备骗取出口退税的主观故意。

■ 骗取出口退税结果认定标准：对于实行"免、抵、退"的生产企业，采用上述违法手段骗取出口退税，造成内销环节少缴税款的数额，认定为偷税；实际取得的退税款，认定为骗取出口退税。

■ 以假报出口或者其他欺骗手段，骗取国家出口退税款的，由税务机关追缴其骗取的退税款，并处骗取税款一倍以上五倍以下的罚款；构成犯罪的，依法追究刑事责任。实施骗取出口退税违法行为，同时构成虚开增值税专用发票等其他违法行为的，按照法律和相关规定处罚较重的进行定性处罚。

■ 骗税行为的主要特征：网络化、信息化、专业化、团伙化、跨区域化。

■ 骗税行为的证据收集：（1）企业主体信息；（2）企业出口信息；（3）企业征管信息；（4）企业财务信息；（5）企业发票数据；（6）企业外部数据。

■ 出口骗税的主要手段：（1）虚开发票；（2）借货出口；（3）循环出口；（4）低值高报；（5）商品代码申报不实；（6）其他假报出口骗税。

■ 借货出口骗税疑点分析的特征：出口企业新办、变更、长期零申报后出口额爆发，呈现不正常增长；出口企业出口额小，出口产品品类繁多且无关联，呈现"小店卖杂货"的特征；利润低或长期亏损，出口业务却不断增长；报关口岸和货源地异常，如异地报关、异地进货；收汇异常；出口货物为敏感商品；运输、仓储费用异常，如没有相关费用或费用与外贸成交方式不匹配。如借用"假自营真代理"出口平台进行骗税，出口企业会呈现出"假自营真代理"违规出口业务特征，如换汇成本过高，发票存在虚开风险。

■ 循环出口骗税疑点分析的特征有：出口企业新办、变更、长期零申报后出口额暴增，异常增长；敏感货物，体积小、价值高，如贵金属、电子元件、手机类或其他特殊商品；边民互市贸易中贸易量大的商品，如茶叶、海鲜等；被海关以走私、虚假贸易处罚过；集装箱号异常，如报关数据中同一集装箱号反复出现；存在产品价值风险，如比国内产品平均价值畸高；收汇异常，存在 T/T 收汇却没有收取订金，存在大量离岸账户第三方付汇。

■ 低值高报骗税疑点分析的特征主要是：出口企业新办、变更、长期零申报后出口额暴增，呈异常增长；出口销价异常，如出口企业的同一商品的售价逐年提高，出口企业出口不同地区的同一产品售价差异巨大；敏感货物，体积小、价值高，如农产品、贵金属、电子元件、手机类、稀少、特殊商品等；存在产品价值风险，如根据海关货物编码对同一时期出口的货物比较或跟国内产品比较，平均价值高；成本疑点，如生产型出口企业的成本领料大于报关重量等；收汇异常，存在 T/T 收汇却没有收取订金，存在大量离岸账户第三方付汇；发票存在虚开风险，如进项发票存在虚开风险。

■ 商品代码申报不实疑点分析的特征有：用低退税代码申报为高是税率商品代码；第三方提供的异常信息，如海关提供的处理处罚信息。

■ 其他假报出口骗税疑点特征：在某些典型骗税案件中也存在不以虚开的增值税专用发票作为进项发票骗取出口退税的手法，也就是进项增值税专用发票并不存在虚开违法行为而是通过"票货分离"的手段将增值税发票所载的货物账外销售，同时用其他货物进货"顶包"假报出口进行骗税。

**必考点检测训练**

## 一、单选

1. 虚开发票金额在 1 万元以下的，可并处（　　）万元以下的罚款。

A．1　　　　　　　　　　　　　　B．3

C．5　　　　　　　　　　　　　　D．10

参考答案：C

2. 下列关于虚开发票的表述有误的是：（　　）。

A．纳税人善意取得虚开的增值税专用发票，如能重新取得合法、有效的专用发票，准许其抵扣增值税进项税款

B．没有证据表明购货方知道销售方提供的专用发票是以非法手段获得的，对购货方不以偷税或者骗取出口退税论处，允许抵扣进项税款或出口退税

C．购货方已经抵扣的进项税款或取得的出口退税，应依法追缴

D．有证据表明购货方在进项税款得到抵扣或获得出口退税前知道该专用发票是销售方以非法手段获得的，对购货方应当按偷税、骗取出口退税处理

参考答案：B

3. 以假报出口或者其他欺骗手段，骗取国家出口退税款的，由税务机关追缴其骗取的退税款，并处骗取税款（　　）的罚款；构成犯罪的，依法追究刑事责任。

A．一倍以下　　　　　　　　　　B．一倍以上三倍以下

C．一倍以上五倍以下　　　　　　D．五倍以上

参考答案：C

## 二、多选

1. 下列表述正确的有：（　　）。

   A. 被查对象伪造、变造、隐匿、擅自销毁账簿、记账凭证，或在账簿上多列支出或者不列、少列收入，不缴或者少缴应纳税款的，是偷税

   B. 经税务机关通知申报而拒不申报或者进行虚假的纳税申报，不缴或者少缴应纳税款的，是偷税

   C. 被查对象采取欺骗、隐瞒手段，故意不缴、少缴税款的，应当认定为偷税

   D. 被查对象未采取欺骗、隐瞒手段，只是因理解税收政策不准确、计算错误等失误导致未缴、少缴税款的，依法追缴税款、滞纳金，不定性为偷税

   参考答案：ABCD

2. 下列关于虚开发票的表述正确的有：（　　）。

   A. 为他人、为自己开具与实际经营业务情况不符的发票为虚开发票行为

   B. 让他人为自己开具与实际经营业务情况不符的发票为虚开发票行为

   C. 介绍他人开具与实际经营业务情况不符的发票为虚开发票行为

   D. 虚开发票行为的主要特征：团伙化、专业化、隐蔽化

   参考答案：ABCD

3. 属于虚开发票行为的手段有：（　　）。

   A. 暴力虚开

   B. 多层洗票虚开

   C. "货票分离式"虚开

   D. "富余票"虚开

   E. 海关进口增值税专用缴款书骗抵虚开

   参考答案：ABCDE

4. 虚开发票手段的特征主要有：（　　）。

A. 供货企业上游企业存在虚开风险，如存在多道商贸企业"洗票"现象，不符合正常经营逻辑

B. 异地进货，放弃就近市场、货物原产地市场，从异地购进货物，不考虑运输成本

C. 供货企业或上游企业存在农产品收购发票、"富余票""黄金票""空壳企业"、非正常企业等虚开风险

D. 出口企业的进项发票金额跟运输费用等不匹配

E. 生产型出口企业领用的原材料重量或体积跟报关单逻辑不相符

参考答案：ABCDE

5. 下列属于虚开发票案件查前分析基本内容的有：（　　）。

A. 企业登记信息分析、人员信息分析

B. 发票流分析

C. 征管信息分析

D. 财务指标分析

E. 第三方信息

参考答案：ABCDE

6. 下列关于虚开发票的表述正确的有：（　　）。

A. 虚开发票案件发票流的检查须从发票的真伪、票面信息的汇总比对以及流转过程的逻辑性等三个方面进行检查

B. 虚开发票的，由税务机关没收违法所得

C. 构成犯罪的，依法追究刑事责任

D. 如果受票方接受的虚开增值税专用发票是其主动联系开票方或中间人开具，或虽不是其主动联系，但有证据表明受票方知道或者应当知道发票是伪造、变造、非法取得而受让，则可以认定受票方属于恶意接受虚开

E. 如纳税人不知道或者不应当知道取得的发票是伪造、变造、非法取得而受让的，受票方既不存在"让他人为自己虚开"，也不存在偷税、骗税的主观故意，不能对其给予处罚

参考答案：ABCDE

7. 善意取得虚开增值税专用发票抵扣进项税额行为的认定应同时满足下列哪些条件：（　　）。

　　A. 货物、不动产、无形资产购销，提供或者接受应税劳务、应税服务

　　B. 销售方使用的是其所在省（自治区、直辖市和计划单列市）的专用发票

　　C. 专用发票注明的销售方名称、印章、货物数量、金额及税额等全部内容与实际相符

　　D. 没有证据表明购货方知道销售方提供的专用发票是以非法手段获得的

参考答案：ABCD

8. 下列关于走逃（失联）企业的表述正确的有：（　　）。

　　A. 走逃（失联）企业通过虚假、欺骗手段注册登记为一般纳税人，领取开具增值税专用发票，提供给受票方认证抵扣，在纳税申报期前走逃、失联

　　B. 走逃（失联）企业特点：注册法人代表与实际控制人并不相符，注册法人代表年纪过小或过大，其户籍登记地与企业注册地并不一致

　　C. 对主管税务机关已经依法认定为非正常户的被查企业，税务稽查部门在取得主管税务机关相关认定证明资料后，可直接判定被查对象为走逃（失联）企业

　　D. 对主管税务机关尚未认定为非正常户或处于正常状态的被查企业，税务稽查部门应根据文件的相关规定在搜集并取得证据资料后，判定其是否为走逃（失联）企业

参考答案：ABCD

9. 下列属于对走逃（失联）企业涉嫌虚开增值税专用发票案件检查需收集的资料的有：（　　）。

　　A. 基本证据、征管信息相关情况及证据

　　B. 增值税专用发票相关情况及证据

　　C. 资金流相关情况及证据

D. 生产经营真实性核定情况

E. 其他情况及证据资料

参考答案：ABCDE

10. 走逃（失联）企业涉嫌虚开增值税专用发票案件的基本证据包括：
（    ）。

A. 主管税务机关核实确认并出具企业未按规定按期办理各类纳税申报及地址变更等涉税事项的已失联证明

B. 检查人员实地核查企业的注册登记地址和生产经营地址，制作现场检查笔录，通过经营场所照片、证人证言、物业相关证据，证实在经营注册地址未能找到企业，或企业经营注册地址根本不存在

C. 检查人员通过已知的联系人及联系方式联系企业相关人员的录像（视频）、电话录音、电话笔录或第三方人员的证人证言

D. 能够联系到企业代理记账、报税人员等的，取得相关人员的笔录或其他证明材料

E. 其他相关情形和判定材料

参考答案：ABCDE

11. 增值税一般纳税人取得的增值税专用发票列入异常凭证范围的，下列处理正确的有：（    ）。

A. 尚未申报抵扣增值税进项税额的，暂不允许抵扣

B. 已经申报抵扣增值税进项税额的，除另有规定外，一律作进项税额转出处理

C. 尚未申报出口退税或者已申报但尚未办理出口退税的，除另有规定外，暂不允许办理出口退税

D. 适用增值税免抵退税办法的纳税人已经办理出口退税的，应根据列入异常凭证范围的增值税专用发票上注明的增值税额作进项税额转出处理

E. 适用增值税免退税办法的纳税人已经办理出口退税的，税务机关应按照现行规定对列入异常凭证范围的增值税专用发票对应的已退税款追回

参考答案：ABCDE

12. 下列关于异常凭证的表述正确的有：（　　）。

　　A. 消费税纳税人取得的增值税专用发票列入异常凭证范围的，以外购或委托加工收回的已税消费品为原料连续生产应税消费品，尚未申报扣除原料已纳消费税税款的，暂不允许抵扣

　　B. 消费税纳税人取得的增值税专用发票列入异常凭证范围的，以外购或委托加工收回的已税消费品为原料连续生产应税消费品，已经申报抵扣的，冲减当期允许抵扣的消费税税款，当期不足冲减的应当补缴税款

　　C. 纳税人对税务机关认定的异常凭证存有异议，可以向主管税务机关提出核实申请

　　D. 经税务机关核实，符合现行增值税进项税额抵扣或出口退税相关规定的，纳税人可继续申报抵扣或者重新申报出口退税

　　E. 经税务机关核实，符合消费税抵扣规定且已缴纳消费税税款的，纳税人可继续申报抵扣消费税税款

参考答案：ABCDE

13. 下列关于骗取出口退税的表述正确的有：（　　）。

　　A. 骗取出口退税主观故意，是指被查对象明知自己不符合出口退税条件，为了骗取国家出口退税款，而实施假报出口或者其他欺骗手段

　　B. 有进出口经营权的被查对象，明知他人意欲骗取国家出口退税款，仍违反国家有关进出口经营的规定，允许他人自带客户、自带货源、自带汇票并自行报关，骗取国家出口退税款的，应当认定为具备骗取出口退税的主观故意

　　C. 对于实行"免、抵、退"的生产企业，采用上述违法手段骗取出口退税，造成内销环节少缴税款的数额，认定为偷税

　　D. 对于实行"免、抵、退"的生产企业，采用上述违法手段骗取出口退税，实际取得的退税款，认定为骗取出口退税

　　E. 实施骗取出口退税违法行为，同时构成虚开增值税专用发票等其他违法行为的，按照法律和相关规定处罚较重的进行定性处罚

参考答案：ABCDE

14. 骗税行为的主要特征有：（　　）。

    A. 网络化               B. 信息化

    C. 专业化               D. 团伙化

    E. 跨区域化

参考答案：ABCDE

15. 骗税行为的证据收集包括：（　　）。

    A. 企业主体信息         B. 企业出口信息

    C. 企业征管信息         D. 企业财务信息

    E. 企业发票数据、企业外部数据

参考答案：ABCDE

16. 出口骗税的主要手段包括：（　　）。

    A. 虚开发票             B. 借货出口

    C. 循环出口             D. 低值高报

    E. 商品代码申报不实

参考答案：ABCDE

17. 下列属于借货出口骗税的特征的有：（　　）。

    A. 出口企业出口额小，出口产品品类繁多且无关联，呈现"小店卖杂货"的特征

    B. 利润低或长期亏损，出口业务却不断增长

    C. 报关口岸和货源地异常，如异地报关、异地进货

    D. 出口货物为敏感商品

    E. 运输、仓储费用异常，如没有相关费用或费用与外贸成交方式不匹配

参考答案：ABCDE

18. 下列属于循环出口骗税的特征的有：（　　）。

    A. 敏感货物，体积小、价值高，如贵金属、电子元件、手机类或其他特殊商品；边民互市贸易中贸易量大的商品，如茶叶、海鲜等

    B. 被海关以走私、虚假贸易处罚过

    C. 集装箱号异常，如报关数据中同一集装箱号反复出现

    D. 存在产品价值风险，如比国内产品平均价值畸高

E. 收汇异常，存在 T/T 收汇却没有收取订金，存在大量离岸账户第三方付汇

参考答案：ABCDE

19. 下列属于低值高报骗税的特征的有：（　　）。

A. 出口销价异常，如出口企业的同一商品的售价逐年提高，出口企业出口不同地区的同一产品售价差异巨大

B. 敏感货物，体积小、价值高，如农产品、贵金属、电子元件、手机类、稀少、特殊商品等

C. 存在产品价值风险，如根据海关货物编码对同一时期出口的货物比较或跟国内产品比较，平均价值高

D. 成本疑点，如生产型出口企业的成本领料大于报关重量等

E. 发票存在虚开风险，如进项发票存在虚开风险

参考答案：ABCDE

## 三、判断

1. 负有纳税义务的单位和个人，没有按时缴纳税款，并在税务机关追缴税款期间，明知自己欠缴税款，为了逃避税务机关追缴欠税而采取转移或者隐匿财产的手段，妨碍税务机关追缴欠缴税款的，应认定为逃避追缴欠税。（　　）

参考答案：√

2. 虚开发票金额超过 1 万元的，并处 1 万元以上 5 万元以下的罚款。（　　）

参考答案：×

【虚开发票金额超过 1 万元的，并处 5 万元以上 50 万元以下的罚款。】

3. 商品代码申报不实疑点分析的特征有：用低退税代码申报为高税率商品代码；第三方提供的异常信息，如海关提供的处理处罚信息。（　　）

参考答案：√

4. 其他假报出口骗税疑点特征：在某些典型骗税案件中也存在不以虚开的增值税专用发票作为进项发票骗取出口退税的手法，也就是进项增值税专用

发票并不存在虚开违法行为，而是通过"票货分离"的手段将增值税发票所载的货物账外销售，同时用其他货物进货"顶包"假报出口进行骗税。　　（　　）

参考答案：√

# 第八章　税务稽查管理制度

|  | 初级 | 中级 | 高级 |
|---|---|---|---|
| 第一节 "双随机、一公开"制度 | 1. 了解随机抽查"两库"建设、监管工作平台基本内容<br>2. 了解税务行政执法过程中随机抽查的依据、主体、对象、内容和方式<br>3. 了解随机抽查相关事项的公布基本要求 | 1. 熟悉随机抽查"两库"建设、监管工作平台、部门联合抽查事项的发起和实施具体要求<br>2. 熟悉税务行政执法过程中随机抽查的依据、主体、对象、内容和方式主要内容<br>3. 熟悉随机抽查相关事项的公布具体要求 | 掌握随机抽查"两库"建设、监管工作平台、部门联合抽查事项的综合运用 |
| 第二节 重大税收违法失信主体信息公布管理制度 | 1. 了解重大税收违法失信主体确定标准<br>2. 了解重大税收违法失信主体公布的途径和提前停止公布的情形<br>3. 了解对重大税收违法失信主体采取的联合惩戒措施 | 1. 熟悉重大税收违法失信主体的确定标准和操作要求<br>2. 熟悉重大税收违法失信主体公布的途径和提前停止公布的情形和具体要求<br>3. 熟悉对重大税收违法失信主体采取的联合惩戒措施主要要求 | 掌握重大税收违法失信主体的确定、公布、联合惩戒的综合运用 |
| 第三节 重大税务案件审理制度 | 1. 了解重大税务案件具体确定标准<br>2. 了解稽查局补充调查的基本程序 | 1. 熟悉重大税务案件具体标准和提请程序<br>2. 熟悉稽查局补充调查的程序及工作要求 | 1. 掌握重大税务案件审理制度的综合运用<br>2. 掌握稽查局补充调查的程序及工作要求 |

| | 初级 | 中级 | 高级 |
|---|---|---|---|
| 第四节 稽查案卷 管理制度 | 1. 了解案卷保管期限<br>2. 了解案卷清理、延期、销毁<br>3. 了解电子文件归档和数字化处理 | 1. 熟悉稽查案卷材料整理和装订归档流程<br>2. 熟悉案卷保管期限<br>3. 熟悉案卷清理、延期、销毁<br>4. 熟悉电子文件归档和数字化处理<br>5. 熟悉案卷利用流程 | 1. 掌握稽查案卷管理利用的总体要求<br>2. 掌握文件归档及综合运用 |
| 第五节 其他稽查 管理制度 | 1. 了解行政执法三项制度涉及税务稽查的主要内容<br>2. 了解发票协查相关制度<br>3. 了解"一案双查"涉及税务稽查的主要内容<br>4. 了解税务稽查案件质效管理相关制度重点内容<br>5. 了解税收违法行为检举管理制度重点内容<br>6. 了解部门协作机制重点内容<br>7. 了解"五步工作法"、非强制性执法方式涉及税务稽查工作的主要内容 | 1. 熟悉行政执法三项制度在税务稽查中的适用<br>2. 熟悉发票协查相关制度及具体操作<br>3. 熟悉"一案双查"在税务稽查中的适用<br>4. 熟悉税务稽查案件质效管理相关制度主要内容<br>5. 熟悉税收违法行为检举管理制度主要内容<br>6. 熟悉部门协作机制的运用<br>7. 熟悉稽查成果增值应用具体要求<br>8. 熟悉"五步工作法"、非强制性执法方式在税务稽查工作中的运用 | 1. 掌握行政执法三项制度在税务稽查中的适用<br>2. 掌握发票协查相关制度总体要求<br>3. 掌握"一案双查"在税务稽查中的适用<br>4. 掌握税务稽查案件质效管理相关制度总体要求<br>5. 掌握税收违法行为检举管理制度总体要求<br>6. 掌握部门协作机制的综合运用<br>7. 掌握稽查成果增值应用<br>8. 掌握"五步工作法"、非强制性执法方式在税务稽查工作中的综合运用 |

**必懂复习策略**

　　本章主要内容是税务稽查管理制度，包括"双随机、一公开"制度、稽查案卷管理制度、其他稽查管理制度。"双随机、一公开"制度和其他稽查管理制度应重点掌握。2023版新大纲补充了重大税收违法信息主体信息公布制度、重大案件审理制度两项内容，本书暂未设题，考生需参考相关资料补充学习。

　　"双随机、一公开"制度是税务稽查的重要工作制度，应重点学习随机抽查"两库"建设，税务稽查随机抽查的主体、对象、内容和方式，随机和竞标选派执法检查人员等。税务稽查风险内部控制相关制度、"一案双查"、税收违法行为检举管理制度也应重点掌握。

　　初级考生以了解熟悉为主，主要熟悉税务稽查随机抽查的依据、主体、对象、内容和方式，熟悉随机和竞标选派执法检查人员，熟悉稽查案卷材料整理和装订归档流程及案卷保管期限；中级考生应重点掌握稽查案卷材料整理和装订归档流程及案卷保管期限，掌握行政执法三项制度在税务稽查中的适用，掌握"一案双查"在税务稽查中的适用；高级考生在以上要求的基础上还应掌握稽查案卷管理制度，掌握税务稽查风险内部控制相关制度基本内容，掌握重要稽查案件办理制度等。

■ 税务稽查随机抽查：（1）依据：《中华人民共和国税收征收管理法》第四章及其实施细则第六章等法律、行政法规和税务部门规章相关规定。（2）主体：各级税务稽查部门。（3）对象和内容：依法检查纳税人、扣缴义务人和其他涉税当事人履行纳税义务、扣缴税款义务情况及其他税法遵从情况。所有待查对象，除线索明显涉嫌偷逃骗抗税和虚开发票等税收违法行为直接立案查处的外，均须通过摇号等方式，从税务稽查对象分类名录库和税务稽查异常对象名录库中随机抽取。各级税务局建立税务稽查对象分类名录库，实施动态管理。省、市、县税务局在收集各类税务稽查案源信息的基础上，建立税务稽查异常对象名录库，实施动态管理。（4）方式：定向抽查和不定向抽查。

■ 随机抽查对象分为重点稽查对象和非重点稽查对象：（1）重点稽查对象按照纳税规模、所属行业、分布区域、注册类型、集团类企业等因素及稽查资源的匹配程度确定；（2）非重点稽查对象为未达到重点稽查对象标准的随机抽查对象，包括非企业纳税人。

■ 对非重点稽查对象中的企业纳税人，每年抽查比例不超过3%。对非重点稽查对象中的非企业纳税人，每年抽查比例不超过1%。3年内已被随机抽查的税务稽查对象，不列入随机抽查范围。

■ 各级税务局建立税务稽查执法检查人员分类名录库，实施动态管理。选派执法检查人员实施随机抽查，可以通过摇号方式从执法检查人员名录库中随机选派，也可以采取竞标等方式选派。随机选派分为定向选派和不定向选派。

■ 选派执法检查人员应符合的要求：（1）执法检查人员在检查工作完成后，原则上3年内不得被选派对同一抽查对象再次实施检查；（2）对同一抽查对象选派执法检查人员不得少于2人；（3）执法检查人员与抽查对象有利害关系的，应当依法回避。

■ 税务稽查随机抽查方案经批准后，依照政府信息公开的相关规定及行政执法公示事项清单要求，将税务稽查随机抽查信息主动向社会公布，自觉接受社会监督，扩大执法社会影响：（1）公开的内容：事前公示主要包括税务稽查随机抽查的依据、主体、内容、方式事项等；事后公示主要包括抽查情况概述、查处汇总结果；（2）公开的途径：税务机关在执法信息公示平台、官方网站公开；在办税服务场所公开的，可以通过公示栏、电子显示屏或者触摸屏公开；（3）公开的期限：自信息形成或者变更之日起20个工作日内予以公开。

■ 税务稽查局运用随机抽查对象名录库，对随机抽查对象，可以直接检查，也可以要求其先行自查，再实施重点检查。

■ 稽查案卷材料整理和装订归档流程：（1）税务稽查案卷分别立为正卷和副卷。正卷主要列入各类证据材料、税收执法文书正本以及可以对外公开的相关审批文书等证明定性处理处罚合法性、合理性的文件材料；副卷主要列入检举相关材料、案件讨论记录、法定秘密材料、结论性文书原稿、审批稿以及不宜对外公开的《税务稽查报告》《税务稽查审理报告》等内部管理文书、对案件最终定性处理处罚不具有直接影响但反映税务稽查执法过程的文件材料。如无不宜公开的内容，可以不立副卷；（2）税务稽查案卷材料应当按照以下规则组合排列：案卷内材料原则上按照实际稽查程序依次排列；证据材料可以按照材料所反映的问题等特征分类，每类证据主要证据材料排列在前，旁证材料排列在后；其他材料按照材料形成的时间顺序，并结合材料的重要程度进行排列；（3）税务稽查案卷内每份或者每组材料的排列规则是：正件在前，附件在后；重要材料在前，其他材料在后；汇总性材料在前，基础性材料在后。

■ 立案查处类税务稽查案卷以外的其他税务稽查案卷可以不分正卷、副卷，但其中有不宜对外公开内容的，按照副卷管理，并在案卷封面上标明；无不宜对外公开内容的，按照正卷管理，并在案卷封面上标明。

■ 装订成册的税务稽查案卷保管期限：（1）立案查处类中重大偷逃骗抗税、虚开发票等税收违法案件的案卷，保管期限为永久；（2）立案查处类中一般偷逃骗抗税、虚开发票等税收违法案件的案卷，保管期限为30年；（3）其他立案查处类案卷，保管期限为10年；（4）承办异地协助类案卷，保管期限参照前三项确定；（5）重案督办类案卷，保管期限根据所督办的案件确定；（6）其他类别案卷，保管期限依照国家税务总局或者省、自治区、直辖市、计划单列市税务局规定确定，或者根据所办事项具体情况适当确定。保管期限从案卷装订成册次年1月1日起计算。

■ 税务稽查案卷应当在立卷次年6月30日前移交所属税务局档案管理部门保管；稽查局与所属税务局异址办公的，可以适当延迟移交，但延迟时间最多不超过2年。

■ 税务稽查案卷数字化，可以在案卷文件材料整理装订时同步进行，也可以在案卷归档后集中进行。税务稽查案卷数字化，由稽查局、档案管理部门、电子税务管理部门依照国家纸质档案数字化有关规定实施。

■ 税务稽查案卷数字化应当符合的要求：（1）纸质案卷电子版本应当与原纸质案卷保持一致，不一致的应当注明原因和处理方法；（2）对纸质案卷文件材料从封面至封底进行完整数字化，确实不能数字化的文件材料，应当登记备查；（3）对纸质案卷数字化直接产生的图像文件，应当采用通用格式；（4）扫描色彩模式通常采用黑白二值模式扫描；对材料中有多色文字、红头、印章、插有照片图片、字迹清晰度较差等采用黑白扫描模式扫描无法清晰辨识的页面，应当采用彩色扫描模式扫描；（5）需要进行文字识别的文件材料，扫描分辨率应当达到相应的率值；（6）符合国家相关保密规定。

■ 案卷利用流程：查阅或者借阅税务稽查案卷，应当按照档案管理规定办理手续；税务机关人员需要查阅或者借阅税务稽查案卷的，应当经稽查局局长批准；税务机关以外人员需要查阅的，应当经稽查局所属税务局领导批准；查阅税务稽查案卷，应当在档案室进行；借阅税务稽查案卷，应当按照规定的时限完整归还；未经稽查局局长或者所属税务局领导批准，查阅或者借阅税务稽查案卷的单位和个人，不得摘抄、复制案卷内容和材料。

■ 税务执法"三项制度"：税务系统全面推行行政执法公示制度、执法全过程记录制度、重大执法决定法制审核制度。

■ 行政执法公示制度：各级税务机关按照"谁执法、谁公示、谁负责"的原则，结合政府信息公开、权责清单公布、"双随机、一公开"监管等工作，在行政执法的事前、事中、事后三个环节，依法及时主动地向社会公开税务执法信息。涉及国家秘密、商业秘密、个人隐私等不宜公开的信息，依法确需公开的，要作适当处理后公开。发现公开的税务执法信息不准确的，应当及时予以更正。

■ 行政执法全过程记录制度：税务机关采取以文字记录为主、音像记录为辅的形式，对税务执法的启动、调查取证、审核决定、送达执行等全部过程进行记录，并全面系统归档保存，做到执法全过程留痕和可回溯管理。内容包括：（1）完善文字记录，规范税务执法文书；（2）规范音像记录，监督税务执法行为；（3）严格记录归档，完善税务执法档案；（4）发挥记录作用，提高税务执法实效。

■ 重大执法决定法制审核制度：税务机关作出重大执法决定之前，要严格进行法制审核，未经法制审核或审核未通过的，不得作出决定。税务稽查案件审理、重大税务案件审理属于法制审核，其审核范围、内容、程序等分别适用《税务稽查工作规程》《重大税务案件审理办法》的有关规定。

■ 税务稽查风险内部控制的目标是保证税务稽查执法活动合法合规，有效防控执法风险、行政管理风险和廉政风险，规范执法行为，提升执法水平，提高工作质效。

■ 税务稽查风险，是指各级稽查局及其所属稽查人员在案源管理、检查、审理、执行等税务稽查工作中，因故意或过失违反相关法律法规及税务稽查工作规定而产生的风险；以及在税务稽查综合管理事务中，因岗责分配不科学、授权审批不明晰、流程设置不严密、信息沟通不畅、部门协作不力、绩效考评不合理等产生的风险。

■ 案源环节主要风险点：（1）税务稽查计划不严密，随意变更稽查对象；（2）依法应立案处理的案源未进行立案处理；（3）未按规定实施"双随机、一公开"；（4）违规撤销案源或删除案件；（5）对应下达稽查项目的案源，未下达稽查项目；（6）按规定应督办的案件未及时督办；（7）未按规定受理、处理检举事项。

■ 检查环节的主要风险点：（1）未按法定程序进行检查；（2）未按法定程序采取或解除税收保全措施；（3）检查项目存在重大遗漏，《税务稽查项目书》所列疑点信息未能查实，或未能合理排除；（4）证据不符合合法性、真实性、关联性要求；（5）违规中止或终结检查。

■ 审理环节主要风险点：（1）未按规定提请审理重大税收违法案件；

（2）作出行政处罚决定之前未按规定履行法定告知义务、听取陈述申辩理由、受理和组织听证；（3）未按规定移送涉嫌犯罪案件；（4）作出的处理、处罚决定事实不清、证据不足、定性不准确、适用法律依据错误；（5）行政处罚不符合行政处罚裁量基准；（6）决定性文书不规范。

■ 执行环节的主要风险点：（1）稽查案件执行不及时、不彻底；（2）未依法采取税收保全、强制执行；（3）未依法行使或者未按法定权限和程序行使代位权、撤销权、税收优先权；（4）违规中止或终结执行。

■ 稽查综合管理环节的主要风险点：（1）违反相关法律、法规和工作纪律规定，泄露国家秘密、商业秘密、个人隐私和工作秘密；（2）公文传递不及时、处理不准确；（3）各类报告、报表上报不及时，填写不完整，内容有误；（4）未按规定管理案卷；（5）未按规定公开或提请公开应公开的各类信息，或公开的信息有误；（6）未按税收违法案件"一案双查"的规定转交线索和案件；（7）未认真落实税收违法"黑名单"制度和联合惩戒制度。

■ 根据税务稽查风险事项可能导致后果的严重程度，将税务稽查风险分为高风险、中风险、低风险三个等级。

■ 税务稽查风险内部控制方法包括：（1）不相容岗位分离控制；（2）授权审批控制；（3）流程控制；（4）过程预警控制；（5）集体决策控制；（6）业务公开控制；（7）痕迹记录控制；（8）层级控制。

■ 一案双查，是指在查处纳税人、扣缴义务人和其他涉税当事人偷逃税、虚开发票和骗取出口退税等税收违法案件的同时，对税务机关或者税务人员违纪违法行为依照有关规定进行调查和责任追究。

■ 一案双查由稽查部门、纪检监察部门按照职责分工实施。一案双查中，稽查部门负责查处涉税当事人税收违法行为，纪检监察部门负责查处税务机关和税务人员违纪违法行为。

■ 下列情形应列为一案双查：（1）检举涉税当事人税收违法行为，同时检举税务机关或者税务人员违纪违法行为，线索具体的；（2）稽查部门在检查中发现税务机关或者税务人员涉嫌失职渎职、索贿受贿或者侵犯公民、法人和其他组织合法权益等行为的；（3）重大税收违法案件存在税务机关或者税务人员涉嫌违纪违法行为的；（4）牵头部门认为需要实行一案双查的其他税收违法案件。

■ 税务稽查案件质效管理包括项目监控、案件复查、质效评价。其中，案件复查是指上级税务局稽查局根据复查工作计划对下级稽查局调查处理案件的程序、认定事实、适用依据等方面进行合法性、合理性审核。

■ 税务稽查案件质效评价内容包括案源管理质效、案件查处质效、案件组织质效、联合惩戒质效。

■ 复查案件处理：复查组根据审批意见制作《税务稽查案件复查结论》和《税务稽查案件复查鉴定》，逐级报税务局稽查局局长审批。《税务稽查案件复查结论》应当根据不同情况分别作出处理：（1）原税务处理决定认定事实清楚，证据确凿，适用依据正确，程序合法，内容适当的，予以维持；（2）原税务处理决定主要事实不清、证据不足，适用依据错误，违反法定程序，超越权限，滥用职权，处理明显不当的，予以撤销或者部分撤销，并重新作出税务处理决定；（3）复查发现新的税收违法问题与原税务处理决定相关，属于原税务处理决定错误的，予以纠正；属于同一时限、同一项目的数量增减变化的，应当在重新作出税务处理决定时注明原税务处理决定的相关内容；（4）复查发现新的税收违法问题与原税务处理决定没有相关的，只对新发现的税收违法问题作出税务处理决定；（5）原税务处理决定涉及少缴、未缴税款的，应当依法追缴；涉及多收税款的，应当依法退还；（6）原税务处理决定的处罚原则上不再改变，但处罚明显偏重，或者案件原处理单位人员与被处理对象通谋，故意偏轻处罚的，可以改变。

■ 单位、个人可以采用书信、电话、传真、网络、来访等形式，向税务机关检举纳税人、扣缴义务人的税收违法行为线索。可通过各级跨区域稽查局和县税务局承担举报中心职能的部门检举，并明确 12366 纳税服务热线接收电话检举职责。检举人可以实名检举，也可以匿名检举。

■ 税收违法行为是指涉嫌偷税（逃避缴纳税款），逃避追缴欠税，骗税，虚开、伪造、变造发票，以及其他与逃避缴纳税款相关的税收违法行为。

■ 市（地、州、盟）以上税务局稽查局设立税收违法案件举报中心。省、自治区、直辖市、计划单列市和市（地、州、盟）税务局稽查局税收违法案件举报中心负责税收违法行为检举的接收、受理、处理和管理；各级跨区域稽查局和县税务局应当指定行使税收违法案件举报中心职能的部门，负责税收违法行为检举的接收，并按规定职责处理。举报中心应当对外挂标识牌。

■ 检举事项管辖有争议的，由争议各方本着有利于案件查处的原则协商解决；不能协商一致的，报请共同的上一级税务机关协调或者决定。

■ 检举税收违法行为是检举人的自愿行为，检举人因检举而产生的支出应当由其自行承担。

■ 以来访形式实名检举的，检举人应当提供营业执照、居民身份证等有效身份证件的原件和复印件。以来信、网络、传真形式实名检举的，检举人应当提供营业执照、居民身份证等有效身份证件的复印件。

■ 以电话形式要求实名检举的，税务机关应当告知检举人采取来访、来信、网络、传真的形式进行检举。检举人未采取来访、来信、网络、传真的形式进行检举的，视同匿名检举。

■ 税务机关应当合理设置检举接待场所。检举接待场所应当与办公区域适当分开，配备使用必要的录音、录像等监控设施，保证监控设施对接待场所全覆盖并正常运行。

■ 举报中心对接收的检举事项，应当及时审查，有下列情形之一的，不予受理：（1）无法确定被检举对象，或者不能提供税收违法行为线索的；（2）检举事项已经或者依法应当通过诉讼、仲裁、行政复议以及其他法定途径解决的；（3）对已经查结的同一检举事项再次检举，没有提供新的有效线索的。

■ 未设立稽查局的县税务局受理的检举事项，符合检举受理范围的，提交上一级税务局稽查局举报中心统一处理。各级跨区域稽查局受理的检举事项，符合检举受理范围的，提交同级税务局稽查局备案后处理。

■ 检举事项受理后，应当分级分类，按照以下方式处理：（1）检举内容详细、税收违法行为线索清楚、证明资料充分的，由稽查局立案检查；（2）检举内容与线索较明确但缺少必要的证明资料，有可能存在税收违法行为的，由稽查局调查核实。发现存在税收违法行为的，立案检查；未发现的，作查结处理；（3）检举对象明确，但其他检举事项不完整或者内容不清、线索不明的，可以暂存待查，待检举人将情况补充完整以后再进行处理；（4）已经受理尚未查结的检举事项，再次检举的，可以合并处理；（5）办法规定受理检举范围以外的检举事项，转交有处理权的单位或者部门。

■　检举事项经查证属实，为国家挽回或者减少损失的，按照财政部和国家税务总局的有关规定对实名检举人给予相应奖励。

■　税务机关工作人员必须严格遵守以下与检举有关的保密规定：（1）检举事项的受理、登记、处理及查处，应当依照国家有关法律、行政法规等规定严格保密，并建立健全工作责任制，不得私自摘抄、复制、扣压、销毁检举材料；（2）严禁泄露检举人的姓名、身份、单位、地址、联系方式等情况，严禁将检举情况透露给被检举人及与案件查处无关的人员；（3）调查核实情况和立案检查时不得出示检举信原件或者复印件，不得暴露检举人的有关信息，对匿名的检举书信及材料，除特殊情况以外，不得鉴定笔迹；（4）宣传报道和奖励检举有功人员，未经检举人书面同意，不得公开检举人的姓名、身份、单位、地址、联系方式等情况。

■　举报中心应当在检举事项受理之日起15个工作日内完成分级分类处理，特殊情况除外。

■　查处部门应当在收到举报中心转来的检举材料之日起三个月内办理完毕；案情复杂，无法在期限内办理完毕的，可以延期。

■　举报中心应当严格管理检举材料，逐件登记已受理检举事项的主要内容、办理情况和检举人、被检举人的基本情况；已接收的检举材料原则上不予退还。不予受理的检举材料，登记检举事项的基本信息和不予受理原因后，经本级稽查局负责人批准可以销毁；暂存待查的检举材料，若在受理之日起两年内未收到有价值的补充材料，可以销毁。

■　税务机关工作人员不履行职责、玩忽职守、徇私舞弊，给检举工作造成损失的，应当给予批评教育；情节严重的，依法给予行政处分并调离工作岗位；涉嫌犯罪的，移送司法机关依法处理。

■　重要稽查案件办理制度：重要稽查案件是指党中央、国务院以及中央纪委国家监委、中央审计委员会等上级机关和领导同志批办交办的案件；税务总局领导批办交办的案件；公安部、财政部、审计署等部委转办的、案情复杂或者有其他特殊情形的案件。其特点是：政治性强、密级高、要求严。重要稽查案件一般要在1年内完成查办并上报查办结果。

■　负责承办重要稽查案件的税务总局驻各地特派办稽查大队、各省税务局稽查局自接到任务之日起，7个工作日之内完成相应的立案部署等工作，因特殊情况无法立案的，须报请税务总局稽查局批准。

■ 部门协作机制：部门协作包括税警协作、司法协作、税银协作、其他协作等。省、市税务局稽查局统筹负责与省级、市级外部行政执法单位、司法机关建立执法协作机制；跨区域稽查局负责与辖区内征收管理单位及县级外部行政执法单位、司法机关沟通协调。

■ 依据"两办意见"，强化内外部审计监督和重大税务违法案件"一案双查"，不断完善对税务执法行为的常态化、精准化、机制化监督。

■ 依据"两办意见"，对逃避税问题多发的行业、地区和人群，根据税收风险适当提高"双随机、一公开"抽查比例。对隐瞒收入、虚列成本、转移利润以及利用"税收洼地"、"阴阳合同"和关联交易等逃避税行为，加强预防性制度建设，加大依法防控和监督检查力度。

■ 依据"两办意见"，健全违法查处体系，充分依托国家"互联网＋监管"系统多元数据汇聚功能，精准有效打击"假企业"虚开发票、"假出口"骗取退税、"假申报"骗取税费优惠等行为，保障国家税收安全。

■ 稽查成果增值应用包括：稽查成果统计分析、税务稽查建议、成果转化增值、案件公告、联合惩戒等。其中，成果转化增值包括：税务稽查个案检查方法、作案手段、处理方式的成果共享，税务稽查案件查办信息的增值利用，税务稽查执法分析报告的结果应用。

**必考点检测训练**

## 一、单选

1. 重点稽查对象中的企业纳税人，原则上每（　　）年检查一轮。

A. 2　　　　　　　　　　　　　B. 3

C. 5　　　　　　　　　　　　　D. 7

参考答案：C

2. 对非重点稽查对象中的企业纳税人，每年抽查比例不超过（　）%。

A. 1　　　　　　　　　　　　　B. 3

C. 5　　　　　　　　　　　　　D. 7

参考答案：B

3. 对非重点稽查对象中的非企业纳税人，每年抽查比例不超过（　）%。

A. 1　　　　　　　　　　　　　B. 3

C. 5　　　　　　　　　　　　　D. 7

参考答案：A

4. 执法检查人员在检查工作完成后，原则上（　）年内不得被选派对同一抽查对象再次实施检查。

A. 2　　　　　　　　　　　　　B. 3

C. 5　　　　　　　　　　　　　D. 7

参考答案：B

5. 税务稽查随机抽查信息公开的期限：自信息形成或者变更之日起（　）个工作日内予以公开。

A. 10　　　　　　　　　　　　　B. 15

C. 20　　　　　　　　　　　　　D. 30

参考答案：C

6. 下列关于税务稽查案卷保管期限的表述有误的是：（　）。

A. 立案查处类中重大偷逃骗抗税、虚开发票等税收违法案件的案卷，保管期限为永久

B. 重案督办类案卷，保管期限根据所督办的案件确定

C. 其他类别案卷，保管期限依照国家税务总局或者省、自治区、直辖市、计划单列市税务局规定确定，或者根据所办事项具体情况适当确定

D. 保管期限从案卷装订成册之日起计算

参考答案：D

7. 立案查处类中一般偷逃骗抗税、虚开发票等税收违法案件的案卷，保管期限为（　）年。

A. 10年　　　　　　　　　　　　B. 20年

C. 30 年                    D. 永久

参考答案：C

8. 立案查处类中重大偷逃骗抗税、虚开发票和一般偷逃骗抗税、虚开发票等税收违法案件以外的其他立案查处类案卷，保管期限为（　　）年。

A. 10 年                    B. 20 年

C. 30 年                    D. 永久

参考答案：A

9. 税务稽查案卷应当在立卷次年 6 月 30 日前移交所属税务局档案管理部门保管；稽查局与所属税务局异址办公的，可以适当延迟移交，但延迟时间最多不超过：（　　）。

A. 半年                     B. 1 年

C. 2 年                     D. 3 年

参考答案：C

10. 下列表述有误的是：（　　）。

A. 税务稽查案件质效管理包括项目监控、案件复查、质效评价

B. 案件复查，是指上级税务局稽查局根据复查工作计划对下级稽查局调查处理案件的程序、认定事实、适用依据等方面进行合法性、合理性审核

C. 案件复查中，复查组根据审批意见制作《税务稽查案件复查结论》和《税务稽查案件复查鉴定》，逐级报稽查局所属税务局局长审批

D. 案件复查，对原税务处理决定的处罚原则上不再改变，但处罚明显偏重，或者案件原处理单位人员与被处理对象通谋，故意偏轻处罚的，可以改变

参考答案：C

11. 举报中心应当在检举事项受理之日起（　　）个工作日内完成分级分类处理，特殊情况除外。

A. 5                       B. 10

C. 15                      D. 30

参考答案：C

12. 查处部门应当在收到举报中心转来的检举材料之日起（　　）内办理完毕；案情复杂无法在期限内办理完毕的，可以延期。

　　A. 15 日　　　　　　　　　　B. 30 日

　　C. 两个月　　　　　　　　　　D. 三个月

参考答案：D

13. 下列关于税收违法行为检举的表述有误的是：（　　）。

　　A. 举报中心应当严格管理检举材料，逐件登记已受理检举事项的主要内容、办理情况和检举人、被检举人的基本情况

　　B. 已接收的检举材料原则上不予退还

　　C. 不予受理的检举材料，登记检举事项的基本信息和不予受理原因后，经本级稽查局负责人批准可以销毁

　　D. 暂存待查的检举材料，若在受理之日起一年内未收到有价值的补充材料，可以销毁

参考答案：D

14. 重要稽查案件一般要在（　　）内完成查办并上报查办结果。

　　A. 三个月　　　　　　　　　　B. 半个月

　　C. 一年　　　　　　　　　　　D. 两年

参考答案：C

15. 负责承办重要稽查案件的税务总局驻各地特派办稽查大队、各省税务局稽查局自接到任务之日起，（　　）个工作日之内完成相应的立案部署等工作，因特殊情况无法立案的，须报请税务总局稽查局批准。

　　A. 5　　　　　　　　　　　　B. 7

　　C. 10　　　　　　　　　　　D. 15

参考答案：B

## 二、多选

1. 下列关于税务稽查随机抽查的表述正确的有：（　　）。

　　A. 税务稽查随机抽查主体是各级税务稽查部门

　　B. 所有待查对象，除线索明显涉嫌偷逃骗抗税和虚开发票等税收违

法行为直接立案查处的外，均须通过摇号等方式，从税务稽查对象分类名录库和税务稽查异常对象名录库中随机抽取

C. 各级税务局建立税务稽查对象分类名录库，实施动态管理

D. 省、市、县税务局在收集各类税务稽查案源信息的基础上，建立税务稽查异常对象名录库，实施动态管理

参考答案：ABCD

2. 下列关于税务稽查随机抽查的表述正确的有：（    ）。

A. 税务稽查随机抽查方式有定向抽查和不定向抽查

B. 各级税务局建立税务稽查执法检查人员分类名录库，实施动态管理

C. 执法检查人员与抽查对象有利害关系的，应当依法回避

D. 随机选派分为定向选派和不定向选派

E. 对同一抽查对象选派执法检查人员不得少于2人

参考答案：ABCDE

3. 下列关于税务稽查随机抽查信息公开的表述正确的有：（    ）。

A. 税务稽查随机抽查方案经批准后，依照政府信息公开的相关规定及行政执法公示事项清单要求，将税务稽查随机抽查信息主动向社会公布，自觉接受社会监督，扩大执法社会影响力

B. 事前公示主要包括税务稽查随机抽查的依据、主体、内容、方式事项等

C. 事后公示主要包括抽查情况概述、查处汇总结果

D. 税务机关在执法信息公示平台、官方网站公开

E. 在办税服务场所公开的，可以通过公示栏、电子显示屏或者触摸屏公开

参考答案：ABCDE

4. 下列关于税务稽查案卷材料的表述正确的有：（    ）。

A. 税务稽查案卷分别立为正卷和副卷，如无不宜公开的内容，可以不立副卷

B. 正卷主要列入各类证据材料、税收执法文书正本以及可以对外公开的文件材料

C. 副卷主要列入检举相关材料、案件讨论记录、法定秘密材料、结论性文书原稿、审批稿以及不宜对外公开的文件材料

D. 立案查处类税务稽查案卷以外的其他税务稽查案卷可以不分正卷、副卷，但其中有不宜对外公开内容的，按照副卷管理，并在案卷封面上标明；无不宜对外公开内容的，按照正卷管理，并在案卷封面上标明

参考答案：ABCD

5. 下列关于税务稽查案卷材料排列的表述正确的有：（　　）。

A. 案卷内材料原则上按照实际稽查程序依次排列

B. 证据材料可以按照材料所反映的问题等特征分类，每类证据主要证据材料排列在前，旁证材料排列在后

C. 其他材料按照材料形成的时间顺序，并结合材料的重要程度进行排列

D. 案卷内每份或者每组材料的排列规则是：正件在前，附件在后；重要材料在前，其他材料在后；汇总性材料在前，基础性材料在后

参考答案：ABCD

6. 下列关于税务稽查案卷数字化的表述正确的有：（　　）。

A. 纸质案卷电子版本应当与原纸质案卷保持一致，不一致的应当注明原因和处理方法

B. 对纸质案卷文件材料从封面至封底进行完整数字化，确实不能数字化的文件材料，应当登记备查

C. 对纸质案卷数字化直接产生的图像文件，应当采用通用格式

D. 扫描色彩模式通常采用黑白二值模式扫描；对材料中有多色文字、红头、印章、插有照片图片、字迹清晰度较差等采用黑白扫描模式扫描无法清晰辨识的页面，应当采用彩色扫描模式扫描

E. 需要进行文字识别的文件材料，扫描分辨率应当达到相应的率值

参考答案：ABCDE

7. 下列关于税务稽查案卷利用流程的表述正确的有：（　　）。

A. 查阅或者借阅税务稽查案卷，应当按照档案管理规定办理手续

    B. 税务机关人员需要查阅或者借阅税务稽查案卷的，应当经稽查局局长批准

    C. 税务机关以外人员需要查阅的，应当经稽查局所属税务局领导批准

    D. 查阅税务稽查案卷，应当在档案室进行

    E. 借阅税务稽查案卷，应当按照规定的时限完整归还

参考答案：ABCDE

8. 下列表述正确的有：（　　）。

    A. 税务系统全面推行行政执法公示制度、执法全过程记录制度、重大执法决定法制审核制度

    B. 各级税务机关按照"谁执法、谁公示、谁负责"的原则，结合政府信息公开、权责清单公布、"双随机、一公开"监管等工作，在行政执法的事前、事中、事后三个环节，依法及时主动地向社会公开税务执法信息

    C. 涉及国家秘密、商业秘密、个人隐私等不宜公开的信息，依法确需公开的，要作适当处理后公开

    D. 发现公开的税务执法信息不准确的，应当及时予以更正

参考答案：ABCD

9. 下列关于行政执法全过程记录制度的表述正确的有：（　　）。

    A. 完善文字记录，规范税务执法文书

    B. 规范音像记录，监督税务执法行为

    C. 严格记录归档，完善税务执法档案

    D. 发挥记录作用，提高税务执法实效

参考答案：ABCD

10. 下列关于税务稽查风险的表述正确的有：（　　）。

    A. 税务稽查风险内部控制的目标是保证税务稽查执法活动合法合规，有效防控执法风险、行政管理风险和廉政风险，规范执法行为，提升执法水平，提高工作质效

    B. 税务稽查风险，包括各级稽查局及其所属稽查人员在案源管理、检查、审理、执行等稽查工作中，因故意或过失违反相关法律法

规及税务稽查工作规定而产生的风险

C. 税务稽查风险，包括在税务稽查综合管理事务中，因岗责分配不科学、授权审批不明晰、流程设置不严密、信息沟通不畅、部门协作不力、绩效考评不合理等产生的风险

D. 根据税务稽查风险事项可能导致后果的严重程度，将税务稽查风险分为高风险、中风险、低风险三个等级

参考答案：ABCD

11. 下列属于案源环节主要风险点的有：（　　）。

A. 税务稽查计划不严密，随意变更稽查对象

B. 依法应立案处理的案源未进行立案处理

C. 未按规定实施"双随机、一公开"；未按规定受理、处理检举事项

D. 违规撤销案源或删除案件

E. 对应下达稽查项目的案源，未下达稽查项目；按规定应督办的案件未及时督办

参考答案：ABCDE

12. 下列属于检查环节主要风险点的有：（　　）。

A. 未按法定程序进行检查

B. 未按法定程序采取或解除税收保全措施

C. 检查项目存在重大遗漏，《税务稽查项目书》所列疑点信息未能查实，或未能合理排除

D. 证据不符合合法性、真实性、关联性要求

E. 违规中止或终结检查

参考答案：ABCDE

13. 下列属于审理环节主要风险点的有：（　　）。

A. 未按规定提请审理重大税收违法案件

B. 作出行政处罚决定之前未按规定履行法定告知义务、听取陈述申辩理由、受理和组织听证

C. 未按规定移送涉嫌犯罪案件

D. 作出的处理、处罚决定事实不清、证据不足、定性不准确、适用

法律依据错误；决定性文书不规范

E. 行政处罚不符合行政处罚裁量基准

参考答案：ABCDE

14. 下列属于审理环节主要风险点的有：（    ）。

A. 稽查案件执行不及时、不彻底

B. 未依法采取税收保全、强制执行

C. 未依法行使或者未按法定权限和程序行使代位权、撤销权、税收优先权

D. 违规中止或终结执行

参考答案：ABCD

15. 下列属于稽查综合管理环节主要风险点的有：（    ）。

A. 违反相关法律、法规和工作纪律规定，泄露国家秘密、商业秘密、个人隐私和工作秘密

B. 公文传递不及时、处理不准确；各类报告、报表上报不及时，填写不完整，内容有误

C. 未按规定管理案卷；未按规定公开或提请公开应公开的各类信息，或公开的信息有误

D. 未按税收违法案件"一案双查"的规定转交线索和案件

E. 未认真落实税收违法"黑名单"制度和联合惩戒制度

参考答案：ABCDE

16. 下列属于税务稽查风险内部控制方法的有：（    ）。

A. 不相容岗位分离控制；授权审批控制

B. 流程控制；过程预警控制

C. 集体决策控制；业务公开控制

D. 痕迹记录控制；层级控制

参考答案：ABCD

17. 下列情形应列为"一案双查"的有：（    ）。

A. 检举涉税当事人税收违法行为，同时检举税务机关或者税务人员违纪违法行为，线索具体的

B. 稽查部门在检查中发现税务机关或者税务人员涉嫌失职渎职、索

　　贿受贿或者侵犯公民、法人和其他组织合法权益等行为的

　　C. 重大税收违法案件存在税务机关或者税务人员涉嫌违纪违法行为的

　　D. 牵头部门认为需要实行"一案双查"的其他税收违法案件

参考答案：ABCD

18. 下列关于复查案件处理的表述正确的有：（　　）。

　　A. 原税务处理决定认定事实清楚，证据确凿，适用依据正确，程序合法，内容适当的，予以维持

　　B. 原税务处理决定主要事实不清、证据不足，适用依据错误，违反法定程序，超越权限，滥用职权，处理明显不当的，予以撤销或者部分撤销，并重新作出税务处理决定

　　C. 复查发现新的税收违法问题与原税务处理决定相关，属于原税务处理决定错误的，予以纠正；属于同一时限、同一项目的数量增减变化的，应当在重新作出税务处理决定时注明原税务处理决定的相关内容

　　D. 复查发现新的税收违法问题与原税务处理决定没有相关的，只对新发现的税收违法问题作出税务处理决定

　　E. 原税务处理决定涉及少缴、未缴税款的，应当依法追缴；涉及多收税款的，应当依法退还

参考答案：ABCDE

19. 下列关于税收违法行为检举的表述正确的有：（　　）。

　　A. 单位、个人可以采用书信、电话、传真、网络、来访等形式，向税务机关检举纳税人、扣缴义务人的税收违法行为线索

　　B. 检举人可以实名检举，也可以匿名检举

　　C. 税收违法行为，是指涉嫌偷税（逃避缴纳税款），逃避追缴欠税，骗税，虚开、伪造、变造发票，以及其他与逃避缴纳税款相关的税收违法行为

　　D. 检举接待场所应当与办公区域适当分开，配备使用必要的录音、录像等监控设施，保证监控设施对接待场所全覆盖并正常运行

参考答案：ABCD

20. 下列关于税收违法行为检举的表述正确的有：（　　）。

A. 市（地、州、盟）以上税务局稽查局设立税收违法案件举报中心

B. 省、自治区、直辖市、计划单列市和市（地、州、盟）税务局稽查局税收违法案件举报中心负责税收违法行为检举的接收、受理、处理和管理

C. 各级跨区域稽查局和县税务局应当指定行使税收违法案件举报中心职能的部门，负责税收违法行为检举的接收，并按规定职责处理

D. 举报中心应当对外挂标识牌

E. 检举事项管辖有争议的，由争议各方本着有利于案件查处的原则协商解决；不能协商一致的，报请共同的上一级税务机关协调或者决定

参考答案：ABCDE

21. 下列关于税收违法行为检举的表述正确的有：（　　）。

A. 以来访形式实名检举的，检举人应当提供营业执照、居民身份证等有效身份证件的原件和复印件

B. 以来信、网络、传真形式实名检举的，检举人应当提供营业执照、居民身份证等有效身份证件的复印件

C. 以电话形式要求实名检举的，税务机关应当告知检举人采取来访、来信、网络、传真的形式进行检举

D. 检举人未采取来访、来信、网络、传真的形式进行检举的，视同匿名检举

参考答案：ABCD

22. 下列关于税收违法行为检举的表述正确的有：（　　）。

A. 无法确定被检举对象，或者不能提供税收违法行为线索的，不予受理

B. 检举事项已经或者依法应当通过诉讼、仲裁、行政复议以及其他法定途径解决的，不予受理

C. 对已经查结的同一检举事项再次检举，没有提供新的有效线索的，不予受理

D. 未设立稽查局的县税务局受理的检举事项，符合检举受理范围

的，提交上一级税务局稽查局举报中心统一处理

E. 各级跨区域稽查局受理的检举事项，符合检举受理范围的，提交
同级税务局稽查局备案后处理

参考答案：ABCDE

23. 检举事项受理后，应当分级分类，按照以下哪些方式处理：（　　）。

A. 检举内容详细、税收违法行为线索清楚、证明资料充分的，由稽
查局立案检查

B. 检举内容与线索较明确但缺少必要证明资料，有可能存在税收违
法行为的，由稽查局调查核实。发现存在税收违法行为的，立案
检查；未发现的，作查结处理

C. 检举对象明确，但其他检举事项不完整或者内容不清、线索不明
的，可以暂存待查，待检举人将情况补充完整以后，再进行处理

D. 已经受理尚未查结的检举事项，再次检举的，可以合并处理

E. 办法规定受理检举范围以外的检举事项，转交有处理权的单位或
者部门

参考答案：ABCDE

24. 税务机关工作人员必须严格遵守的与检举有关的保密规定有：（　　）。

A. 检举事项的受理、登记、处理及查处，应当依照国家有关法律、
行政法规等规定严格保密，并建立健全工作责任制，不得私自摘
抄、复制、扣压、销毁检举材料

B. 严禁泄露检举人的姓名、身份、单位、地址、联系方式等情况，
严禁将检举情况透露给被检举人及与案件查处无关的人员

C. 调查核实情况和立案检查时不得出示检举信原件或者复印件，不
得暴露检举人的有关信息，对匿名的检举书信及材料，除特殊情
况以外，不得鉴定笔迹

D. 宣传报道和奖励检举有功人员，未经检举人书面同意，不得公开
检举人的姓名、身份、单位、地址、联系方式等情况

参考答案：ABCD

25. 下列关于重要稽查案件办理制度的表述正确的有：（　　）。

A. 重要稽查案件包括党中央、国务院以及中央纪委国家监委、中央

审计委员会等上级机关和领导同志批办交办的案件

B. 重要稽查案件包括税务总局领导批办交办的案件

C. 重要稽查案件包括公安部、财政部、审计署等部委转办的、案情复杂或者有其他特殊情形的案件

D. 重要稽查案件特点是政治性强、密级高、要求严

参考答案：ABCD

26. 部门协作包括：（　　）。

A. 税警协作　　　　　　　　B. 司法协作

C. 税银协作　　　　　　　　D. 其他协作

参考答案：ABCD

27. 下列表述正确的有：（　　）。

A. 依据"两办意见"，强化内外部审计监督和重大税务违法案件"一案双查"，不断完善对税务执法行为的常态化、精准化、机制化监督

B. 依据"两办意见"，对逃避税问题多发的行业、地区和人群，根据税收风险适当提高"双随机、一公开"抽查比例

C. 依据"两办意见"，对隐瞒收入、虚列成本、转移利润以及利用"税收洼地"、"阴阳合同"和关联交易等逃避税行为，加强预防性制度建设，加大依法防控和监督检查力度

D. 依据"两办意见"，健全违法查处体系，充分依托国家"互联网＋监管"系统多元数据汇聚功能，精准有效打击"假企业"虚开发票、"假出口"骗取退税、"假申报"骗取税费优惠等行为，保障国家税收安全

参考答案：ABCD

28. 稽查成果增值应用包括：（　　）。

A. 稽查成果统计分析　　　　B. 税务稽查建议

C. 成果转化增值　　　　　　D. 案件公告

E. 联合惩戒

参考答案：ABCDE

### 三、判断

1. 5年内已被随机抽查的税务稽查对象，不列入随机抽查范围。（ ）

参考答案：×

【3年内已被随机抽查的税务稽查对象，不列入随机抽查范围。】

2. 选派执法检查人员实施随机抽查，均须通过摇号方式从执法检查人员名录库中随机选派。 （ ）

参考答案：×

【选派执法检查人员实施随机抽查，可以通过摇号方式从执法检查人员名录库中随机选派，也可以采取竞标等方式选派。】

3. 随机抽查对象分为重点稽查对象和非重点稽查对象。重点稽查对象按照纳税规模、所属行业、分布区域、注册类型、集团类企业等因素及稽查资源的匹配程度确定。 （ ）

参考答案：√

4. 随机抽查对象分为重点稽查对象和非重点稽查对象。非重点稽查对象为未达到重点稽查对象标准的随机抽查对象，不包括非企业纳税人。（ ）

参考答案：×

【随机抽查对象分为重点稽查对象和非重点稽查对象。非重点稽查对象为未达到重点稽查对象标准的随机抽查对象，包括非企业纳税人。】

5. 税务稽查局运用随机抽查对象名录库，对随机抽查对象，可以直接检查，也可以要求其先行自查，再实施重点检查。 （ ）

参考答案：√

6. 税务稽查案卷数字化，均应在案卷文件材料整理装订时同步进行。税务稽查案卷数字化，由稽查局、档案管理部门、电子税务管理部门依照国家纸质档案数字化有关规定实施。 （ ）

参考答案：×

【税务稽查案卷数字化，可以在案卷文件材料整理装订时同步进行，也可以在案卷归档后集中进行。税务稽查案卷数字化，由稽查局、档案管理部门、电子税务管理部门依照国家纸质档案数字化有关规定实施。】

7. 税务机关作出重大执法决定之前，要严格进行法制审核，未经法制审核或审核未通过的，不得作出决定。税务稽查案件审理、重大税务案件审理属于法制审核。　　　　　　　　　　　　　　　　　　　　（　）

参考答案：√

8. "一案双查"，是指在查处纳税人、扣缴义务人和其他涉税当事人偷逃税、虚开发票和骗取出口退税等税收违法案件的同时，对税务机关或者税务人员违纪违法行为依照有关规定进行调查和责任追究。　　（　）

参考答案：√

9. "一案双查"由稽查部门、纪检监察部门按照职责分工实施。"一案双查"中，纪检监察部门负责查处涉税当事人税收违法行为，稽查部门负责查处税务机关和税务人员违纪违法行为。　　　　　　　（　）

参考答案：×

【"一案双查"由稽查部门、纪检监察部门按照职责分工实施。"一案双查"中，稽查部门负责查处涉税当事人税收违法行为，纪检监察部门负责查处税务机关和税务人员违纪违法行为。】

10. 检举税收违法行为经查实的，检举人因检举而产生的支出应当由税务机关承担。　　　　　　　　　　　　　　　　　　（　）

参考答案：×

【检举税收违法行为是检举人的自愿行为，检举人因检举而产生的支出应当由其自行承担。】

11. 检举事项经查证属实，为国家挽回或者减少损失的，按照财政部和国家税务总局的有关规定对实名检举人给予相应奖励。　　（　）

参考答案：√